U0901518

中国特色社会主义政治经济学名家论丛（第二辑）

王立胜 主编

# 中国特色社会主义
# 政治经济学新飞跃

ZHONGGUO TESE SHEHUIZHUYI
ZHENGZHI JINGJIXUE XINFEIYUE

杨承训 著

山东城市出版传媒集团·济南出版社

图书在版编目(CIP)数据

中国特色社会主义政治经济学新飞跃 / 杨承训著. —济南：济南出版社，2019. 1

（中国特色社会主义政治经济学名家论丛 / 王立胜主编. 第二辑）

ISBN 978-7-5488-3449-6

Ⅰ. ①中… Ⅱ. ①杨… Ⅲ. ①中国特色社会主义—社会主义政治经济学—研究 Ⅳ. ①F120.2

中国版本图书馆 CIP 数据核字(2019)第 024380 号

出 版 人 崔 刚
责任编辑 吴敬华
封面设计 侯文英

出版发行 济南出版社
地 址 山东省济南市二环南路 1 号(250002)
编辑热线 0531-86131712
发行热线 0531-86131728 86922073 86131701
印 刷 济南新科印务有限公司
版 次 2019 年 1 月第 1 版
印 次 2019 年 1 月第 1 次印刷
成品尺寸 170mm×240mm 16 开
印 张 22
字 数 292 千
定 价 89.00 元

河南财经政法大学　杨承训

# 杨承训简介

杨承训，1935 年 11 月生于山东省嘉祥县。 河南财经政法大学资深教授、博士生导师，河南省社会科学院原副院长，中共河南省委咨询组经济组副组长。 系国家级有突出贡献的专家、国务院特殊津贴获得者、河南省优秀专家、中央马克思主义理论研究和建设工程“中国特色社会主义政治经济学”编写组首席专家、“马克思主义政治经济学”课题组主要成员、国家哲学社会科学规划项目评委、中国社会科学院马克思主义研究院特聘研究员、世界政治经济学学会顾问、城乡协调发展河南省协同创新中心顾问、河南省经济学会会长。 2017 年入选由中国历史唯物主义学会、中国经济规律研究会和中国社会科学院马克思主义研究学部评选的“近年最具影响力的 30 位马克思主义学者”。

长期从事马克思主义政治经济学、中国特色社会主义政治经济学研究。 撰写《市场经济理论典鉴》《中国特色社会主义经济学》《中国农业产业革命探析》《高端生态农业论——探研中国农业现代化前景》《中国特色社会主义政治经济学十二讲》等专著 14 部，在《人民日报》《光明日报》《经济日报》和《中国社会科学》《经济研究》《马克思主义研究》等刊物发表论文近千篇。 主持完成国家社科基金重点项目 8 项。 获中宣部“五个一工程”奖等国家级优秀成果奖 5 项，河南省省级社会科学优秀成果奖等 30 多项。

系统研究社会主义市场经济理论，专著《市场经济理论典鉴——列宁商品经济理论系统研究》，全面系统研究列宁的商品经济理论，具有开拓性和原创性，于 1999 年获我国经济学最高奖——孙冶方经济科学优秀论著奖。 中央编译局专家认为，该书是研究列宁商品经济理论的百科全书，填补一项重大理论空白。

较早开展中国特色社会主义政治经济学研究，专著《中国特色社会主义经济学》《中国特色社会主义政治经济学十二讲》及相关系列论文，对中国特色社会主义政治经济学进行了系统研究，有其独特的理论建构。 相关理论观点于 2003 年得到时任中共中央政治局常委李长春同志的批示：“中国特色社会主义政治经济学是马克思主义研究和建设的重头戏。 要组织好班子。”对此，经济学家刘国光高度评价其“开创此领域研究之先河”。

# 总 序

中国社会科学院 王立胜

习近平总书记在2016年哲学社会科学工作座谈会“5·17”讲话中指出：“这是一个需要理论而且一定能够产生理论的时代，这是一个需要思想而且一定能够产生思想的时代。我们不能辜负了这个时代。”① 中国特色社会主义政治经济学就是习近平总书记结合时代要求倡导的重要学说，其主要使命就是以政治经济学总结中国经验、创建中国理论。他指出：“坚持和发展中国特色社会主义政治经济学，要以马克思主义政治经济学为指导，总结和提炼我国改革开放和社会主义现代化建设的伟大实践经验。”② 在2017年省部级主要领导干部“学习习近平总书记重要讲话精神，迎接党的十九大”专题研讨班“7·26”讲话中，习近平总书记提出当前的时代变迁是发展阶段的变化，指出“我国发展站到了新的历史起点上，中国特色社会主义进入了新的发展阶段”③，强调“时代是思想之母，实践是理论之源”④，要求总结实践经验，推进理论创新。在经济学领域，实现从实践到理论的提升，就是要贯彻习近平总书记在中央政治局第二十八次集体学习时提出的重要指示，“提炼和总

---

① 习近平：《在哲学社会科学工作座谈会上的讲话》，《人民日报》2016年5月19日。

② 新华社：《坚定信心增强定力 坚定不移推进供给侧结构性改革》，《人民日报》2016年7月9日。

③ ④新华社：《高举中国特色社会主义伟大旗帜 为决胜全面小康社会实现中国梦而奋斗》，《人民日报》2017年7月28日。

结我国经济发展实践的规律性成果，把实践经验上升为系统化的经济学说"[①] ——这就是"坚持和发展中国特色社会主义政治经济学"的历史使命和时代要求。

当前中国特色社会主义政治经济学的提出和发展也是六十余年理论积淀的结果。1955 年苏联政治经济学教科书中文版[②]在国内出版，当时于光远[③]、林子力和马家驹等[④]学者就开始着手探讨政治经济学的体系构建问题。从 1958 年到 1961 年，毛泽东四次提倡领导干部学习政治经济学[⑤]，建议中央各部门党组和各省（市、自治区）党委的第一书记组织读书小组读政治经济学。他与刘少奇、周恩来分别组织了读书小组。在组织读书小组在杭州读书期间，他在信中说"读的是经济学。我下决心要搞通这门学问"[⑥]。在毛泽东的倡导下，20 世纪 50 年代中后期我国出现了第一次社会主义经济理论研究高潮——正是在这次研究高潮中，总结中国经验、构建中国版的社会主义经济理论体系被确定为中国政治经济学研究的方向和目标，并被一直坚持下来。这次研究高潮因"文革"而中断。"文革"结束后的 80 年代，在邓小平的倡导和亲自参与下，我国出现了第二次社会主义经济理论的研究高潮。很多学者在"文革"前积累的理论成果也在这一时期集中发表。在这次研究高潮中，我国确立了社会主义公有制与市场经济相结合的发展方向，形成了社会主义市场经济理论，为改革开放以来近 40 年的经济繁荣提供了理论支撑。当前在习近平总书记的倡导下，从 2016 年年初开始，我国出现了研究

① 新华社：《立足我国国情和我国发展实践 发展当代中国马克思主义政治经济学》，《人民日报》2015 年 11 月 25 日。

② 苏联科学院经济研究所：《政治经济学教科书》（中译本），北京：人民出版社 1955 年版。

③ 仲津（于光远）：《政治经济学社会主义部分研究什么?》，《学习》1956 年第 8 期；《最大限度地满足社会需要是政治经济学社会主义部分的一个中心问题》，《学习》1956 年第 11 期。

④ 林子力、马家驹、戴钟珩、朱声绂：《对社会主义经济的分析从哪里着手?》，《经济研究》1957 年第 4 期。

⑤ 戚义明：《"大跃进"后毛泽东四次提倡领导干部学政治经济学》，《党的文献》2008 年第 3 期。

⑥《建国以来毛泽东文稿》第 8 册，北京：中央文献出版社 1993 年版，第 637 页。此次学习期间毛泽东读苏联政治经济学教科书的批注和谈话成为我国政治经济学研究的重要文献资料。

中国特色社会主义政治经济学的新高潮，形成了中国社会主义政治经济学的第三次研究高潮。经历了六十余年的理论积淀，在中国特色社会主义新的发展阶段，中国特色社会主义政治经济学的发展正逐步汇成一股理论潮流，伴随中国特色社会主义建设事业的蓬勃发展滚滚而来！

纵观六十余年积淀与三次研究高潮，中国特色社会主义政治经济学的发展既继往开来又任重道远。

一方面，所谓“继往开来”，是指中国社会主义经济建设事业的蓬勃发展为中国版社会主义政治经济学的形成开创了越来越成熟的现实条件。20世纪50年代，毛泽东感叹“社会主义社会的历史，至今还不过四十多年，社会主义社会的发展还不成熟，离共产主义的高级阶段还很远。现在就要写出一本成熟的社会主义、共产主义政治经济学教科书，还受到社会实践的一定限制”①。80年代，邓小平高度评价中共十二届三中全会《中共中央关于经济体制改革的决定》提出的“在公有制基础上有计划的商品经济”，认为是“写出了一个政治经济学的初稿，是马克思主义基本原理和中国社会主义实践相结合的政治经济学”②。当前，习近平总书记指出，“中国特色社会主义是全面发展的社会主义”③，“中国特色社会主义进入了新的发展阶段”④，要“提炼和总结我国经济发展实践的规律性成果，把实践经验上升为系统化的经济学说”⑤。从毛泽东认为写出成熟的教科书“受到社会实践的一定限制”，到邓小平认为“写出了一个政治经济学的初稿”，再到习近平提出“把实践经验上升为系统化的经济学说”，历代领导人关于理论发展现实条件的不同判断表

---

① 中华人民共和国国史学会：《毛泽东读社会主义政治经济学批注和谈话》（简本），内部资料，第804页。

②《邓小平文选》第3卷，北京：人民出版社1993年版，第83页。

③ 新华社：《准确把握和抓好我国发展战略重点　扎实把“十三五”发展蓝图变为现实》，《人民日报》2016年1月31日。

④ 新华社：《高举中国特色社会主义伟大旗帜　为决胜全面小康社会实现中国梦而奋斗》，《人民日报》2017年7月28日。

⑤ 新华社：《立足我国国情和我国发展实践　发展当代中国马克思主义政治经济学》，《人民日报》2015年11月25日。

明，随着社会主义建设进入不同历史阶段，政治经济学理论发展的现实条件日益成熟，实践推动理论创新。正如习近平总书记所言："中国特色社会主义不断取得的重大成就，意味着近代以来久经磨难的中华民族实现了从站起来、富起来到强起来的历史性飞跃……意味着中国特色社会主义拓展了发展中国家走向现代化的途径，为解决人类问题贡献了中国智慧、提供了中国方案。"① 在实践的推动下，中国特色社会主义政治经济学在继往开来中不断发展。

另一方面，所谓"任重道远"，是指中国特色社会主义政治经济学从提出到成熟尚需经历曲折的探索过程。当前中国特色社会主义政治经济学的发展至少面临两个方面的艰难探索：第一，理论构建面临诸多悬而未解的学术难题。从 20 世纪 50 年代开始，国内围绕体系构建的"起点论""红线论"等问题就形成了诸多争论，同时，社会主义条件下"剩余价值规律"和"经济危机周期性"的适用性等一些原则性的问题未能获得解决，甚至在某些问题上的分歧出现了日益扩大的趋势。这在很大程度上限制了中国特色社会主义政治经济学的理论化水平，使政治经济学经典理论中的价值理论、分配理论、剩余价值理论和危机理论未能充分体现在中国社会主义政治经济学中，从而导致中国实践中涌现出的一系列具有中国特色的经济思想未能获得经典的理论化表述。破解这一难题，需要直面六十余年来形成的一系列争论，加速对政治经济学经典理论的创新应用，在中国特色社会主义经济思想理论化的道路上不断探索。第二，时代变革形成的新问题和新挑战倒逼理论探索。50 年代中后期，既是中国社会主义政治经济学的第一次研究高潮，也是我国社会主义初级阶段的起始时期。当前中国社会主义经济建设在经历了六十余年的巨变后，迎来了中国特色社会主义新的发展阶段。中国特色社会主

---

① 新华社：《高举中国特色社会主义伟大旗帜　为决胜全面小康社会实现中国梦而奋斗》，《人民日报》2017 年 7 月 28 日。

义政治经济学也需要适应新时期新阶段，加速理论创新。正如习近平总书记在“7·26”讲话中所强调的：“我们要在迅速变化的时代中赢得主动，要在新的伟大斗争中赢得胜利，就要在坚持马克思主义基本原理的基础上，以更宽广的视野、更长远的眼光来思考和把握国家未来发展面临的一系列重大战略问题，在理论上不断拓展新视野、做出新概括。”① 值得注意的是，实践中的新问题与历史累积的学术难题，都将理论探索指向中国特色社会主义政治经济学理论化水平的提升：在实践方面，要形成解释社会主义初级阶段不同时期的理论体系，为新时期的经济实践指明方向，必须提升理论高度；而提高理论高度就需要在理论方面破解体系构建面临的学术难题，创新政治经济学经典理论使之适应当前现实，从而实现中国特色社会主义经济建设经验的理论化重构。理论水平的提升必须遵循学术发展的客观规律，注定是一个任重道远的探索过程，要求政治经济学研究者群策群力、积极进取、砥砺前行。

编写出版《中国特色社会主义政治经济学名家论丛》就是为了响应习近平总书记推进理论创新的时代要求，服务中国特色社会主义政治经济学的发展。纵观中国社会主义政治经济学六十余年的发展历程不难发现：政治经济学学者承担着理论创新的历史使命，学术交流质量决定理论发展水平。当前中国政治经济学界存在着一支高水平的政治经济学理论队伍，他们既是六十余年理论积淀的承载者，也是当前理论创新的承担者。及时把握这些学者的研究动态，加快其理论成果的普及推广，不仅有助于推动政治经济学界的学术交流，也有助于扩大中国特色社会主义政治经济学的社会反响，同时为后来的研究提供一批记录当代学者理论发展印迹的历史文献。“名家论丛”选取的名家学者都亲历过20世纪80年代和当前两次研究高潮，部分学者甚至是三次理论高潮的亲历者。

① 新华社：《高举中国特色社会主义伟大旗帜　为决胜全面小康社会实现中国梦而奋斗》，《人民日报》2017年7月28日。

这些学者熟悉中国社会主义政治经济学的理论传承，知晓历次研究高潮中的学术焦点与理论分歧，也对中国特色社会主义经济建设经验具有深刻的理论洞察。在本次研究高潮中，他们的理论积淀和实践观察集中迸发，围绕中国经验的理论升华和中国特色社会主义政治经济学的体系构建集中著述，在中国特色社会主义政治经济学的发展中起到学术引领和理论中坚的作用，其研究成果值得高度关注和广泛推广。同时，从2015年年底习近平总书记提出“中国特色社会主义政治经济学”算起，当前这次研究高潮从形成到发展，尚不足两年，还处于起步阶段，需要学界同仁的共同参与、群策群力，使之形成更大的理论潮流。中国社会科学院经济研究所是我国重要的经济学研究机构，也是中国社会主义政治经济学六十余年发展历程和三次理论高潮的重要参与者。在20世纪50年代和80年代两次理论高潮中，经济研究所的张闻天、孙冶方、刘国光和董辅礽等老一辈学者是重要的学术领袖。在本轮研究高潮中，经济研究所高度重视、积极参与中国特色社会主义政治经济学的发展，决心依托现有资源平台积极服务学界同仁。策划出版《中国特色社会主义政治经济学名家论丛》的目的就在于服务学术创新，为当前的理论发展略尽绵薄之力，也是为笔者所承担的国家社科规划重大项目“中国特色社会主义政治经济学探索”积累资料。

同时，为了更加全面地展示中国特色社会主义政治经济学的理论发展动态，我们还将依据理论发展状况适时推出“青年论丛”和“专题论丛”，就青年学者的学术观点和重要专题的学术成果进行及时梳理与推广，以期及时反映理论发展全貌，推动学术交流，服务理论创新。当然，三个系列论丛的策划与出版，完全依托当前的理论发展潮流，仰赖专家学者对经济研究所工作的认可与鼎力支持。在此我们代表经济研究所和论丛编写团队，对政治经济学界同仁的支持表示衷心的感谢！同时也希望各位大家积极参与论丛的编写和出版，为我们推荐更多的高水平研究成果，提高论丛的编写质量。

# 目 录

## 上卷 中国特色社会主义政治经济学



## 中卷 中国特色社会主义基本制度与发展方略

## 下卷　中国特色社会主义政治经济学若干专题论述

上卷

# 中国特色社会主义政治经济学

# 中国特色社会主义政治经济学新发展

## ——系统领会习近平新时代中国特色社会主义经济思想

党的十九大习近平提出了新时代中国特色社会主义思想，之后的2017年中央经济工作会议又细化了习近平新时代中国特色社会主义经济思想，这是当代马克思主义的新篇章，引领中国特色社会主义政治经济学实现新飞跃。习近平新时代中国特色社会主义思想有“八个明确”“十四个方略”，以新发展理念为主要内容的经济思想又概括了“七个坚持”：坚持加强党对经济工作的集中统一领导（保证）；坚持以人民为中心的发展思想（宗旨）；坚持适应把握引领经济发展新常态（方位）；坚持使市场在资源配置中起决定性作用，更好发挥政府作用（机制）；坚持适应我国经济发展主要矛盾变化完善宏观调控（中心）；坚持问题导向部署经济发展新战略（途径）；坚持正确工作策略和方法（方式）。这些重要观点组成一个统一的思想体系，实现了中国特色社会主义政治经济学在新时代的新飞跃，其创新特色可谓新时代经济系统论。应当联系历史和现实融会贯通：不仅阐释“七个坚持”，还要将新发展理念（“主要内容”）贯穿其中，把握内在逻辑，要改变旧的狭隘性思维定式。本文仅就几个重点问题综合论述，供大家讨论。

### 一、 习近平系统把脉经济发展趋势： 新时代主要矛盾

马克思主义政治经济学的首要任务，是揭示社会经济发展规律，廓清

历史发展趋势，指明经济发展方向及其应采取的基本方略。习近平在理论和实践结合上系统回答了前人未曾回答的历史命题：新时代坚持和发展什么样的中国特色社会主义？怎样坚持和发展中国特色社会主义？这一重大问题的丰富内涵，包括中国新时代的两步规划和主要矛盾的变化及十四项重大方略、七个坚持等。

众所周知，西方经济学很少涉及时代问题，因为它研究的是资本主义制度的经济现象，带有明显的表面性、短期性。它们的纷杂多样的经济周期理论，仅仅是一个小阶段的某些重复发生的问题，即便是长周期理论也无法超出资本统治的时代。而马克思主义政治经济学首先研究人类社会经济时代的递进趋势，研究资本主义演进和灭亡的必然性，进而研究新型社会主义发展规律。恩格斯说过社会主义不是一成不变的，而是一个“经常变化和改革的社会”①。然而，对于中国特色社会主义的历史发展具体道路则有中国共产党人自己的研究，毛泽东做过粗略的勾勒，邓小平对社会主义初级阶段大轮廓做过划分。但对于建设小康社会后几十年怎样发展，有哪些部分质变和质变，需要再具体划分。这一任务历史地落在习近平肩上。

习近平以问题导向，全面研究了中国和世界经济社会的变化，从实际中出现的矛盾出发，先提出进入新常态的判断，又经过深入研究及时洞察了以生产力为主线的经济社会在量变和部分质变的基础上将发生质变，由高速度的发展转向高质量的发展，具体勾画了新时代，即30多年建设社会主义现代化强国。又具体划分前15年基本实现社会主义现代化，后15年把我国建成富强民主文明和谐美丽的社会主义现代化强国。这实际上是发挥社会主义优势、把握生产力和社会发展的规律，同资本主义制度赛跑，具有世界意义。

时代的划分是以主要矛盾为依据的。对于社会基本矛盾和主要矛盾，西方经济学是根本不懂的，苏联政治经济学教科书也是空缺的。这一根本

① 《马克思恩格斯选集》第2版，第4卷，北京：人民出版社1995年版，第693页。

理论首先是毛泽东根据历史唯物论的基本原理提出来的，即社会基本矛盾是生产力与生产关系、经济基础与上层建筑的矛盾，社会主义社会依然如此。每一个发展阶段又表现为不同的主要矛盾形式。习近平运用这个原理对中国近百年的变化区分三个不同的大时代，呈现三种不同的主要矛盾："站起来"解决的主要矛盾是人民大众与帝国主义、封建主义、官僚资本主义之间的矛盾；"富起来"是解决人民日益增长的物质文化需要与落后生产力之间的矛盾；现在"强起来"，主要矛盾变了，是人民日益增长的美好生活需要和不平衡不充分的发展之间的矛盾。新时代主要矛盾变化的思想是中国特色社会主义政治经济学的崭新内容。

怎样理解和阐释新时代的主要矛盾呢？它在内涵与外延都是对邓小平提法的升华。人民日益增长的美好生活需要，不再是解决温饱问题，也不仅是物质生活。按照恩格斯的研究，人类生活类型分三个层次：生存型、享受型、发展型。当时还不可能详细解释。按照习近平的观点，美好生活就是享受型向发展型的转变梯度，不仅有丰富的物质享受，而且保证体魄健康、环境优美、文化多彩、民主和谐、安全稳定，并且更多的人追求科学技术、文明道德提升和全面发展。这正是社会主义本质升华的具体化。主要矛盾一侧的变化，体现党和国家为人民谋福祉的宗旨，从市场关系上也是大需求的一侧。

新时代主要矛盾另一侧，是解决"不平衡不充分发展"的一侧，可视为大供给侧。这里有两点需要深化理解：一是原来提的"落后生产力"，现在改为"发展"。发展既包括生产力发展，又有更丰富的内容，如政治、文化、社会、生态、安全等多方面发展，更加丰富，更加符合现代化，更加符合人的全面发展。二是将"落后"改为"不平衡不充分"，意味着升华为更高的层次。不平衡主要指存量资源，现有的多方面差距，后进的赶上先进的，这种"补短板"本身就得提升后进的因素，而且具有特色（如地区、城乡之间的特色）；不充分主要指增量财富，是无限的，"充分发展"首先是超越现代发达国家水平，逐步占据领先地位，发展空间极为广阔，标准愈加高端。当然，协调发展、充分发展是相互交叉、相互推进的。这是一个新时代现代高标准高质量的要求，向世界上发展水平最高、力量最强的一流国家迈进。

面对高层次的主要矛盾，问题愈加复杂化，靠以往单线思维的经济理论无济于事。习近平运用辩证的系统思维科学分析处理新时代的矛盾，推进了中国特色社会主义经济学的创新，可谓世界最先进的经济理论。

## 二、高质量的系统发展："贯彻新发展理念，建设现代化经济体系"

由高速度向高质量发展，是新时代的基本特征，也凸显经济系统论的逻辑。习近平新时代中国特色社会主义经济思想要求："坚持适应我国经济发展主要矛盾变化完善宏观调控，相机抉择，开准药方，把准供给侧结构性改革作为经济工作的主线。"从总体上说，这与党的十九大提出的"贯彻新发展理念，建设现代化经济体系"的重大方略是相融通的。应当特别注意"经济体系"是一个系统论的框架，不仅是研究生产关系，也不仅是研究生产力，而是研究以生产力为主导，包括生产关系、交换关系的总体，形成发展合力。这个提法与以往政治经济学的偏狭思维不同，体现了新发展理念的系统要求。从历史任务转换考量，在人民政权建立之后，尤其社会主义生产关系确立之后，社会的基本任务是发展先进生产力，否则社会主义生产关系无法巩固完善，无法发挥其特有的优越性，所以还有解放生产力的重大任务，即深化改革；与此同时，另有一个不可忽视的交换关系（其总体是市场经济）。历史表明，只有坚持社会主义市场经济体制改革方向，才能形成生产力、生产关系、交换关系的合力。习近平提出的"贯彻新发展理论"包括以上三大方面的合力，现代化经济体系就包括三大方面的合力，体现了经济规律、自然规律、社会规律的交叉融合。从学术领域视域考量，这也是对以往政治经济学研究对象的调整，是中国特色社会主义政治经济学的创新。

正是因为这样，这个“现代化经济体系”包括了转变发展方式、优化经济结构、转换增长动力、坚持质量第一、效益优先、以供给侧结构性改革为主线，推动经济发展质量变革、效率变革、动力变革，提高全要素生产率，具有时代性、系统性。这里仅论述几点。

习近平新时代中国特色社会主义经济思想为什么要坚持深化供给侧结构性改革主线？广义地理解供给侧可视为主要矛盾的主要方面，即大供给侧，解决“不平衡不充分发展”的问题；狭义地理解主要是生产力结构、产业结构、产业形式（业态）。它包括了生产力、生产关系和市场关系的综合改革，是新时代的一个系统性方略，即以实体经济为主提高经济质量的长远方略。

供给侧结构性改革为主线，是以新发展理念为指导，统领各个方面，培育新增长点、形成新动能。新动能是根本的发展动力，即创新是“第一动力”，“加快建设创新型国家”。这是贯彻新发展理念的首要一条，也是政治经济学中的一大转变。过去讲的动能是要素驱动，传统的动能包括资金投入、自然资源、人力资源等，现在要以科技创新作为最重要的动力。科技创新意味着人们对自然规律的深化认识和掌握，潜力无穷、资源无穷、动能无穷，超越人类现有资源及其配置方式，不断形成最新的先进生产力和新的实施形式。这是提高经济质量、开拓最新资源的根本途径。然而，对科技的认识和论述恰恰是以往政治经济学的短板，必须把科技创新纳入经济体系，这将引发经济学革命。

同自然规律相关的还有生态文明建设，它属于生态生产力，按照新发展理念要求，也应是现代化经济体系的重要内容。习近平提出“人与自然是生命共同体”的观念，指出“我们要建设的现代化是人与自然和谐共生的现代化”，“必须坚持节约优先、保护优先、自然恢复为主的方针”，“形成节约资源和保护环境的空间格局、产业结构、生产方式、生活方式，还自然以宁静、和谐、美丽”。这就不能以原有的观念、模式理解、阐释“经济体系”，必须把生态元素、循环经济囊括进来。

关于生产关系的内容，也是容纳在系统改革之中，党的十九大报告强调坚持基本经济制度和分配制度，坚持两个“毫不动摇”，而具体改革内容，没有单独列出，是同“加快完善社会主义市场经济体制”联在一起，构成一个大系统工程。这与全面深化改革是一致的。就习近平经济思想，“坚持使市场在配置资源中起决定作用，更好发挥政府作用，坚决扫除经济发展的体制机制障碍”，涵盖在社会主义市场经济改革中深化国有企业改革，推动国有资本做大做强，发展混合所有制经济，培育具有全球竞争力的世界一流企业。这意味着完善社会主义公有经济和多种所有制同完善社会主义市场经济体制互相促进，既强化市场的治理和规范，也进一步加固社会主义市场经济的立根基础，系统地完善生产关系和交换关系以及资源配置机制，“构建市场机制有效、微观主体有活力、宏观调控有度的体制”，形成综合力量。中国特色社会主义政治经济学也必须以这样一个系统来研究生产关系，不断完善发展优势，也体现坚持和改革社会主义所有制的统一，而不能沿用传统的僵化思想方式。既不走单调僵化的老路，更不走私有化的邪路。再如，在“实施乡村振兴战略”中，要求“深化农村集体产权制度改革，保障农民财产权益，扩大集体经济”，完善“三权分置”制度，建立符合市场经济要求的集体经济运行机制。这些内容都是同乡村整体建设联系在一起的，也是发挥综合优势、集成功能的体现。中国特色社会主义政治经济学要增添综合性的新深度、新色彩。

生产关系另一个重要方面是消费品的分配。以往的社会主义政治经济学主要是按劳分配。习近平从实际出发以“共享发展”为指导，以“提高保障和改善民生水平，加强和创新社会治理”为题，大大扩充了原有政治经济学的视野，不仅讲按劳分配为主、多种分配方式共存，而且扩大到社会保障、社会安全及社会治理，实际上“美好生活需要的”更广领域。既有生产关系的内容，又有更广泛的民生需求。从制度上规定了“坚持按劳分配原则，完善按要素分配的体制机制，促进收入分配更合理、更有序”，“鼓励劳动守法致富，扩大中等收入群体，增加低收入者的收入，调节过高收入”，“取缔非法性收入”，消除、防止两极分化。同时要求扩大就业、加强和完善社会保障，尤其是“优先发展教育”“坚决打赢脱贫攻坚战”，实现“幼有所育、学有所教、劳有所得、病有所医、老有所养、住有所居、弱有所扶”等。专门划拨一部分国有资产补充社会保障基金，突出体现了党和国家、社会主义公有制从大局上扩大人民的福祉。简言之，由狭义的消费品直接分配，扩大到全体人民的社会大分配。这是对狭义分配观的丰富，也是整体经济高质量发展的要求。

对于协调发展，习近平突出强调了区域协调，是从宏观层面解决“不平衡”发展的短板，也体现了生产力合力配置、生产关系优化、市场关系完善的统一。这就是从复杂事物的实际出发，不是从本本上照抄照搬。中国特色社会主义政治经济学在系统思维上的创新，是习近平新时代中国特色社会主义经济思想提出的一个新课题。

习近平的辩证系统思维，还贯彻到经济领导工作中，习近平新时代中国特色社会主义经济思想还要求坚持问题导向部署发展新战略，对我国社会发展变更产生深远影响；坚持正确工作策略和方法，稳中求进，保持战略定力、坚持底线思维，一步一个脚印地向前迈进。这是“贯彻新发展理念，建设现代经济体系”所采用的基本方法：从实际出发，稳健发展，照前顾后，协调纵横，一张蓝图绘到底，保证实现现代化强国的伟大目标。中央确定的保增长、促改革、调结构、惠民生、防风险，就是一个系统工程。今后几年的三大攻坚战（防范风险、精准扶贫、治理污染），也是以问题导向、进行周密设计、集中优势兵力的系统工程，体现了习近平新时代中国特色社会主义经济思想。对于中国特色社会主义政治经济学来说，应当联系实践系统研究经济高质量发展的策略原则，进行案例解析。

## 三、 全面协调汇聚整体合力： 发挥上层建筑等多元素协调功效

习近平新时代中国特色社会主义思想及经济思想是一个社会整体系统发展理论，即经济、政治、文化、社会、生态全面协调充分发展，以全面化解新时代主要矛盾。这就不仅是经济的一个元素，而且包括诸多元素及其整体协调。如果按照传统政治经济学的观点，好像除经济以外其他的元素都与经济学科无关。现在看来，那种偏狭的观念有违普遍联系的辩证法。当然单从学科界限上说，政治经济学不能什么都研究，然而与经济相互影响极大的元素必须顾及，揭示它们互相影响造成的正负面动因。按照习近平新时代中国特色社会主义经济思想，中国特色社会主义政治经济学必须研究联系密切的相关因素，以系统论的观点从整体上考量和化解主要矛盾的一系列问题，进而明确自身的定位和任务。这里略谈几点。

### （一）党的领导是中国特色社会主义最本质特征

习近平指出："中国特色社会主义最本质的特征是中国共产党领导，中国特色社会主义制度的最大优势是中国共产党领导"。这同"坚持加强党对经济工作的集中统一领导，保证我国经济沿着正确方向发展"是一脉相通的。中国特色社会主义政治经济学必须突出和贯穿这条红线。

经济社会整体必须坚持党的坚强领导。从理论领域上区分，共产党的领导属于上层建筑，它是全社会的领导核心，经济生活和经济运行必须坚持党的领导。这也是整体经济学的一个核心问题和重要特征。党的领导的优越性在哪里？就在于它的先进性和统一性，集政治、思想、组织等一系列优势于一身，能够化解一切重大矛盾。要加强党的领导，又必须从严治党。中国共产党的活力之一，在于它本身有一种自我净化、自我完善、自我革新、自我提高的机制。这是我们党在马克思主义指导下，在长期艰苦

磨砺中形成的优良传统和免疫系统，是其他政党所不具备的，也是我们党的一大优势。能否超越兴亡更替的“历史周期律”，如何驾驭社会主义市场经济，对于我们党是一大考验。比如，反对和克服贪污腐败就是一个突出问题，如果纵容腐败盛行，我们的党就会变质，经济制度也必然变质。这也是整体经济学不能忽视的。

这里需要弄清“最本质特征”和“社会主义本质”的关系。邓小平讲的社会主义本质，主要概括的是经济本质，而引领和保证这本质的贯彻必须依靠党的坚强、正确领导。事实上公有制同上层建筑关系最紧密，国有经济的所有者是国家，而国家的领导核心又是党，党变了国家变了，就意味着国有经济的所有者变了，国有经济的性质也必然变。所以，不能把国有经济同党的领导分开；而且党的组织还具体领导企业的行为，特别是政治方向。加强党的领导是国有企业、集体企业改革中必须坚持的原则，并且在民营企业中也要建立、加强党的组织，保证它为社会主义服务、为人民群众服务，成为中国特色社会主义经济的组成部分。

其次，再具体化，党的领导是社会主义市场经济的重要特征。在社会主义市场经济体制的建立、完善和运行中，要不要坚持和加强共产党的领导，是一个重大的理论和实践问题。对此，习近平做了明确的论述：“坚持党的领导，发挥党总揽全局、协调各方的领导核心作用，是我国社会主义市场经济的一个重要特征。”这阐明了社会主义市场经济体制的政治特征，深化了社会主义市场经济理论。从经济层面上理解，可以说党的领导也是社会主义市场经济体制“最本质的特征”。深入领会这一观点，有利于更自觉地把握和驾驭社会主义市场经济的特殊规律，正确处理加强党的领导、发挥政治优势与发挥社会主义经济活力的辩证统一关系。

按照社会主义市场经济特殊规律的要义，不仅需要认识市场经济的一般规律，更要认识它的特殊规律。对于怎样认识社会主义市场经济的特殊规律，邓小平提供了重要思路。他说：“社会主义市场经济优越性在哪里？

就在四个坚持。”四个坚持即坚持社会主义道路、坚持人民民主专政、坚持马列主义毛泽东思想指导、坚持党的领导。从总体上理解，社会主义市场经济的特殊性，就是社会主义基本制度同市场经济结合，其中坚持党的领导是个核心问题。“党的领导是个优越性。”

完整地说，社会主义市场经济的特殊规律，就是在中国共产党领导的社会主义制度框架内运行的市场经济机制。这一机制能够充分发挥市场在配置资源中的决定性作用和更好地发挥政府作用，克服市场经济的弊端，为发展社会生产力和实现共同富裕服务。其中，坚持党的领导是一个要义。

同时，“两只手”协同必须坚持党的正确领导。市场经济并非只有一只“无形的手”完全自发调节。它必须与“有形的手”即政府作用相配合。这就是“两只手”的协同。而只有社会主义市场经济体制方能使之协同得好，这就要靠共产党的坚强领导。新自由主义鼓吹市场万能论（市场原教旨主义），只要一只“无形的手”，认为它具有解决经济发展、资源配置中一切问题的“自组织”功能，其结果造成一次又一次周期性经济波动和危机。

再进一层说，唯有坚持党的领导方可深化改革、不断进取。社会主义市场经济改革的进程不可能一蹴而就，更不可能一劳永逸，而是一个不断深化、逐步完善的进程。在中国，整个改革进程，必须始终坚持中国共产党的领导，离开了党的领导，深化改革这一历史性系统工程便会停滞，或者走上邪路。

### （二）协调经济与政治、文化的关系

中国特色社会主义政治经济学是中国特色社会主义整个理论体系的组成部分。正如马克思主义的三个组成部分组成一个整体体系一样，它们是互相联系，不可割裂的。所以，一定要研究经济发展与上层建筑、文化建设、社会建设的交互作用，避免陷入就经济论经济的偏颇认知。

### （三）经济生活规范是治国理政的一部分，必须用社会主义原则治理经济

习近平新时代中国特色社会主义思想，“明确全面深化改革总目标是完

善和发展中国特色社会主义制度、推进国家治理体系和治理能力现代化”，“明确全面依法治国总目标是建设中国特色社会主义法制体系、建设社会主义法治国家”。这同经济生活和中国特色社会主义政治经济学有密切关系。

习近平说：“国家治理体系和治理能力是一个国家制度和制度执行能力的集中体现。国家治理体系是在党领导下管理国家的制度体系，包括经济、政治、文化、社会、生态文明和党的建设等各领域体制机制、法律法规安排，也就是一整套紧密相连、相互协调的国家制度；国家治理能力则是运用国家制度管理社会各方面事务的能力，包括改革发展稳定、内政外交国防、治党治国治军等各个方面。国家治理体系和治理能力是一个有机整体，相辅相成，有了好的国家治理体系才能提高治理能力，提高国家治理能力才能充分发挥国家治理体系的效能。实际上，怎样治理社会主义社会这样全新的社会，在以往的世界社会主义中没有解决得很好。马克思、恩格斯没有遇到全面治理一个社会主义国家的实践，他们关于未来社会的原理很多是预测性的；列宁在俄国十月革命后不久就过世了，没来得及深入探索这个问题；苏联在这个问题上进行了探索，取得了一些实践经验，但也犯下了严重错误，没有解决这个问题。我们党在全国执政以后，不断探索这个问题，虽然也发生了重大曲折，但在国家治理体系和治理能力上也积累了丰富经验、取得了重大成果，改革开放以来的进展尤为显著。我国政治稳定、经济发展、社会和谐、民族团结，同世界上一些地区和国家不断出现乱局形成了鲜明对照。这说明，我们的国家治理体系和治理能力总体上是好的，是适应我国国情和发展要求的。同时，我们也要看到，相比我国经济社会发展要求，相比人民群众期待，相比当今世界日趋激烈的国际竞争，相比实现国家长治久安，我们在国家治理体系和治理能力方面还有许多不足，有许多亟待改革改进的地方。真正实现社会和谐稳定、国家长治久安，还是要靠制度，靠我们在国家治理上的智慧，靠高素质干部队伍。我们要更好发挥中国特色社会主义制度的优越性，必须从各个领域推进国家治理体系和治理能力现代化。”① 我们要按照习近平新时代中国特色社会主义经济思想，坚持以人民为中心的发展思想，贯穿到推进“五位一体”总布局和协调推进“四个全面”战略布局之中。

治国理政的一个重要方面是关注经济与法制的结合。习近平指出：“改革和法治如鸟之两翼、车之两轮。我们要坚持走中国特色社会主义法治道路，加快构建中国特色社会主义法治体系，建设社会主义法治国家。”② 经济与法制相辅相成。治国理政的核心在于制度建设，法制是带有强制性的国家规矩，是维护整个社会制度的秩序和国家长治久安的保证。社会主义市场经济是法治经济，需要运用法制规范市场行为，划定政府、市场、企业、个人等行为的边界，必须严于法治、防范风险、弥补和纠正市场缺陷。深化研究依法治市，必须将经济学同法学结合起来，这是大国整体经济学的一个重要诉求。

（四）坚持“稳中求进”总基调的规律性，创造良好发展环境

习近平新时代中国特色社会主义经济思想要求“稳中求进，保持战略实力，坚持底线思维，一步一个脚印向前迈进”。这本身就是优良环境的要求，符合经济规律，也是历史经验的总结。习近平一再强调稳中求进工作总基调是治国理政的重要原则，要长期坚持。“稳”和“进”是辩证统一的，要作为一个整体来把握，把握工作节奏和力度。稳方能避免急于求成，欲速则不达，快中出乱，容易出现预料不到的过失和风险；“进”是目的，前进才能发展，克服“不平衡不充分的发展”问题，倒退、停滞、过缓是不行的，但“进”不能盲目冒进，要量力而行，尽力而为，按照客观规律将循序渐进与有条件跨越式前进结合起来，协调好政策之间的关系，方能“一步一个脚印”。新时代不能要求总是过高的速度，持续高质量的中高速度正是实现良性发展的客观趋势。中国特色社会主义政治经济学需要从历

①《习近平谈治国理政》，北京：外文出版社2014年版，第91—92页。

② 习近平：《在庆祝中国共产党成立95周年大会上的讲话》，《人民日报》2016年7月2日。

史经验和客观规律的高度阐明这个客观逻辑与主观逻辑相统一的原理。

## 四、系统创新国际经济理论：打造人类命运共同体与厚植开放

厚植开放是新发展理念的重要内容，是习近平经济思想的重要组成部分，属于更广阔的经济系统。新时代中国特色社会主义经济发展，离不开国际环境和国际经济联系。正如习近平所指出的："中国人民的梦想同各国人民的梦想息息相通，实现中国梦离不开和平的国际环境和稳定的国际秩序。必须统筹国内国际两个大局，始终不渝走和平发展道路、奉行互利共赢的开放战略，坚持正确义利观，树立共同、综合、合作、可持续的新安全观，谋求开放创新、包容互惠的发展前景，促进和而不同、兼收并蓄的文明交流，构筑尊崇自然、绿色发展的生态体系，始终做世界和平的建设者、全球发展的贡献者、国际秩序的维护者。"① 中国特色社会主义政治经济学，必须研究新时代世界的发展趋势，确定自己的对外经济方针政策。总体上就是打造人类命运共同体和厚植开放的辩证关系。这是十九大赋予的重要使命，也是实现理论飞跃的重要方面。

第一，对新时代世界发展趋势和当前形势的分析判断。我们面对的是"百年未有之大变局"②，世界正处于大发展大变革大调整时期，和平与发展仍然是时代主题。世界多极化、经济全球化、社会信息化、文化多样化深入发展，全球治理体系和国际秩序变革加速推进，各国相互联系和依存日益加深，国际力量对比更趋平衡，和平发展大势不可逆转。同时，世界面临的不稳定性不确定性突出，世界经济增长动能不足，贫富分化日益严重，地区热点问题此起彼伏，恐怖主义、网络安全、重大传染性疾病、气候变

---

① 习近平：《决胜全面建成小康社会 夺取新时代中国特色社会主义伟大胜利——在中国共产党第十九次全国代表大会上的报告》，2017 年 10 月 18 日。

②《习近平接见 2017 年度驻外使节工作会议与会使节并发表重要讲话》，《人民日报》2017 年 12 月 29 日。

化等非传统安全威胁持续蔓延，人类面临许多共同挑战。我们生活的世界充满希望，也充满挑战。我们不能因现实复杂而放弃梦想，不能因理想遥远而放弃追求。没有哪个国家能够独自应对人类面临的各种挑战，也没有哪个国家能够退回到自我封闭的孤岛。

从根本上说，世界仍处在帝国主义占统治地位的时期，进入国际金融超级垄断阶段，但已经走向颓势，尤其在国际金融危机之后，经济乏力，政治紊乱，走向衰落，但还有相当的实力，这就增加了不确定性，我们应辩证地看待机遇与风险并存。

第二，面对这种趋势，中国正在走向世界舞台的中央，要有新的理念和策略。我们呼吁，各国人民同心协力，构建人类命运共同体，建设持久和平、普遍安全、共同繁荣、开放包容、清洁美丽的世界。要相互尊重、平等协商，坚决摒弃冷战思维和强权政治，走对话而不对抗、结伴而不结盟的国与国交往新路。要坚持以对话解决争端、以协商化解分歧，统筹应对传统和非传统安全威胁，反对一切形式的恐怖主义。要同舟共济，促进贸易和投资自由化、便利化，推动经济全球化朝着更加开放、包容、普惠、平衡、共赢的方向发展。要尊重世界文明多样性，以文明交流超越文明隔阂，文明互鉴超越文明冲突，文明共存超越文明优越。要坚持环境友好，合作应对气候变化，保护好人类赖以生存的地球家园。

从全局来看，国际经济战线上的博弈已成为主要形式。由于西方的衰变，它们从主导经济全球化走向逆经济全球化，恰好是世界进步人民所反对的。而我们则着力发展经济关系，成了引导经济全球化的领跑者。中国特色社会主义经济学应当分析这种趋势和博弈形式，揭示“打造人类命运共同体”的内涵、形式和背后的规律性，指出前进的方向。

第三，立足国内“强起来”，以扩大提升开放发展自己，推进世界。党的十九大要求推动形成全面开放新格局。开放带来进步，封闭必然落后。中国开放的大门不会关闭，只会越开越大。要以“一带一路”建设为重点，坚持“引进来”和“走出去”并重，遵循共商共建共享原则，加强创新能力开放合作，形成陆海内外联动、东西双向互济的开放格局。拓展对外贸易，培育贸易新业态、新模式，推进贸易强国建设。实行高水平的贸易和投资自由化便利化政策，全面实行准入前国民待遇加负面清单管理制度，大幅度放宽市场准入，扩大服务业对外开放，保护外商投资合法权益。凡是在我国境内注册的企业，都要一视同仁、平等对待。优化区域开放布局，加大西部开放力度。赋予自由贸易试验区更大改革自主权，探索建设自由贸易港。创新对外投资方式，促进国际产能合作，形成面向全球的贸易、投融资、生产、服务网络，加快培育国际经济合作和竞争新优势。这是中国特色社会主义政治学应当着力研究的新亮点。

从理论上看，“厚植开放”和“打造人类命运共同体”都超越了以往的世界经济学和国际贸易经济学，是中国特色社会主义政治经济学的理论创新。它把生产社会化的规律、阶级斗争和经济发展趋势统一起来，把世界生产力、贸易关系与社会制度的辩证关系与发展战略策略统筹兼容，把国内外两个大局、两个市场、两种资源的利用协调权衡，形成对世界系统治理和国家对外开放互补互动的理论概括。既有深度分析综合，又有牵动亿万人民的号召力。它能得到全球各界如此广泛的认同和响应，体现了马克思主义理论的彻底性，创造性地运用了“最大公约”和“系统论”的原理，比以往单纯肤浅描述国际经济现象要高出一筹，更贴近实际、揭示本质。以往的国际贸易理论层出不穷，诸如绝对优势论、比较优势论、资源禀赋论和钻石模型论等，都是各国仅从生产力的某项或差异上论述国际贸易的必然性和可能性，旨在取得一国对另一国或一些国家的贸易利益，很少涉及社会经济制度的差异和矛盾，也很少涉及共享的利益关系，以往的国际贸易理论事实上是富国的贸易优势论。而以打造人类命运共同体为大前提，以本国经济发展为实力后盾、以合作共赢为交换原则的厚植开放，则体现了贸易的共获利益、互惠发展，彰显了社会主义的贸易原则。正如习近平所说，我们要将“一带一路”建成和平之路、繁荣之路、开放之路、创新之路、文明之路。

与此相适应，必须开展对西方反华言论的批判。现在西方有些心怀叵测的人污蔑中国“搞新殖民主义”，完全是颠倒黑白、贼喊捉贼，反映了他们的恐惧、嫉妒心理。这也表明中国特色社会主义的国际经济理论和国际贸易理论的震撼力。“一带一路”高峰论坛峰会表明，世界人民自有鉴别力和定论。“沉舟侧畔千帆过，病树前头万木春”，进步的潮流是阻挡不住的。让那些妄图开历史倒车的可怜虫抽泣吧！这要表现中国特色社会主义政治经济学的“软实力”。同时也要助力“硬实力”，阐释有效维护国家安全。国家安全是安邦定国的重要基石，维护国家安全是全国各族人民根本利益所在。要完善国家安全战略和国家安全政策，坚决维护国家政治安全，统筹推进各项安全工作。健全国家安全体系，加强国家安全法治保障，提高防范和抵御安全风险能力。严密防范和坚决打击各种渗透颠覆破坏活动、暴力恐怖活动、民族分裂活动、宗教极端活动。加强国家安全教育，增强全党全国人民国家安全意识，推动全社会形成维护国家安全的强大合力。

总体上说，习近平新时代中国特色社会主义思想和习近平新时代中国特色社会主义经济思想是一个整体系统，后者是前者的一部分，是它的细化。我们应当完整理解，用科学的系统思想丰富、充实、发展中国特色社会主义政治经济学。敢于矫正一些不符合时宜的旧观念，坚持在实践中发展当代马克思主义政治经济学，实现理论上的新飞跃。

（原载于《思想理论教育导刊》，2018 年第 3 期；杨承训、刘武阳）

# 拓展中国特色社会主义政治经济学的崭新境界

## ——对习近平新时代中国特色社会主义经济思想的初步梳理

马克思主义政治经济学是在实践中发展的经济科学。中国特色社会主义政治经济学作为其发展的新阶段，主要回答了社会主义大国在新时代如何持续健康发展和长治久安并在世界上发挥更大作用的重大历史课题。习近平面对中国和世界新时期复杂的矛盾和更重大的历史任务，立足实践运用马克思主义，开拓了中国特色社会主义政治经济学的崭新境界。习近平新时代中国特色社会主义经济思想博大精深，并在中国特色社会主义实践中继续发展。本文初步梳理了习近平新时代中国特色社会主义经济思想，重点概括为六个方面。

### 一、 以一切为人民的共享发展深化社会主义本质论

在坚持科学社会主义的基础上发展中国特色社会主义政治经济学，是习近平新时代中国特色社会主义经济思想的首要特征。他多次申明“中国特色社会主义是社会主义而不是其他什么主义”。他着力深化了社会主义本质论，提出了一切以人民为中心的共享发展观念，并强调共产主义信仰大如天。

为了有力推进共同富裕的目标，习近平提出“创新、协调、绿色、开

放、共享”五大理念，出发点和落脚点在于推进共享发展：“让广大人民群众共享改革发展成果，是社会主义的本质要求，是社会主义制度优越性的集中体现，是我们党坚持全心全意为人民服务根本宗旨的重要体现。”① 共享发展在理论和实践结合上回答了在新常态下如何深化贯彻落实社会主义本质论的进程问题，是中国特色社会主义政治经济学的立足点。共享发展要求处理好三个关系：一是“五大理念”中前四个理念同第五个理念的关系。如果说“创新、协调、绿色、开放”主要是解决怎样发展的问题，那么“共享”则是解决为谁发展、靠谁发展的问题。就是说，发展是为了人民，当然也就必须依靠人民，两者是辩证地统一。二是“共享发展”概念的内部关系。发展是手段和过程，共享是目的和动力。没有“共享”的发展不是社会主义的发展；没有发展的“共享”，共享就成了空谈。三是个人消费品分配收入与社会保障的关系。以共享为宗旨的新民生观涵盖了这两个方面，加强了社会保障及更多方面的共享内容。

共享发展的核心是以人民为中心，一切为了人民的幸福。习近平指出：“带领人民创造幸福生活，是我们党始终不渝的奋斗目标。我们要顺应人民群众对美好生活的向往，坚持以人民为中心的发展思想，以保障和改善民生为重点，发展各项社会事业，加大收入分配调节力度，打赢脱贫攻坚战，保证人民平等参与、平等发展权利，使改革发展成果更多更公平惠及全体人民，朝着实现全体人民共同富裕的目标稳步迈进。”②

这一根本立场表明，掌握社会主义本质必须在更广大的领域中鉴别是否真正坚持科学社会主义原则。要经常检验自身是否偏离科学社会主义道路，避免走僵化的老路和改旗易帜的邪路；要认清社会主义制度也可能异变为其他制度，或蜕变为新资本主义制度，或落入狭隘民族主义等，危害了自身，也破坏了国际社会主义阵线。对世界上出现的多种“社会主义”，

① 习近平：《在党的十八届五中全会第二次全体会议上的讲话》（节选），《求是》2016年第1期。

② 习近平：《在庆祝中国共产党成立95周年大会上的讲话》，《人民日报》2016年7月2日。

必须认真辨别。

对社会主义本质论的深化，是习近平提出的新民生观的主要内涵。他说："我们将以保障和改善民生为重点，促进社会公平正义，推动实现更高质量的就业，深化收入分配制度改革，健全社会保障体系和基本公共服务体系。"① 这就使中国特色社会主义基本分配制度覆盖面更加全面，成为实现共同富裕的托底保障，是对马克思主义政治经济学分配理论的创新。为了实现共同富裕，习近平提出："共享发展注重的是解决社会公平正义问题。""我国经济发展的'蛋糕'不断做大，但分配不公问题比较突出，收入差距、城乡区域公共服务水平差距较大。""绝不能出现'富者累巨万，而贫者食糟糠'的现象。"② 针对这一个问题，必须深化分配领域改革。为了落实共享发展，他拓展了扩大消费和促进发展的良性循环的思想。"让老百姓过上好日子是我们一切工作的出发点和落脚点。"③ 从经济规律上看，经济发展是提高人民生活水平的基础，增加消费是繁荣市场、扩大再生产的条件和指南针。只有在社会主义条件下，才能真正实现这种良性循环。对于我国来说，尤其要扩大内需，提高消费对经济增长的推动力。到2016年上半年，我国消费对经济增加的贡献率达到60%④，势头很好。

在习近平的系列论述中，新民生观有什么特点呢？第一，新民生观同社会主义平等正义相联系，是共同富裕的体现。改革"以促进社会公平正义、增进人民福祉为出发点和落脚点"⑤，是中国特色社会主义的内在要求，体现人民的共同利益。在现阶段，民生的平等正义并非像资产阶级政治家所讲的抽象地为社会服务，而是有不同的对象，实施不同的政策，这就是"扩中、提低、限高、打非"，重点是支持广大工农群众富裕起来，实施以

---

①《习近平谈治国理政》，北京：外文出版社2014年版，第347页。

② 习近平：《在党的十八届五中全会第二次全体会议上的讲话》（节选），《求是》2016年第1期。

③《习近平谈治国理政》，北京：外文出版社2014年版，第213页。

④ 数据来源于国家统计局《2016年统计公报》，国家统计局官网。

⑤《习近平谈治国理政》，北京：外文出版社2014年版，第204页。

“先富”带“共富”。第二，随着经济发展不平衡采取民生公平正义的措施。实现共同富裕的公平正义，“并不是说就等着经济发展起来了再解决社会公平问题。一个时期有一个时期的问题”，“不论处在什么发展水平上，制度都是社会公平正义的重要保证”。[①] 第三，新民生观包含的内容覆盖有关人民生计的全部需求，并贯彻于全过程。这就是“在学有所教、劳有所得、病有所医、老有所养、住有所居上持续取得新进展”[②]。根据习近平的一贯思想，还应加上一个“安有所保”。他还提出一个具体原则：“社会政策要托底。”[③]

共同富裕的基础是公有制。习近平多次强调：毫不动摇地坚持我国基本制度。实行公有制为主体、多种所有制经济共同发展的基本经济制度，是我们党确立的一项大政方针。公有制经济和非公有制经济都是社会主义市场经济的重要组成部分，都是我国经济社会发展的重要基础。必须毫不动摇地巩固和发展公有制经济，坚持公有制主体地位，发挥国有经济主导作用，不断增强国有经济活力、控制力、影响力、抗风险能力。必须毫不动摇地鼓励、支持和引导非公有制经济发展，激发非公有制经济活力和创造力。任何想把公有制经济否定掉或者想把非公有制经济否定掉的观点，都是不符合最广大人民根本利益的，都是不符合我国改革发展要求的，因此也都是错误的。要建立完善现代产权制度，积极稳妥发展混合所有制经济，深化国有企业改革，完善现代企业制度，支持非公有制经济健康发展[④]。

对于科学社会主义中国化，他具体提出实现中华民族复兴要分步骤实现两个一百年，即中国共产党成立100年时全面建成小康社会和中华人民共和国成立100年时全面实现现代化。这个宏伟的目标，鼓舞中国人民努力奋斗。

---

①《习近平谈治国理政》，北京：外文出版社2014年版，第96—97页。

②《习近平谈治国理政》，北京：外文出版社2014年版，第41页。

③《习近平总书记系列重要讲话读本》，北京：学习出版社、人民出版社2014年版，第110页。

④《习近平总书记系列重要讲话读本》，北京：学习出版社、人民出版社2014年版，第148—149页。

## 二、 以系统经济学立论治国理政新思想新战略

习近平的治国理政新思想新战略，是中国特色社会主义政治经济学发展进程中具有里程碑意义的重大创新。就政治经济学视域考量，它是治理社会主义社会各类矛盾的深化，具有系统论、整体论的特质，在经济科学中是新的篇章。它所涉及的不只是狭义的经济领域，而且也包括影响经济生活的政治、法律、党的建设以及生态等重要因素，可谓系统经济学、整体经济学、广义经济学。可以表述为全面反映和把握现实社会主义经济运行的综合经济学，体现经济规律、政治规律、社会规律、自然规律的交叉融合，同邓小平理论、“三个代表”重要思想、科学发展观齐名，进一步显示了中国特色社会主义道路、理论、制度自信的统一，是新历史阶段的新发展，在马克思主义理论发展史上具有里程碑意义。

“实际上，怎样治理社会主义社会这样全新的社会，在以往的世界社会主义中没有解决得很好。马克思、恩格斯没有遇到全面治理一个社会主义国家的实践，他们关于未来社会的原理很多是预测性的；列宁在俄国十月革命后不久就过世了，没来得及深入探索这个问题；苏联在这个问题上进行了探索，取得了一些实践经验，但也犯下了严重错误，没有解决这个问题。我们党在全国执政以后，不断探索这个问题，虽然也发生了严重曲折，但在国家治理体系和治理能力上积累了丰富经验、取得了重大成果，改革开放以来的进展尤为显著。我国政治稳定、经济发展、社会和谐、民族团结，同世界上一些地区和国家不断出现乱局形成了鲜明对照。这说明，我们的国家治理体系和治理能力总体上是好的，是适应我国国情和发展要求的。

“同时，我们也要看到，相比我国经济社会发展要求，相比人民群众期待，相比当今世界日趋激烈的国际竞争，相比实现国家长治久安，我们在

国家治理体系和治理能力方面还有许多不足，有许多亟待改进的地方。真正实现社会和谐稳定、国家长治久安，还是要靠制度，靠我们在国家治理上的高超能力，靠高素质干部队伍。我们要更好发挥中国特色社会主义制度的优越性，必须从各个领域推进国家治理体系和治理能力现代化。”①

治国理政的新思路新战略，是在实现全面小康的伟大目标的最后阶段提出来的。其宗旨就是坚持把完善和发展中国特色社会主义制度，推进国家治理体系和治理能力现代化作为全面深化改革的总目标。② 要完成邓小平提出的在各方面形成一套更加成熟、更加定型的制度。其基本要求和内容是：国家治理体系是在党领导下管理国家的制度体系，包括经济、政治、文化、社会、生态文明和党的建设等各领域体制机制、法律法规安排，也就是一整套紧密相连、相互协调的国家制度；国家治理能力则是运用国家制度管理社会各方面事务的能力，包括改革发展稳定、内政外交国防、治党治国治军等各个方面。国家治理体系和治理能力是一个有机整体，相辅相成，有了好的国家治理体系才能提高治理能力，提高国家治理能力才能充分发挥国家治理体系的效能。这是习近平提出的发挥政治优势，正是公有制得以完善的灵魂和屏障。这是因为，公有制经济本身就是一个高度系统性和层次性很强的复合体，同政治的保证作用关系极为密切。这正是整体经济学的要谛。

治国理政包括许多重要内容，是处理复杂问题的系统集成。如“五大战略部署”（经济、政治、文化、社会、生态五大文明）、“四个全面”、“五大发展理念”等，是治国理政的具体化。其中“四个全面”是建设小康社会最后阶段，是治国理政的总方略。“四个全面”战略布局适应了我国发展的现实需要。当今世界正处在一个加快演变的历史性进程之中，和平与发展仍然是时代主题，同时全球治理体系深刻变革，不同制度模式、发展

①《习近平谈治国理政》，北京：外文出版社2014年版，第91—92页。
②《习近平谈治国理政》，北京：外文出版社2014年版，第104页。

道路正处于深层较量和博弈中，能否在世界大变动中把握机遇、在国际大棋局中赢得主动，需要胸怀全局、统筹谋划的大思考、大智慧。当代中国正处于全面建成小康社会的决胜阶段，中华民族正处于走向伟大复兴的关键时期，我国发展所处的重要战略机遇期没有改变，仍然具有许多有利的发展条件。同时面临着诸多矛盾叠加、风险隐患增多的严峻挑战，改革发展稳定任务之重前所未有，矛盾风险挑战之多前所未有，对党治国理政的考验之大前所未有。习近平指出："'时和势总体有利，但艰和险在增多。'如何更好把握发展机遇、赢得新的发展优势、战胜各种风险挑战，迫切需要我们党从战略层面提出治国理政的大格局大韬略。'四个全面'战略布局，正是党中央适应我国发展新要求，站在时代最前沿进行的战略谋划和部署。"① 社会主义市场经济是法治经济，强化和完善依法治国包括依法治市。

治国理政的整体性还表现在对经济政策的要求标准上：宏观政策要稳，产业政策要准，微观政策要活，改革政策要实，社会政策要把底。这可以视为经济政策的系统性，有很强的创新性和实践性。

从严治党作为治国理政的重头戏，不仅关系政治建设，而且是政治经济学中的新篇章。它涉及整个国家永不变色、永葆青春的核心问题，是中国特色社会主义最本质的特征。而反腐败（经济学中称之为"寻租"）又同时是重大经济问题，可视为根本治愈经济发展中这一癌症的良方，是保证社会主义经济整体强大的医疗保健举措，保护和增强了社会主义经济的生命线。

## 三、 以五大发展理念揭示社会主义发展的规律体系

中国特色社会主义政治经济学在发展问题上应当有三个转变：一是由

---

①《习近平总书记系列重要讲话读本》，北京：学习出版社、人民出版社2014年版，第42—43页。

主要研究生产关系到研究生产关系与研究生产力兼行，用更多精力研究生产力的发展；二是由研究生产力发展的个别规律到全面研究生产力发展的规律体系；三是由生产力发展主要从量的增长到利用社会主义生产关系的优势突出发展先进生产力，以质量和效益带动数量的增长，引领时代潮流。习近平总结历史经验，运用社会科学和自然科学交叉优势，提出了创新发展、协调发展、绿色发展、开放发展、共享发展的五大发展理念，超越前人，促进三个转变，实现了认识上的飞跃。

为了明确五大发展理念的地位和贯彻要求，习近平又特别指出了各个要领和实施方向，即崇尚创新、注重协调、倡导绿色、厚植开放、推进共享。这涵盖了生产力与生产关系的统一、经济基础与上层建筑的互动、人与自然的和谐，体现了遵循和驾驭经济规律、自然规律和社会规律的辩证统一。根据习近平的系统论述着重阐述在中国特色社会主义制度下，如何全方位、立体式发展生产力的理论和方略。

综合考量，这五大发展理念是一个经济规律的合力体系，加上对社会主义市场经济规律的论述，就涵盖了中国特色社会主义发展规律的综合系统。主要包括以下八个方面内容：一是扩展生产力存量，增加市场现实需求的产品数量并提高质量，淘汰落后产业和产品，简单式的扩大外延再生产在任何时候都是必要的，但不能提升质量和档次。二是解放生产力，通过深化改革，扫除发展生产力的障碍，不断增强发展的新动力，这是邓小平的概括，即“发展”生产力与“解放”生产力并提。三是创新生产力，主要是利用科技创造更先进的生产力，引领经济高质量整体发展。这是发展动力路径的转换，是时代的特殊要求。四是协调生产力，使产业间平衡互动、优化生产力布局，重要的是消除城乡二元结构，实现城镇化，优化生产力的空间结构，还要优化微观经济与宏观经济的整体协同。五是绿色生产力，即保持和优化生态环境，发展生态生产力，这是可持续发展的重要保证，也是社会发展理论中的最新要求，体现人与自然的和谐。六是保护生产力，主要是实现安全发展，并且要使这种保护机制系统化，这是现代经济生活中一个越来越突出的新问题。七是开放发展生产力，即面向世界，参与全球生产力发展，发现并吸收国外最先进的要素，更要逐渐领跑全球。八是共享发展生产力，即将完善生产关系和发展生产力结合起来，实现共同富裕，体现社会主义本质要求。

在实际运行中，这八个方面互相渗透交叉、融合，全面体现了社会主义本质要求、时代的特点和客观趋势。这种全方位、多维度地发展生产力，是对发展经济学和生产力学说的丰富，也是大国经济的特殊需求。下面按序论述，主要谈创新发展、协调发展、绿色发展。

第一，创新发展。这是重要的动力转换理论。创新指全面创新，其中起引领作用的是科学技术创新，意味着经济发展最根本的要靠科学技术创新。习近平继承了马克思关于科学技术也是生产力、邓小平关于“科学技术是第一生产力”的思想，在新的时代创造性地提出：科技创新是发展第一动力。他说：“创新是引领发展的第一动力。抓创新就是抓发展，谋创新就是谋未来。适应和引领我国经济发展新常态，关键是要依靠科技创新转换发展动力。”① “科技创新，就像撬动地球的杠杆，总能创造令人意想不到的奇迹。”② 习近平全面总结了世界历史经验，揭示了发展规律，“历次产业革命都有一些共同特点：一是有新的科学理论作基础，二是有相应的新生产工具出现，三是形成大量新的投资热点和就业岗位，四是经济结构和发展方式发生重大调整并形成新的规模化经济效益，五是社会生产生活方式有新的重要变革。这些要素，目前都在加快积累和成熟中。即将出现的新一轮科技革命和产业变革与我国加快转变经济发展方式形成历史性交汇，为我们实施创新驱动发展战略提供了难得的重大机遇。”③

---

① 中共中央文献研究室：《习近平关于科技创新论述摘编》，北京：中央文献出版社 2016 年版，第 7 页。

② 中共中央文献研究室：《习近平关于科技创新论述摘编》，北京：中央文献出版社 2016 年版，第 81 页。

③ 中共中央文献研究室：《习近平关于科技创新论述摘编》，北京：中央文献出版社 2016 年版，第 24 页。

从理论上说，“第一动力论”有重大创新。一是“第一动力论”突破了“发展极限论”等绝对化观点。二是“第一动力论”突破了单纯以供给或需求拉动增长的发展路径。三是“第一动力论”将社会经济循环的“四环节”丰富为“五环节”。人类社会经济循环包括生产、分配、交换、消费四个环节，其中生产是第一环节。提出“第一动力论”，表明随着人类社会发展进步，原来蕴含在生产之中的科学技术独立出来，成为推动生产发展以及其他环节发展的第一动力。四是“第一动力论”有利于发挥社会主义经济的发展优势。

崇尚创新意味着科技占据领先位置。我们追求的创新发展，不是一般的科技进步，而是“塑造更多依靠创新驱动、更多发挥先发优势的引领性发展”①。这表明我国科技创新进入了新阶段、站上了新平台，在经济社会发展全局中的地位和作用更加突出。以往我们讲得较多的是发挥后发优势，相应的是追赶型发展；现在要更多地发挥先发优势，从追赶型发展逐步转变为引领型发展。这是一个大转型、大提升，是适应和引领经济发展新常态的新谋划、新动力。

由此带来发展战略上的转变，这里要处理好“并联式”发展和“非对称”发展的辩证关系。习近平说，西方发达国家经过了一个“串联式”发展过程，工业化、城镇化、农业现代化、信息化顺序发展，用了200多年时间；我国则用几十年赶上它们，必须是一个“并联式”过程，其中科技要发挥重要作用。②“我国科技如何赶超国际先进水平？要采取‘非对称’战略，更好发挥自己的优势，在关键领域、卡脖子的地方下大功夫。”③这里“并联式”发展和“非对称”发展是辩证的关系：一个全面，两个突破。一个全面是指现代化整体；两个突破，一是科技首先突破，二是科技中又要

① 习近平：《为建设世界科技强国而奋斗》，《人民日报》2016年5月30日。

② 中共中央文献研究室：《习近平关于科技创新论述摘编》，北京：中央文献出版社2016年版，第25页。

③ 中共中央文献研究室：《习近平关于科技创新论述摘编》，北京：中央文献出版社2016年版，第25页、第43页。

先重点突破，以此带动全面现代化。

第二，协调发展。应当说它是生产社会化规律的要求，是发挥社会主义整体优势的重要理念和机制。100 多年前，恩格斯从历史的大趋势出发，提出社会主义要“按照一个统一的大的计划协调地配置生产力”①。今天，我们在社会主义市场经济条件下，更应构建新的协调机制，因为不平衡发展是市场经济的客观规律。这就需要通过“两只手”的功能在发挥市场经济优势的同时，又发挥好社会主义能够集中力量办大事的优势，使一个整体的各个部分集成合力。习近平正是针对经济社会发展的新形势新体制，提出注重协调发展理念的。实质上，协调发展是社会主义市场经济的发展规律。

从习近平对协调发展的阐释也可看出，他没有再完全搬用以往“有计划按比例”的提法，而主要包含四层意思。其一，协调既是发展手段又是发展目标，同时还是评价发展的标准和尺度，即贯穿于发展的始终。其二，协调是发展两点论和重点论的统一。一个行业、一个地区乃至一个国家在其发展时期既有发展优势，也存在制约因素，在发展思路上既要着手破解难题、补齐短板，又要考虑巩固和厚植原有优势。两方面相辅相成、相得益彰，才能实现高水平发展。其三，协调是平衡和不平衡的统一，由平衡到不平衡再到平衡是事物发展的基本规律。平衡是相对的，不平衡是绝对的。强调协调发展不是搞平均主义，而是更注重发展机会公平、更注重资源配置均衡。其四，协调是补齐短板和发掘潜力的统一。我国还处于由中等收入国家向高等收入国家迈进的阶段。国际经验表明，这个阶段是各种矛盾集中爆发的时期，发展不协调、存在多种短板也是难免的。协调发展首先要找出短板，随后在补齐短板上多用力，通过补齐短板挖掘发展潜力，增强发展后劲。上述四个方面的辩证统一，也表明协调不是恪守一个固定的比例关系，而是具有相对性、变动性和适应性，有利于集各种要素形成

①《马克思恩格斯选集》第 3 卷，北京：人民出版社 1995 年版，第 646 页。

更大的合力，而又不统制过死。总括上述论证，从规律的表述上看，在社会主义市场经济条件下，“有计划按比例”的提法，不如参照恩格斯的概括，适应社会主义市场经济特点，采用习近平“社会主义市场经济协调发展”规律的提法。

协调发展要求整体经济中的各个子系统、各种要素、各个层面相互适应，产生 1 +1 >2 的整体组合效应，形成更大的合力，而不致因互相摩擦消耗差异过大的畸形化，造成内耗，即 1 +1 <1；而且这种状态又是经常变动的，需要经常协调。换句话说，既要实现协调要求，又不能规定过死的比例数量。

第三，绿色发展。主要遵循自然规律，实现人与自然的和谐共生，也体现了社会主义本质和时代要求。习近平说：“我们既要绿水青山，也要金山银山。宁要绿水青山，不要金山银山，而且绿水青山就是金山银山。”① “保护生态环境就是保护生产力，改善生态环境就是发展生产力。”② “绿色”不仅关系当代人的健康，还关系到子孙后代的健康和可持续发展，也为经济研究和建设实践提供了广阔的创新空间。现在应当首先打破西方教条，勇于从历史实际出发，遵循自然规律、经济规律、社会规律，实现中国特色社会主义政治经济学创新。

绿色发展要求系统保护生产力，这也是习近平的创新。他科学总结历史经验，做出总体安全观的全面论述，特别指出“安全和发展是一体之两翼、驱动之双轮”③ “以经济安全为基础”④ “保护生态就是保护生产力”⑤。这是对马克思主义政治经济学的一大创新，体现了社会主义发展规律的要求，具有重要的现实意义和深远的指导意义，为中国社会主义治国理政、

①《习近平总书记系列重要讲话读本》，北京：学习出版社、人民出版社 2014 年版，第 230 页。
②《习近平总书记系列重要讲话读本》，北京：学习出版社、人民出版社 2014 年版，第 234 页。
③《习近平在第二届世界互联网大会开幕式上的讲话》，《人民日报》2015 年 12 月 17 日。
④《习近平谈治国理政》，北京：外文出版社 2014 年版，第 201 页。
⑤《习近平谈治国理政》，北京：外文出版社 2014 年版，第 209 页。

长治久安和持续发展提供理论支撑。

## 四、 以一般与特殊相结合推进社会主义市场经济全面改革

改革是决定中国命运的关键一招。坚持社会主义市场经济方向改革，是中国特色社会主义道路、理论、制度的重要内容。习近平的重大贡献在于，在新阶段将社会主义市场经济论推进到新境界，全面深化改革。他把市场经济的一般规律同社会主义市场经济的特殊规律辩证地结合起来，从实际出发，提出了完善社会主义市场体制的新观点，将改革扩展到更广的领域，进一步深化，发掘更加巨大的发展活力。这也是治国理政新思想新战略的重要组成部分。

习近平依据市场经济的一般规律提出要发挥市场在配置资源中的决定性作用，又按照社会主义市场经济的特殊规律提出要更好地发挥政府的作用。对市场和政府这“两只手”的作用做了更科学的定位，发展了中国特色社会主义政治经济学。

习近平的这一论断，是在我国30多年实践经验的基础上做出的新概括，紧紧抓住了处理好政府和市场的关系这一经济体制改革的核心问题。党的十四大提出建立社会主义市场经济体制的改革目标后，对政府和市场的关系，我们一直在根据实践拓展和认识新的科学定位。党的十五大提出“使市场在国家宏观调控下对资源配置起基础性作用”①，党的十六大提出“在更大程度上发挥市场在资源配置中的基础性作用”②，党的十七大提出“从制度上更好发挥市场在资源配置中的基础性作用”③，党的十八大提出“更

①《十五大以来重要文献选编（上）》，北京：人民出版社2000年版，第18页。

②《十六大以来重要文献选编（上）》，北京：人民出版社2005年版，第20页。

③ 胡锦涛：《高举中国特色社会主义伟大旗帜 为夺取全面建设小康社会新胜利而奋斗》，北京：人民出版社2007年版，第21页。

大程度更广范围发挥市场在资源配置中的基础性作用”①。党的十八届三中全会把市场在资源配置中的“基础性作用”修改为“决定性作用”，这是我们党对中国特色社会主义建设规律认识的一个新突破，标志着社会主义市场经济发展进入了一个新阶段。这个重要判断有利于在全党全社会树立关于政府和市场关系的正确观念，有利于转变经济发展方式，有利于转变政府职能，有利于抑制消极腐败现象。

切实发挥市场在资源配置中的决定性作用。市场决定资源配置是市场经济的一般规律，市场经济本质上就是市场决定资源配置的经济。理论和实践都证明，市场配置资源是最有效率的形式。必须不失时机地加大改革力度，坚持社会主义市场经济改革方向，在思想上更加尊重市场决定资源配置这一市场经济的一般规律，在行动上大幅度减少政府对资源的直接配置，推动资源配置依据市场规则、市场价格、市场竞争实现效益最大化和效率最优化，让企业和个人有更多活力和更大空间去发展经济、创造财富。健全现代市场体系，加快财税体制改革，加快金融体制改革，为优化资源配置、维护市场统一、促进社会公平提供制度保障。适应经济全球化新形势，加快培育参与和引领国际经济合作竞争新优势，加快实施自由贸易区战略，以开放促改革，构建开放型经济新体制。

要更好发挥政府作用。市场在资源配置中起决定性作用，并不是起全部作用，不是说政府就无所作为，而是必须坚持有所为、有所不为，着力提高宏观调控和科学管理的水平。更好发挥政府作用，不是要更多发挥政府作用，而是要在保证市场发挥决定性作用的前提下，管好那些市场管不了或管不好的事情。我国实行的是社会主义市场经济体制，仍然要坚持发挥社会主义制度的优越性、发挥党和政府的积极作用。科学的宏观调控，有效的政府治理，是发挥社会主义市场经济体制优势的内在要求。政府的

① 胡锦涛：《坚定不移沿着中国特色社会主义道路前进　为全面建成小康社会而奋斗》，《人民日报》2012年11月18日。

职责和作用主要是保持宏观经济稳定，加强和优化公共服务，保障公平竞争，加强市场监管，维护市场秩序，推动可持续发展，促进共同富裕，弥补市场失灵。

要讲辩证法、两点论，把“看不见的手”和“看得见的手”都用好。政府和市场的作用不是对立的，而是相辅相成的；也不是简单地让市场作用多一些、政府作用少一些的问题，而是统筹把握，优势互补，有机结合，协同发力。要划清政府和市场的边界，凡属市场能发挥作用的，政府要简政放权，要松绑支持，不要去干预；凡属市场不能有效发挥作用的，政府应当主动补位，该管的要坚决管，管到位，管出水平，避免出问题。要善于运用负面清单管理模式，实行市场准入负面清单制度，只告诉市场主体不能做什么，至于能做什么，该做什么，由市场主体根据市场变化做出判断。要找准市场功能和政府行为的最佳结合点，切实把市场和政府的优势都充分发挥出来，更好地体现社会主义市场经济体制的特色和优势，努力形成市场作用和政府作用有机统一、相互补充、相互协调、相互促进的格局。

为突出社会主义市场经济特殊规律的作用，以系统治理进一步发挥了邓小平关于四个坚持“成套设备”的思想，习近平深刻地指出：“国有经济是共产党执政的经济基础和政治基础，坚持党的领导，发挥党总揽全局、协调各方的领导核心作用，是我国社会主义市场经济体制的一个重要特征。”① 这阐明了社会主义市场经济体制的经济根基和政治特征，深化了社会主义市场经济理论。党的十八届四中全会强调“党的领导是中国特色社会主义最本质的特征”②。从经济层面上理解，可以说党的领导也是社会主义市场经济体制“最本质的特征”。对于政府的作用概括为“放、管、服”三个字的辩证统一，对企业作为市场主体要放活，对市场运行秩序要加强

---

①《习近平谈治国理政》，北京：外文出版社2014年版，第118页。

② 习近平：《在庆祝全国人民代表大会成立60周年大会上的讲话》，《人民日报》2016年4月26日。

管理，对各种经营实体提供服务。习近平要求严厉治理市场乱象，有力打击违法行为，使之依据社会主义法治和秩序有效运行。

习近平在全国网络安全和信息化工作座谈会上又提出，以信息流“促进资源优化配置”①。这就指明信息技术乃至整个科学技术应当参与资源配置，而资源配置的灵魂在于“优化”。如果以更宽广的视域考量，还应探索以科技创新带动微观资源配置和宏观调控机制创新。从亚当·斯密开始的“看不见的手”到凯恩斯的由一只“手”变为两只“手”，这种机制演变已有200多年。历史表明，“两只手”确实有巨大活力，尤其在社会主义制度下，能够将发挥市场在资源配置中的决定性作用和更好地发挥政府的作用辩证地结合起来。在理论上，习近平又进一步升华这一论断，即让科技推进资源配置优化。实事求是地讲，在实践中也经常发生资源错配的情形，尤其是重大事故屡发不断，造成严重损失。客观发展趋势表明，生产力水平愈高，经济规模愈广，其风险就愈大，正价值与负价值往往相伴而生。为防止或减少资源错配，必须引入信息科技来优化资源配置。实际上这是市场、政府、科技“三元机制”的雏形，即“网络+X”的公式。

习近平关于深化社会主义市场经济的理论，对全面深化改革具有重要指导意义。我们必须坚持社会主义市场经济改革方向。在改革进程上，习近平提出三个主要观点：一是改革进入深水区，要敢啃硬骨头，主要政府职能存在许多障碍；二是改革无终点，要持续不断地深入，因为矛盾是层出不穷的；三是改革要区分哪些必改，哪些不能改，要改的是体制范围，不能改的是根本体制，即社会主义和党的领导，不能借改革之名改到资本主义私有化那里去。

在坚持社会主义市场经济全面深化改革中，经济体制改革仍然是主轴。习近平廓清了深化国有企业改革的方向，对于经济体制其他方面的改革也做了详细论述。其中最艰难、风险最大的是金融体系改革。在2017年4月

① 习近平：《在网络安全和信息化工作座谈会上的讲话》，《人民日报》2016年4月26日。

25日中共中央政治局第四十次集体学习会上，他做出“金融活经济活，金融稳经济稳”的论断，指出了中共金融改革的方向。可以概括为三个方面的两分法：一是发挥作用与防范风险并重。金融是现代经济的中心，这是市场经济的一般规律，应使“金融成为资源配置和宏观调控的工具，成为推动经济社会发展的重要力量”①，必须坚持为实体经济服务，发展普惠金融、科技金融、绿色金融；“而在全面做好金融工作的基础上，又要着力深化金融改革，加强金融监管，科学防范风险，强化安全能力建设，不断提高金融业竞争力、抗风险能力、可持续发展能力，坚决守住不发生系统性金融风险底线”。“打击逃废债行为，控制好杠杆率，加大对市场违法行为打击力度，重点针对金融市场和网络金融全面摸排和查处”②。二是参与国际金融活动和竞争与防范国际金融风险外溢效应兼顾。这蕴含着要提防国外金融资本干扰的要求，因为国际金融垄断资本主义还有强大的冲击力，在世界金融领域的阶级斗争中，对社会主义国家有着很强的攻击力。三是借鉴国外经验和坚持自己道路的关系。“发展金融业需要学习借鉴外国有益经验，但必须立足国情，从我国实际出发，准确把握我国金融发展特点和规律，不能照抄照搬”③，即创造中国特色社会主义金融体系及其监控机制。以上三方面两点论体现了一般规律与特殊规律的辩证统一。

## 五、以发展的大逻辑演绎新常态及供给侧改革的论断和方略

习近平在新阶段提出：“要把适应新常态、把握新常态、引领新常态作为发展全局和全过程的大逻辑。”④ 历史的大逻辑就是客观行程。如果说治国理政是立足于社会主义长远历史发展的大逻辑，那么新常态理论判断则

---

①《金融活经济活金融稳经济稳　做好金融工作维护金融安全》，《人民日报》2017年4月27日。

②《金融活经济活金融稳经济稳　做好金融工作维护金融安全》，《人民日报》2017年4月27日。

③《金融活经济活金融稳经济稳　做好金融工作维护金融安全》，《人民日报》2017年4月27日。

④《习近平总书记系列重要讲话读本》，北京：学习出版社、人民出版社2014年版，第141页。

是立足于我国经济发展阶段性特征的大逻辑。新常态是近期我国社会主义生产力发展的部分质变，是马克思主义政治经济学的纵向思维和理论创新。

新常态下我国经济发展的主要特点是：增长速度要从高速转向中高速，发展方式要从规模速度型转向质量效率型，经济结构调整要从增量扩能为主转向调整存量、做优增量并举，发展动力要从主要依靠资源和低成本劳动力等要素投入转向创新驱动。这些变化是我国经济向形态更高级、分工更优化、结构更合理的阶段演进的必经过程。实现这样广泛而深刻的变化并不容易，对我们是一个新的巨大挑战。可以说，我国同资本主义大国的竞跑进入“冲刺阶段”。新常态不是停滞，也不是倒退，而是有进有退，要登上更新的台阶，以创新引领、突出质量，将矛盾转化为新的动力。正是问题导向，我们才实现理论创新。

如何适应、把握、引导新常态？习近平提出：一个新的观点和方略就是“供给侧结构性改革”。实际是“供给侧 + 结构性 + 改革”，三者缺一不可，同时兼顾扩大需求，重点是通过改革优化生产力结构。供给和需求是市场经济内在关系的两个基本方面，是既对立又统一的辩证关系，二者相互依存、互为条件。没有需求，供给就无从实现，新的需求可以催生新的供给；没有供给，需求就无法满足，新的供给可以创造新的需求。供给侧和需求侧是管理和调控宏观经济的两个基本手段。需求侧管理，重在解决总量性问题，注重短期调控，主要是通过调节税收、财政支出、货币信贷等来刺激或抑制需求，进而推动经济增长。供给侧管理，重在解决结构性问题，注重激发经济增长动力，主要通过优化要素配置和调整生产结构来提高供给体系质量和效率，优化生产力结构和布局，进而推动经济增长。

当前和今后的一个时期，我国经济发展面临的问题，是供给和需求两侧都有，但矛盾的主要方面在供给侧。“供给侧结构性改革”这一新的理论观点和方略，同西方供给学派有着根本区别。西方供给学派兴起于 20 世纪 70 年代。当时凯恩斯主义的需求管理政策失效，西方国家陷入经济“滞胀”

局面。供给学派强调供给会自动创造需求，应该从供给着手推动经济发展，增加生产和供给首先要减税，以提高人们储蓄、投资的能力和积极性。这就是供给学派代表人物英国经济学家拉弗提出的“拉弗曲线”，亦即“减税曲线”。此外，供给学派还认为，减税需要有两个条件加以配合：一是削减政府开支，以平衡预算；二是限制货币发行量，稳定物价。供给学派强调的重点是减税，过分突出税率的作用，并且思想方法比较绝对，只注重供给而忽视需求，只注重市场功能而忽视政府作用。我们提的供给侧改革，完整地说是“供给侧结构性改革”。“结构性”三个字十分重要，简称“供给侧改革”也可以，但不能忘了“结构性”三个字。供给侧结构性改革，重点是解放和发展社会生产力，用改革的办法推进结构调整，减少无效和低端供给，扩大有效和中高端供给，增强供给结构对需求变化的适应性和灵活性，提高全要素生产率。这不只是一个税收和税率问题，而是要通过一系列政策举措，特别是推动科技创新、发展实体经济、保障和改善人民生活的政策措施，用改革的办法来解决我国经济供给侧存在的问题。供给侧结构性改革，既强调供给又关注需求，既突出发展社会生产力又注重完善生产关系，既发挥市场在资源配置中的决定性作用又更好发挥政府作用，既着眼当前又立足长远。从政治经济学的角度看，供给侧结构性改革的根本是使我国供给能力更好满足广大人民日益增长、不断升级和个性化的物质文化和生态环境需要，从而实现社会主义生产目的。

从新常态的具体要求看，稳中求进就带有规律性，即把经济发展的渐进性与突出积累结合起来，又具体要求稳增长、促改革、调结构、惠民生、防风险，体现理论和政策的统一性，有深刻科学内涵。实质上，这一要求更好地把握社会主义兴利除弊的功能，注重研究和管控市场的两面性，在深化改革进程中使政府“放、管、服”的职能具体化，并且增强民生的分量。这些论述和举措正是理论和实践紧密结合的产物。

## 六、以打造人类命运共同体、深植开放升华创新国际经济理论

国际政策是国内政策的继续，国内政策是国际政策的基础。习近平站在历史的前沿，把握时代的特点，坚持阶级分析原则和形势总体判断的统一，响亮地提出“打造人类命运共同体”，以鲜明的旗帜和高超的艺术应对霸权主义，以经济的和平发展为主战场，号召和团结全世界人民及各进步力量。这实际上也是基于对世界大形势的科学判断做出的国际经济理论创新，回答打造人类命运共同体的必然性、战略性和推进的层次性，并向世界人民拿出中国方案，体现了长远目标和近期具体目标的结合，也便于各类国家、各方面、各阶层接受。

现在的世界仍然处于帝国主义时代，但力量对比发生了根本性变化，生产社会化已经扩展为经济全球化，需要用新的理论和策略指导开展人类解放的斗争。习近平以切实的号召力指出：“当今世界，各国互相依存、休戚与共，我们要继承和弘扬联合国宪章的宗旨和原则，构建以合作共赢为核心的国际关系，打造人类命运共同体。”① 这正是经济全球化的客观逻辑转化为凝聚人心、指导发展的主观逻辑，以共同发展经济为主，同时做好两手准备。

这个理论和方略，首先把基点放在办好自己事情的基础上，对外扩大开放。“厚植开放”是以习近平为核心的党中央提出的五大发展理念之一，在马克思主义政治经济学视域中升华到迄今为止的巅峰高度，是中国特色社会主义政治经济学的一个突破点。遵循这一理念，“现在的问题不是要不要对外开放，而是如何提高对外开放的质量和发展的内外联动性”②。如何使对外开放走上新水平？需要在“厚植”上下功夫，处理好下面八个关系：

①《习近平总书记系列重要讲话读本》，北京：学习出版社、人民出版社2016年版，第264页。

② 习近平：《在党的十八届五中全会第二次全体会议上的讲话》（节选），《求是》2016年第1期。

一是坚持原则性和运作灵活性的辩证统一；二是增强内生动力与借助外生动力互动；三是提高扩大开放的广度、深度与防范、化解各种风险并行；四是“引进来”与“走出去”协调配合；五是深入研究、开拓、优化对外开放的格局及其相互关系；六是扩大开放的特区、试验区与广大正在扩大开放地区的引领与独创兼行；七是贸易与金融协同，争取更多的话语权；八是把握好积极因素与消极因素的消长对冲倾向。总之，“厚植开放”是一个极其复杂的系统工程，不仅是经济领域的大事，而且涉及国际政治、外交、国防、文化、生态等各个方面。它是政治经济学中的复杂系统，需要知识创新和高超的艺术。客观事物是复杂的，我们的头脑也要复杂一些。要善于辩证思维，打好组合拳，在国际经济、政治舞台上发挥更大的引领作用。中国对外开放的大门永远不会关上。“中国对外开放，不是要一家唱独角戏，而是要欢迎各方共同参与；不是要谋求势力范围，而是要支持各国共同发展；不是要营造自己的后花园，而是要建设各国共享的百花园。”① 这就是习近平宣布的中国对外开放宗旨。

其次，通过对国内的大力发展促进国际经济发展，引领经济全球化，开展国际治理。我国要积极参与全球治理，国际政策往往是国内政策的继续。习近平指出：“多样性是世界前进的动力和源泉，各国必须走适合本国国情的发展道路。经济全球化既带来机遇和繁荣，也带来挑战和麻烦，需要加强全球治理，致力于打造人类命运共同体。”② 这是人类的共同要求，符合客观规律。然而，与多样化对立的垄断资本主义国家一定要主导世界，将自身的“国家利益”强加给世界，推行霸权主义，让它的模式和价值观统治人类。中国特色社会主义政治经济学揭示了这一矛盾的实质及根源，关注其发展态势，探索我国扩大开放、同各国合作共赢的路子。从长远说，还要研究怎样才能为人类提供新社会的中国经验和方案。在这个过程中，

---

① 习近平：《在庆祝中国共产党成立95周年大会上的讲话》，《人民日报》2016年第1期。

②《习近平会见联合国秘书长潘基文》，《人民日报》2016年7月8日。

我们既要吸取国外有益的东西，又要剔除它的有害影响。我们要全面“推动改革全球治理体系中不公正不合理的安排”①。我们向全世界全面阐述我国的全球经济治理观，把创新作为核心成果，把发展议题置于全球宏观政策协调的突出位置，形成全球多边投资规划框架，把绿色金融列入国际议程。随着时代发展，现行全球治理体系不合理、不适应的地方越来越多，国际社会对变革全球治理体系的呼声越来越高。要继续向国际社会阐述我们关于推动全球治理体系改革的理念，坚持要合作而不要对抗，要双赢、多赢、共赢而不要单赢，不断寻求最大公约数、扩大合作面，引导各方达成共识，加强协调合作，共同推动全球治理体系变革。要提高我国参与全球治理的能力，着力增强规则制定能力、议程设置能力、舆论宣传能力、统筹协调能力。中国处于世界社会主义运动探索前列，中国要引导未来世界发展的方向，同各种逆流进行博弈。现在已经有越来越多的国家响应中国关于世界治理的倡议，并形成越来越大的影响力。

2013 年，习近平在访问中亚和东南亚时，分别提出建设丝绸之路经济带和 21 世纪海上丝绸之路的倡议。建设“一带一路”，是党中央做出的重大决策，是实施新一轮扩大开放的重要举措。习近平形象地指出，这“一带一路”“就是要再为我们这只大鹏插上两只翅膀，建设好了，大鹏就可以飞得更高更远”②。最重要的是促进广大发展国家更好更快地搞好经济建设，习近平指出：“丝绸之路是各国人民的共同财富。中国发扬丝绸之路精神，提出‘一带一路’倡议，以共商、共建、共享为原则，推动政策沟通、设施联通、贸易畅通、资金融通、民心相通，得到沿线国家广泛认同。中国愿同沿线国家一道，构建‘一带一路’互利合作网络、共创新型合作模式、开拓多元合作平台、推进重点领域项目，携手打造‘绿色丝绸之路’‘健康

① 新华社：《加强合作推动全球治理体系变革 共同促进人类和平与发展崇高事业》，《人民日报》2016 年 9 月 29 日。

②《习近平总书记系列重要讲话读本》，北京：学习出版社、人民出版社 2014 年版，第 266 页。

丝绸之路’‘智力丝绸之路’‘和平丝绸之路’，造福沿线国家和人民。”①

同时，要有防止和抵御侵略战争的准备，努力加强国防建设和军队治理，并且促进军事工业与民用工业的融合，互相促进。面对复杂的国际斗争，必须研究国家总体安全与发展经济的互动。在帝国主义势力还比较强大的时候，国家主权的安全必须摆在首位，随时准备侵略战争突然压在社会主义国家的头上。这就必须加强国防力量，加强军工的研发和生产，军事力量越强，和平环境越有保证。目前我国军事力量同美国相差悬殊，必须加强军事力量，不仅保卫疆土，还要保护到国外的安全，创新经济发展和对外开放的国际环境。然而，在战争到来之前，更多的时间只能是准备应对战争，增强力量。于是，产生了军工生产与民用生产之间关系如何处理的问题。习近平在推进协调发展时，强调要“推动经济建设和国防建设融合发展”②。在大力开展经济建设时必须注重军事工业、国防力量的发展，并且在相当多的产业、企业能够同民用经济互相兼容、转化。世界上不少国家把最先进的科研项目和高科技产品都放在军事工业上，尤其是美国，它的尖端武器领先，同时又与民用相连，促进民用经济升级。作为最大的发展中社会主义国家，必须构建并健全两大类产业的融合机制，发挥社会主义能够集中力量办大事的优势，以先进的军工经济带动民用经济，以民用经济的升级换代促进国防力量的强大。研究这类融合机制和产业链的结构形式，是整体经济学的一项重要内容。在军事发展到信息化时，必须以现代信息武装、提升国防工业、国防设施和指挥系统。这也是“打造人类命运共同体”的必要内容和坚实基础，体现了总体安全观的要求。

统揽以上论述，这六个方面是一个有机体，有着内在的关联。生产目的：共享发展深化社会主义本质论。系统集成：治国理政的新思想新战略。

① 《习近平致2016“一带一路”媒体合作论坛的贺信》，《人民日报》2016年7月27日。

② 习近平：《在省部级主要领导干部学习贯彻党的十八届五中全会精神专题研讨班上的讲话》，《人民日报》2016年5月10日。

规律体系：五大发展理念揭示社会主义发展规律合力机制。发展动力：推动社会主义市场经济的全面深化改革。阶段方略：新常态及供给侧结构性改革大逻辑。国际经济：打造人类命运共同体和厚植开放。习近平新时代中国特色社会主义经济思想博大精深，还会在中国特色社会主义实践中进一步发展和创新。关于社会主义实践进一步发展和创新，我们应当深入领会，继续贯彻。

（原载于《毛泽东邓小平理论研究》，2017 年第 5 期）

# 深化中国特色社会主义经济学研究

以邓小平理论和“三个代表”重要思想为指导，在科学总结中华人民共和国50多年特别是改革开放20多年来的丰富经验的基础上，积极构建中国特色社会主义经济学，是一项重大的马克思主义基础理论研究建设工程，是社会主义现代化建设的客观需要，也是我国经济学人的历史使命。

## 一、构建中国特色社会主义经济学的重大理论意义

在中国这样人口众多、经济落后的东方大国，社会主义建设的道路怎么走，没有现成的经验。100多年以前，马克思、恩格斯关于未来社会的设想，是针对当时西方资本主义社会发展状况提出来的，尚无实践经验，更不可能对东方落后国家的社会主义建设做出设计。后来苏联模式的弊端，使我们进一步认识到不能照搬别国的理论和做法，而必须从我国的国情出发，走自己的路。经过50多年的艰辛探索，特别是改革开放的成功实践，我们积累了较为丰富的经验，在继承毛泽东同志关于社会主义建设思想的基础上，形成了伟大的理论创新成果——邓小平理论和“三个代表”重要思想。可以说，现在既有必要也有可能构建全新的中国特色社会主义经济学。

普遍性寓于特殊性之中。中国社会主义建设的特殊规律，从基本的层面上能够体现社会主义建设的普遍规律。马克思主义经济学的奠基巨著

《资本论》的着重点在于揭示资本主义经济制度的矛盾，中国特色社会主义经济学则是它在新时代的续篇，着重解决的是中国社会主义经济发展的基本理论问题。我国今后现代化建设的道路还很长，还会出现许多新的矛盾，遇到新的挑战，但只要有了这样一套比较完整的、科学的、能够随着实践的发展而不断完善的理论作指导，就能够遵循我国经济发展的规律前进，保证经济工作的基本方向、基本方略不出大的偏差，克服各种困难和问题，推动我国社会主义经济建设蓬勃发展。

## 二、 中国特色社会主义经济学同马克思主义经济学和西方经济学的关系

毫无疑问，中国特色社会主义经济学是马克思主义经济学在中国的新发展，是当代中国化的马克思主义的重要组成部分，它绝不是本本主义的产物，而是中国共产党人运用马克思主义的立场、观点、方法分析中国社会主义建设的实际所得出的理论创新成果，具有与时俱进的品格。过去几十年，对我国影响最大的本本是苏联的《政治经济学教科书》（社会主义部分）。它的一个根本缺陷就是从定义出发，演绎出一大串“经济规律”和“经济范畴”，而不做历史的分析，严重脱离实际。后来的事实证明，它的基本观点是不正确的，至今还有不少教条主义的观念需要清理。我们继承马克思主义经济学，在于坚持它的立场、观点、方法，具体分析新问题，实现理论创新，而不是照抄照搬 100 多年前的个别结论。正如江泽民同志所说，我们坚持和发展马克思主义，必须统一于中国特色社会主义的伟大实践。构建全新的中国特色社会主义经济学，就是实现这种统一的具体体现。

也有学者认为，靠西方经济学解决中国的经济发展问题就足够了，不必再另立一个自己的经济学。这种看法是不正确的。西方经济学中确实有很多东西应当借鉴、汲取，尤其是其研究市场经济运行的一些理论成果和

方法，很值得学习。但是，完全依靠西方经济学来解决中国的经济问题是绝对行不通的。第一，它主要立足于研究资本主义市场经济中的问题，并不完全适合甚至反对社会主义市场经济。第二，它往往侧重于研究某一方面、某些具体问题，对于社会主义市场经济的整体问题，尤其是中国这样一个情况十分特殊的大国，则无异于隔靴搔痒。第三，西方自由主义经济学派给发展中国家和转型国家开出的“药方”，很不对症，有的还别有图谋，以致使许多国家遭受惨重损失。中国人的问题必须依靠中国人来解决，中国的经济建设必须靠中国特色社会主义经济学来指导，不能用西方经济学取代中国化的马克思主义经济学。

## 三、 中国特色社会主义经济学的内涵、 框架和研究方法

我国经济学界对于中国特色社会主义经济学的诸多问题尚未完全形成共识，仍需深入讨论，但对其基本内涵大致可做这样的表述：中国特色社会主义经济学是在马克思列宁主义、毛泽东思想、邓小平理论和“三个代表”重要思想指导下，对中国社会主义经济建设实践和发展趋势进行系统研究的经济科学。它立足于对中国改革开放和发展的实践经验进行科学总结，并上升为理论，揭示现代中国经济发展和运行的规律，确立基本经济范畴，形成指导中国社会主义现代化建设的较为完整的经济学说。它具有实践性、规律性、开放性、前瞻性，既突出中国的个性，又带有时代特征。

基于这样的基本内涵，它的逻辑结构应既不同于《资本论》，也不同于各种版本的西方经济学，更不能模仿苏联的《政治经济学教科书》，而是以分析中国的实际经济问题为基础，以实现社会再生产的良性循环为主线，以先进生产力、社会主义制度、市场经济的有机统一为主要内容，以史论结合为基本叙述形式，由生产力的发展到生产关系及上层建筑的调整，再到参与世界分工和国际市场，由总体的历史分析到经济运行、经济关系中

各个分支的具体论述，再回到整体优化的综合，分层展开，廓清基本原理和发展道路。

在研究方法上，应当破除从定义出发、用书本剪裁现实的先验式、教条式套路，避免和克服两种教条主义（土教条和洋教条），要突出历史分析、实证分析、比较研究和定性与定量相结合的方法。应当充分、全面地研究社会主义经济发展的历史，包括苏联和其他社会主义国家的历史，特别是中华人民共和国50多年的经济建设史，总结成功经验和失败教训，从中揭示深层次矛盾，用历史材料说明经济规律、经济机制和经济范畴，增强说服力。还要突出实证研究，吸取西方经济学的长处，使定性分析建立在定量分析的基础上，用事实和数据作为立论依据。同时，进行多视角的比较研究，通过比较，深化认识，揭示规律。

## 四、 依托已有的基础深化研究

可以说，我们是站在巨人的肩膀上开展研究的。马克思、恩格斯和列宁等的理论著作提供的立场、观点、方法，毛泽东同志等对中国历史特点和革命、建设道路的深刻论述，邓小平理论和“三个代表”重要思想的理论创新成果，以及十一届三中全会以来的大量文献，特别是邓小平同志、江泽民同志的系统论述，这些都是我们研究的基础和依据。历史地看，中国特色社会主义经济学的形成是几代人从实践到认识不断深化的过程。我国经济理论界在20多年里也做了大量的研究，发表了大量论著，积累了丰富的研究成果。我们应当在这样比较好的基础上，协同攻关，进一步深化研究。

当然，作为一项理论建设工程，中国特色社会主义经济学还有一些重大问题需要进一步讨论。比如，中国特色社会主义经济学所涵盖的时段是限于社会主义初级阶段，还是整个社会主义社会的各个发展阶段；今后针对经济建设的实践还会提出新的问题、做出新的论述、制定新的政策，现在是否能形成比较成形的本子；怎样处理经典作家论述、党的文献与经济学研究的关系；运用什么样的方法来研究和阐述，如何具体处理它同马克思主义理论以及西方经济学的关系；它的框架怎样设计才能更全面缜密而又比较精练，不至于同部门经济学过多重复；有些重大理论问题仍在讨论中，比如社会主义社会劳动和劳动价值理论等，对这些问题怎么处理较为妥当；等等。我们相信，通过深入研究和共同研讨可以集思广益，特别是经过实践的检验，对这些问题的认识会更加深刻，理论上也会达成基本的共识。从发展的观点看，这可能是认识过程的阶段性总结，将为进一步深化研究开辟道路。

（原载于《人民日报》，2003 年 8 月 22 日）

**河南财经学院**

李书记：

今寄去拙作《深化中国特色社会主义经济学研究》一文（发表在2003年8月22日人民日报），请指教。如能列入国家社科规划委托课题，恳请您作为最高顾问，给予全面系统的指导。此致

敬礼

杨承训

2003.8.22.

0371－3751975

| 云山 | 第1320号 | 2003年8月30日 |
| --- | --- | --- |

| 中办秘书局 | 中央传阅文件 第2334号 | 2003年8月29日 |
| --- | --- | --- |

| 长春 | 第1050号 | 2003年8月29日 |
| --- | --- | --- |

地址：郑州市文化路80号　电话：0371－3730490　邮编：450002

# 中国经济学的发展方向

中国经济学的发展方向是什么？这是我国经济学界长期以来一直在探索的问题，其中也有一些疑问和困惑。有相当一部分人认为，中国经济学必须“与国际接轨”。在他们看来，只有靠西方经济学才能解决中国的经济问题。当然，更多的学者主张坚持马克思主义经济学，但其中也有人陷入了对马克思主义错误的和教条式的理解中。

寻求这个问题的答案，关键是看什么样的经济理论能解决中国的经济问题。毛泽东同志曾指出：“任何思想，如果不和客观的实际的事物相联系，如果没有客观存在的需要，如果不为人民群众所掌握，即使是最好的东西，即使是马克思列宁主义，也是不起作用的。”那么，究竟是什么理论解决了中国的革命和建设问题呢？是马克思主义，是中国化的马克思主义。改革开放二十多年来，指导我国社会主义现代化建设取得举世瞩目成就的，不是西方经济学，而是当代中国的马克思主义——邓小平理论和“三个代表”重要思想。

纵观历史，直面现实，按照实践第一的标准来衡量，中国经济学的发展方向就是：“马学”为魂，“中学”为体，“西学”为用。“马学”就是马克思主义，“中学”就是中国化的发展着的马克思主义，“西学”就是西方经济学。

## 一、 用马克思主义的精髓统领中国经济学

近些年来，马克思主义经济学说在一些人眼里不时兴、不管用了，也有人认为马克思主义经济学说只是一个学派。持这种观点的人主要存在着两种误解：一种认为马克思主义仅限于马克思、恩格斯的著作和语言；一种认为马克思主义不能解决现代资本主义和当代中国的现实问题。这需要在理论上加以澄清。

马克思主义是发展着的科学体系，是完整的世界观和方法论。马克思、恩格斯是马克思主义的创始人，他们的著作是奠基之作，有着极其重要的原创价值。但马克思主义是不断发展的，它还包括后来的马克思主义理论家的一系列思想。马克思主义并非仅限于马克思、恩格斯的著作，更不能说“句句是真理”，不能搞本本主义。随着实践的发展，马克思主义的个别结论会改变，但它的精髓则是必须坚持的。坚持以马克思主义为灵魂，就是坚持它的根本立场、基本观点和科学方法。邓小平同志指出：“实事求是是马克思主义的精髓。”这是最高层次的概括，也适用于中国经济学。当然，还包括辩证唯物论和唯物史观等基本原理。

马克思、恩格斯经济学著作的研究对象主要是19世纪的资本主义制度，但只要资本主义制度的本质不变，剩余价值理论就仍然是一把揭示资本主义奥秘的钥匙。随着资本主义的发展，列宁等后继的马克思主义者运用这些原理对其进行研究，现在还在继续研究，已形成了一系列研究成果。社会主义的理论和实践，包括社会主义市场经济的理论和实践，当然包含马克思、恩格斯的思想基因，但主要是发展着的马克思主义的伟大贡献。

现在的关键是中国经济学要不要马克思主义的指导。必须明确，指导思想只能一元化，要毫不动摇地坚持社会主义立场，坚持马克思主义的基本原理和科学方法论。只有保证马克思主义在中国经济学中的主导地位，

才能把握经济建设和发展的正确方向，排除新自由主义的“华盛顿共识”之类理论的误导，保证中国特色社会主义事业胜利前进。

## 二、以中国特色社会主义经济理论为基本内容

中国经济学的研究对象，是中国社会主义经济问题，而不是别国的经济问题。离开了这个主题，就不能称其为中国经济学。中国是一个大国，是一个发展中的社会主义国家，情况非常特殊。经过几代中国共产党人的实践探索和理论升华，形成了党的基本理论、基本路线、基本纲领、基本经验。发展社会主义市场经济是前无古人的伟大事业，其内容十分丰厚。经过二十多年的改革开放，我们积累了比较丰富的经验，规律性的东西已经昭示得比较充分，社会主义初级阶段的基本经济制度也已经形成。我国取得的辉煌成就和丰富经验，就连外国人都十分重视，我们自己为什么不加以深入研究呢？

有的学者主张用西方经济学，包括西方发展经济学来研究中国的经济问题。实践证明，照搬任何模式都是不成功的。以社会主义市场经济而论，任何一本西方经济学著作都没有阐述过市场经济与社会主义能够结合和怎样结合的问题。研究学问首先要研究矛盾的特殊性，仅仅借用资本主义市场经济运作的办法是远远不够的，因为最本质的东西它们没有。比如，邓小平同志说：“社会主义市场经济的优越性在哪里？就在四个坚持。”这在西方是不可能有的，但在我们这里却运用得日臻成熟，其中就有特殊的经济规律在起作用。西方发展经济学是西方学者研究发展中国家经济发展的理论成果，值得我们借鉴。然而，发展中国家为数众多，情况迥异，中国更具有自己的特殊性。事实证明，靠外国人研究本国的问题，很难抓住要害。因此，西方经济学、西方发展经济学不可能取代中国特色社会主义经济学。

有些人对中国特色社会主义经济理论既不感兴趣，更没有进行过认真系统的研究，只是盲从地认定只有外国人那套令人费解的东西才算是真正的学问。这使我们联想起当年以毛泽东同志为主要代表的中国共产党人开辟农村包围城市的道路、创立新民主主义理论的时候，有人说“山沟里没有马列主义”。然而，恰恰是这个“土生土长”的理论，使中国革命最终取得了胜利。在改革开放之初，不是也有人说邓小平同志的论述不是理论，没什么学头吗？然而，正是邓小平理论把中国引向了富强。邓小平同志的话很精彩：“我们讲了一辈子马克思主义，其实马克思主义并不玄奥。马克思主义是很朴实的东西，很朴实的道理。”经济学是一门科学，旨在揭示经济发展规律，并非用玄奥的东西吓唬人。现在的问题仍在于我们对中国特色社会主义经济理论缺乏深入系统的研究。因此，我们更应当坚定信心，明确方向。

## 三、 善于借鉴西方经济学有用的方法

坚持“马学”为魂、“中学”为体，并非完全排斥西方经济学。因为马克思主义是一个开放的体系，善于吸收人类一切有益的文明成果来丰富和发展自己。研究中国特色社会主义经济学，决不能把自己封闭起来。不过，应当明确，不能把西方经济学作为中国经济学的主流，尤其是不能把新自由主义的“华盛顿共识”作为经济发展的向导，否则我们就会走到资本主义那里去，甚至变成西方强国的附庸。中国经济学借鉴西方经济学，主要应采用西方经济学的一些科学方法，如数量分析、比较分析等，有些范畴也可以参用，但更多的是要学习一些分析方法和适用于部门经济的运作经验、管理方式等。

这里需要指出的是，不应过分强调经济学的数学化，因为定量分析只是一种研究方法，不能脱离实际，让现实为它服务，甚至故弄玄虚，把简

单问题复杂化。所谓经济学要“与国际接轨”，实际上是混淆概念。与国际接轨，主要讲的是加入世界贸易组织后应遵守国际经济交往规则，即使那样，也还要保持民族经济的自主性和独立性，并非全盘西化。毫无疑义，我们要参考和借鉴国外经济学的一些研究成果，但不能把“与国际接轨”作为追求目标和评价标准。中国经济学要解决中国的经济问题，应该凸显中国化的马克思主义特质和创新品格，并用以教育人民、指导建设、发展经济。

（原载于《人民日报》，2004 年 11 月 25 日）

# 论马克思主义政治经济学的四次飞跃

## ——兼析马克思主义“过时论”

习近平针对国内外复杂的局面，在哲学社会科学座谈会上发表了纲领性的重要讲话，反复强调坚持马克思主义指导地位。他曾强调指出：“面对极其复杂的国内外经济形势，面对纷繁多样的经济现象，学习马克思主义政治经济学基本原理和方法论，有利于我们掌握科学的经济分析方法，认识经济运动过程，把握社会经济发展规律，提高驾驭社会主义市场经济能力，更好回答我国经济发展的理论和实践问题，提高领导我国经济发展能力和水平。”① 然而，在一些角落却散布着许多杂音，诋毁、亵渎、排斥马克思主义政治经济学，说它“过时了”“无用了”，想以西方之“经”取而代之，特别是新自由主义肆意泛滥。对于这种错误言论，习近平同志亲自做了批驳②，要求各类马克思主义阵地理论工作者“不当旁观者，敢于发声亮剑，善于解疑释惑”③。我们应当以马克思主义者的勇于担当精神，用历史事实和科学理论剖析、反驳谬论，扫除杂音、瘴气，坚持加强马克思主义政治经济学阵地。

---

① 新华社：《立足我国国情和我国发展实践 发展当代中国马克思主义政治经济学》，《人民日报》2015 年 11 月 25 日。

② 习近平：《在省部级主要领导干部学习贯彻党的十八届五中全会精神专题研讨班上的讲话》，《人民日报》2016 年 5 月 10 日。

③ 习近平：《在全国党校工作会议上的讲话》，《求是》2016 年第 9 期。

马克思主义政治经济学是马克思主义重要组成部分，是科学社会主义的经济理论基础，是指引无产阶级战斗和社会主义革命、建设的科学。它是人类历史经验的总结，以充分的事实为依据、以科学的逻辑为利刃，对社会经济矛盾运动进行科学缜密的分析。170 多年的实践检验表明，它的真理性是毋容置疑的，并且武装亿万人民转化为强大的物质力量，让一切反人民的势力惊魂丧胆。它的基本原理和方法论永远不会过时，而且是在实践中开放的不断创新的科学理论体系，永远保持着青春活力、永恒的战斗力和指引力。迄今为止，马克思主义经济学在实践中创新大体经历了四次飞跃，充分显示其科学品格，不是什么所谓“过时”，而是永远“适时”“领时”（为避免与其他学者的论述过多重复，下面的论述有详有略）。

## 一、第一次飞跃：政治经济学真正成为认识经济规律的科学

最早的政治经济学产生于西欧资本主义萌芽、成长时期，初有重商学派、重农学派，后成形于以亚当·斯密自由主义为代表的英国古典政治经济学。这些经济学派代表了新兴资产阶级，在当时有进步意义，学术上有一定建树。但都不能成为真正的经济科学，不能揭示客观经济规律，带有很大的片面性、短视性、局限性、私利性，在实践上对资本主义发展有一定的引领作用，为资产阶级服务，都不可能揭示、克服资本主义制度的根本矛盾，包括他们的继承者至今连资本主义周期性危机都无法预见、化解，更不可能指导社会主义建设了。

真正使政治经济学变为科学的是马克思、恩格斯创立的以《资本论》为代表作的无产阶级政治经济学。他们从三个方面为之打下了坚定基础：一是批判地继承了古典政治经济学的合理成分，主要是亚当·斯密、大卫·李嘉图的劳动价值论的萌芽；二是批判了当时风起云涌的资产阶级诸多经济学观点，剖析了它们的片面性、虚伪性；三是进行了大量调查研究

（如《英国工人阶级状况》），详尽地占有各种经济资料，进行科学抽象。同时，他们批判继承了德国古典哲学、法国空想社会主义合理成分，并把哲学、科学社会主义同政治经济学融为一体，经过苦心孤诣的几十年研究，形成完整系统的科学体系。从这个意义上说，作为马克思主义重要组成部分的政治经济学，乃是人类智慧的结晶。

总体上，在这一阶段奠定了马克思主义政治经济学坚实的理论基础，也使整个政治经济学成为真正的经济科学。正如列宁所说："使马克思主义的理论得到最深刻、最全面、最详尽的证明和运用的是他的经济学说。"①这是人类社会经济科学发展史上的第一次飞跃。

再具体些说，马克思、恩格斯的政治经济学的伟大理论贡献主要有三个方面：

（一）"两大发现"，即历史唯物论和剩余价值学说（恩格斯）

前者揭示了社会经济的基本矛盾，即生产力与生产关系、经济基础与上层建筑的矛盾，揭示人类社会经济发展的一般规律；后者剖析了资本和资本主义经济制度的本质和根本矛盾（包括一系列观点），科学揭示了资本主义必然灭亡的趋势。这个观点对剖析帝国主义和一切资本主义形态仍然是一把最犀利的解剖刀。2008 年发生国际金融危机后，《资本论》再度在西方国家流行。对"过时论"，习近平同志专门做了批驳："有人说，马克思主义政治经济学过时了，《资本论》过时了。这个说法是武断的。远的不说，就从国际金融危机看，许多西方国家经济持续低迷、两极分化加剧、社会矛盾加深，说明资本主义固有的生产社会化和生产资料私人占有之间的矛盾依然存在，但表现形式、存在特点有所不同。国际金融危机发生后，不少西方学者也在重新研究马克思主义政治经济学、研究《资本论》，借以反思资本主义的弊端。法国学者托马斯·皮凯蒂撰写的《21 世纪资本论》

①《列宁选集》第 2 卷，北京：人民出版社 2012 年版，第 428 页。

就在国际学术界引发了广泛讨论。该书用翔实的数据证明，美国等西方国家的不平等程度已经达到或超过了历史最高水平，认为不加制约的资本主义加剧了财富不平等现象，而且将继续恶化下去。作者的分析主要是从分配领域进行的，没有过多涉及更根本的所有制问题，但使用的方法、得出的结论值得深思。”①

（二）商品经济的一般规律

包括商品二重性、社会分工、商品经济与所有制关系、劳动价值论、价值规律、供求规律、经济发展周期性、社会再生产的大循环和小循环、生产力配置机制（即现在的“资源配置”）、资本及资本市场、社会经济的比例关系（特别是两大部类）、金融（虚拟资本）及其运行规律等等，乃至涉及生态和循环经济以及一些部门经济。至今对认识市场经济仍有重要指导意义。

（三）预示社会主义和共产主义经济发展的必然趋势和重要原则

如共产主义社会分两个阶级和过渡时期及其基本特征、生产资料公有制、按劳分配与按需分配方式、社会主义改革的必然性、发展生产力的任务和要求、自觉协调经济发展、科学技术作为生产力动力源的广泛应用、三大差别（城乡、工农、体力劳动与脑力劳动）的消除、劳动人民的富裕幸福和全面发展、人与自然和谐等等。当然由于当时尚无社会主义实践，只能做出大略的预见。

还应当指出的是，马克思主义的经济分析科学方法论永远不会过时。我们作为后继者，最重要的是学习马克思、恩格斯的立场、观点、方法，在实践中继续坚持和创新，而不陷入教条主义。

---

① 习近平：《在哲学社会科学工作座谈会上的讲话》，《人民日报》2016 年 5 月 19 日。

## 二、第二次飞跃：理论变为实践、以“破”为主向以“立”为主转变

由实践到理论是一次飞跃，由理论到实践是又一次飞跃，并在实践中检验和创新。马克思、恩格斯活动的历史时期尚未真正见到社会主义经济实践（短暂的巴黎公社未能根本破坏资本主义制度）。而开始实现这一飞跃的乃是列宁领导的俄国十月社会主义革命，建立了世界上第一个社会主义国家，由以“破坏”资本主义经济（“破”）为主到以建设社会主义经济（“立”）为主转变，“破”“立”并行，以“立”为主。在此次飞跃中，列宁发展了马克思主义政治经济学。

理论界有人认为，列宁经济理论内容“不多”。但是，只要认真研究就会知道，列宁对马克思主义政治经济学有重大发展，史称“列宁主义”，揭示了资本主义垄断阶段帝国主义经济矛盾和论析了进行社会主义建设的相关理论。全面地看，他的研究以商品经济为主线，有三大贡献。

### （一）对资本主义市场经济发育阶段的分析

在列宁早期近20年，着重剖析俄国资本主义市场经济的发展，揭示从简单商品经济到次发达资本主义商品经济的发展和运行规律，特别是对经济成分复杂交错、农民经济占很大比重的国家进行了透彻的分析。这个阶段又可分为两小块：一是分析俄国资本主义国内市场的形成；二是分析土地问题与商品经济的关系。其中，列宁在流放期间所写的《俄国资本主义的发展——大工业国内市场形成的过程》，是一部经济学巨著，科学地分析了俄国资本主义商品经济状况，研究资本主义商品经济形成阶段性特征，深化了商品经济的一般原理，特别是关于“商品经济”“市场经济”范畴的论述，关于“社会分工是商品经济的基础”的分析，关于市场形成和市场作用的论证等，对我们认识商品经济一般规律有重要指导意义，对于揭开社会主义商品经济的秘密是一把不可缺少的钥匙。不仅如此，由于当时的

俄国是一个生产力落后、农民占多数、带有深厚封建色彩的资本主义国家，分析它的资本主义商品经济的规律和形式，就其普遍意义来说，对于认识那些经济落后国家的社会主义建设，尤其是认识社会主义初级阶段的许多经济现象，认识农村商品经济的发展趋势和具体形式，也有一定的借鉴意义。20 世纪的最初十几年，列宁用了大量时间研究土地问题，目的在于解决民主革命中满足农民的基本要求、为社会主义准备条件。

（二）对发达的资本主义商品经济（市场经济）阶段的研究

第一次世界大战前后，以列宁的《帝国主义是资本主义的最高阶段》（简称《帝国主义论》）为代表作，进一步研究了发达的资本主义商品经济（或者说发达的资本主义市场经济）。当时所要解决的问题是对资本主义发展新阶段的认识，揭示战争的根源和无产阶级革命的发展规律，创立“一国胜利学说”（即社会主义革命首先在个别国家胜利的理论），以指导革命的实践。那时的论敌是以考茨基为代表的第二国际及其在俄国的分支孟什维克。论战的激烈程度是空前的，涉及的范围从经济到政治，十分广泛。列宁揭示了一般垄断资本主义和国家垄断资本主义的特征，概括出帝国主义的五大特征，提出了“帝国主义是无产阶级革命前夜”的著名论断。同时，从普遍意义上说，也是剖析了发达商品经济形态的一般现象和普遍规律。这不仅对于认识现代资本主义商品经济有指导意义，而且由于揭示了发达商品经济中共同的东西，也对认识发达的社会主义商品经济的运行体制有借鉴意义。这是马克思主义商品经济理论中的新内容。列宁认为，帝国主义的五大特征是：“①生产和资本的集中发展到这样高的程度，以致赞成了在经济生活中起决定作用的垄断组织；②银行资本和工业资本已经融合起来，在这个‘金融资本的’基础上形成了金融寡头；③和商品输出不同的资本输出具有特别重要的意义；④瓜分世界的资本家国际垄断同盟已经形成；⑤最大的资本主义大国已经把世界上的领土瓜分完毕。”① 列宁的这个分析，对认识今天的西方垄断资本主义仍有重要意义，特别是分析国际超级金融垄断资本主义，仍然是一把金钥匙。

(三) 对社会主义建设初期的商品、市场关系的探索

在十月革命后，列宁领导社会主义建设的实践经历了一个曲折的过程。1921 年之后，他开始探索社会主义建设初期的商品、市场关系。在他最后的三年中，其著作多为论文、讲演、文件、书信、批示、笔记、电报等等，后来由于患病又采取口述的形式。如果把这些论著的思想脉络厘清，可以明晰地看出他对社会主义建设初期商品、市场关系的很多认识，蕴含着丰富的理论内容。对于社会主义市场关系的研究，应当说起始于列宁，成形于邓小平。列宁作为社会主义制度第一个缔造者和经济建设的第一个领导者，他的探索是前无古人的。在他之前，可以说社会主义和商品经济之间有一道鸿沟，不可逾越。列宁首先试探在这条鸿沟上架起一座桥，做了大量的勇敢的探索。这个探索与其说是理论的兴趣，不如说是实践的需要；他的研究成果不是出自理论的推导，而是来自实践的修正和推动。邓小平对列宁的这个建树做了很高的评价：“社会主义究竟是个什么样子，苏联搞了很多年，也没有完全搞清楚。可能列宁的思路比较好，搞了个新经济政策，但是后来苏联的模式僵化了。”②

列宁还有一个重要贡献，就是开拓政治经济学的新视域，即经济艺术，主要是“进攻”与“后退”互换的辩证关系。这是无产阶级掌握政权后驾驭经济运行的主观能力。这是以前的经济著作所未能涉及的。恩格斯曾经预示，建立公有制经济后实现驾驭经济的“自觉”，克服资产阶级经济学的短见。但由于没有操作的实践，只是一种科学预示。列宁则在实践中碰到实行战时共产主义政策带来的困难，便认识到“犯了错误”，实行新经济政

①《列宁专题文集——论资本主义》，北京：人民出版社 2009 年版，第 175 页。

②《邓小平文选》第 3 卷，北京：人民出版社 1993 年版，第 139 页。

策，由进攻变为后退，而且要退够。“我们还退得不够，必须再退，再后退……”[①]“先后退几步，然后再跑，更有力地向前跳。”[②]列宁提出在社会主义条件下对经济发展可以采取“改良主义的办法”[③]，实际上就是自觉地改革。这些思想是政治经济学的新视域。

列宁过世后，斯大林领导苏联进行了近30年经济建设，使一个原来经济比较落后的国家取得重大成就。他的历史功绩和理论建树不可磨灭，主要经济学著作为《苏联社会主义经济问题》。这里，对于苏联的历史，我们应当采取科学的实事求是的分析态度。①苏联的伟大成就不可抹杀，它在短短的几十年内从一个经济落后的国家建设成为实现工业化、能同西方资本主义抗衡的强大国家，打败了法西斯的侵略，也为后来的发展打下了坚实的基础，它有很多有益的经验。斯大林虽有错误，但功不可没。②苏联的失败并不等于社会主义事业的失败，只能说是苏联模式的失败。坚持社会主义的国家可以更清醒地重新认识客观规律。③应从苏联的经济体制乃至政治体制中汲取教训。正如邓小平所总结的：“坦率地说，我国过去照搬苏联搞社会主义的模式，带来很多问题。”[④]④苏联的解体对于所有社会主义国家来说都是一面镜子。在建设中国特色社会主义伟大事业中，我们应当以20世纪这一重大历史事变为戒，致力于防止和平演变。苏联崛起—兴盛—衰落—灭亡的过程，是社会主义发展史最大的历史教训。尽管在历史的长河中这仅仅是一段曲折，但它告诉我们新的社会制度如果不进行改革，不致力于自身完善，没有与之相配套的经济运行体制和上层建筑各个方面的整体协调，照样不能发挥自己应有的优越性而致衰亡。

---

①《列宁选集》第4卷，北京：人民出版社2012年版，第605页。

②《列宁选集》第4卷，北京：人民出版社2012年版，第732页。

③《列宁选集》第4卷，北京：人民出版社2012年版，第611页。

④《邓小平文选》第3卷，北京：人民出版社1993年版，第261页。

## 三、第三次飞跃：东方大国经济变革和现代化建设的探索

如果说前两次飞跃发生在资本主义国家（俄国比较落后），那么第三次飞跃则出现在东方殖民地类型的贫困国家。对于这类国家，马克思、恩格斯、列宁、斯大林虽有论及，但都还不可能具体细微分析，特别是对半殖民地半封建的东方大国中国，知之较少。可以说，构建它的经济变革和社会主义建设政治经济学，基本上是一个空白。这一个特殊的探研任务，便历史地落在中国共产党和以毛泽东为核心的领导集体身上。此乃揭示特殊经济规律的特质政治经济学。故而，它必然是一次创新性的理论飞跃。毛泽东从中国的实际出发，包括民主革命和社会主义革命建设的经济理论建树，主要有四大贡献。

### （一）新民主主义经济理论

半殖民地半封建的中国经济十分复杂，既有少量的资本主义成分，又有外国垄断资本主义侵略和催化，还有包括两千多年根深蒂固的封建经济及其生产方式的基层小农经济，其中帝国主义殖民经济为主导，封建势力为根基，民族资本处在夹缝中的附属地位。怎样认识和变革这种复杂重叠类型的特质经济，需要马克思主义的创新力。以毛泽东为代表的中国共产党以极大的革命勇气和科学方法建立了完整的理论体系。对这一独有特质的政治经济学，至今缺乏全面系统的研究。

首先，应从历史实践考量。在半殖民地半封建的中国，曾有本土存在的和外国传来的许许多多的经济学说，包括各式各样的改良主义学派、西方自由主义学派、“农村改革派”、民粹派和传统的儒家经济思想等，都没有能够揭示中国半殖民地半封建经济制度的要害所在，各种“良方”更没有解决中国经济的特殊问题。只有马克思主义政治经济学及其同中国实际结合，彻底揭开了旧中国根本矛盾及其根系，在革命根据地通过探索形成

经济学创新，这就是新民主主义经济学。毛泽东做了科学的系统论述，指导中国废除殖民性经济、封建经济、官僚资本主义经济，开拓了马克思主义政治经济学在殖民地、半殖民地等落后国家中的新篇章，并引领完成了由旧式经济向新民主主义经济的转变。这一中国化的马克思主义政治经济学已铭刻历史，至今对于许多发展中国家仍有重大借鉴意义。

我们可对比20世纪30—50年代两种经济学及其两种社会效果。居于统治地位的国民党用的是西方借来的经济学和中国封建经济思想的混杂品，大商人孔祥熙和在西方留洋的宋子文先后主政经济，结果是一头形成四大家族的巨富，一头是广大群众的饥寒交迫。到统治后期，经济秩序乱得不成体统，通货膨胀飙升万倍之多，灾荒遍野，民不聊生，成为它政治垮台的原因之一。而处于落后地区的革命根据地，实行减租减息与土地革命等政策，自力更生，克服了经济封锁造成的极度困难，经济生活井井有条，受到爱国华侨陈嘉庚、许多民主人士以及美国考察团的赞誉。中华人民共和国成立初期，面对蒋介石留下的烂摊子，实行“四面八方”（农私兼顾、劳资两利、城乡互助、内外交流）政策，有条不紊地治理通货膨胀、土地改造，短短三年实现了经济恢复，还支持了抗美援朝战争并取得胜利，显示了马克思主义政治经济学的威力。

其次，要研究毛泽东在此时期的经济理论珍贵点在哪里。一是他的研究方法在于深入调查研究。别的理论家也分析过旧中国的社会经济，但大都陷于表层的粗枝大叶。唯有毛泽东下苦功夫深入基层社会细微调查。《中国社会各阶级分析》就是建立在深入调研的基础上写的。在革命根据地，他特别重视对中国社会的调查（如《反对本本主义》），亲身下沉到底层写了一系列调查报告，它们已经成为中国经济研究的典范。在从事政权建设中他一边调查，一边制定政策。抗日战争时期他写了《经济问题与财政问题》，以解决当时的经济困难，在丰富调查的基础上，做了经济方面的科学抽象。这就是“山沟里”的马克思主义。

二是面对矛盾多变的局势和党内的理论斗争实现理论创新。在民主革命时期，主要任务是进行革命战争，经济政策要服务于战争。但中国革命不同于俄国的是：长期依托和发展农村的革命根据地，经济建设任务很艰巨又带有长期性。特别是在近几十年，中国的主要矛盾有几次变化，经济政策也会有所变更，加上党内教条主义发起残酷斗争，干扰了他的正确思路。这种情况从反面也使他辩证法思想更深化，具有阶段性和进退维度，但其主线是十分明确的。我们研究政治经济学，一定要认真研究他的辩证法思维。

三是新民主主义经济理论体系。其经济思想代表作有《新民主主义论》《论联合政府》《在晋绥干部会议上的讲话》《在七届二中全会上的讲话》，及中华人民共和国成立之后经济恢复时期的一些论述。新民主主义经济理论的主要内容有：对“三座大山”（帝国主义、封建主义、官僚资本主义）的经济分析、土地改革和农业发展以及组织农民的方式、自力更生发展生产、财政经济方针、允许资本主义经济在一定范围内存在和发展以及限制和反限制的矛盾、管理城市的论述、解放与发展生产力、没收官僚资本、壮大国营经济等等，也涉及对帝国主义在中国的经济及对外经济政策。新民主主义政治经济学，具有重要历史意义和对发展中国家的借鉴意义，对处理今天社会主义经济发展中多种成分等问题仍有参考价值。我们研究马克思主义政治经济学，应当补上这一课。

### （二）对资本主义成分的和平改造

由新民主主义向社会主义转变，主要是经济变革问题，最重要的内容是对资产阶级的赎买政策。马克思恩格斯曾有赎买的设想，列宁也曾想尝试，但未成功。毛泽东则解决了这个重大问题。毛泽东提出的过渡时期“一化”（工业化）“三改”（改造民族资本主义工商业、小农经济、手工业经济），并未采用剥夺资本主义经济方案，而是分若干阶段和平过渡（分期赎买），在马克思主义政治经济学中是一种独创（部分借鉴了苏联新经济政策）。虽然时间短促些，形式单调些，方法粗糙些，但基本上是成功的，经济发展是迅速而稳定的。

（三）对社会主义经济建设若干理论的创新

20 世纪 50 年代之后的 20 多年，经济建设虽然主要采用了计划经济体制，但在一穷二白的基础上基本建成比较完整、独立的工业体系，摆脱了对外国经济特别是西方的依赖。毛泽东在马克思主义政治经济学上也有不少创新，如社会主义社会基本矛盾学说，综合平衡、统筹兼顾方针，农业是国民经济基础，以工业为主导以农业为基础协调发展，采取先进科学技术和发挥集中力量办大事的优势等观点。主要论著有：《论十大关系》《关于正确处理人民内部矛盾的问题》《读苏联〈政治经济学教科书〉（社会主义部分）的谈话》等。

（四）经济哲学观和艺术观

毛泽东是哲学家，他用哲学指导经济学，又用经济实践丰富哲学思想。例如，自力更生思想，这是毛泽东思想的精华之一，经济上自力更生理论思维尤为突出。再如两点论，既看到光明前途，又要估计将要遇到的困难，提出克服困难的办法。在党的七大上就曾估计到 17 种严重困难，做到预而不废。又如，先抓试点逐步推行的方法，就是一种实践—认识—再实践的过程。总之，他的经济哲学思想，是政治经济学中的一大亮点。

毛泽东的这些理论建设，可视为中国特色社会主义政治经济学的源头，至今仍有重要价值。当然，毛泽东晚年犯了“左”的严重错误，从根本上说，还是违反了马克思主义政治经济学的基本原则，也违反了他自己多次论述的方法论。一是脱离了实际，二是急于求成，三是夸大了阶级斗争，尤其是发动了十年之久的“文化大革命”，造成重大损失。历史地看，这是一段曲折，但也从反面积累了经验教训，形成改革开放的倒逼机制。对此，我们应当采取科学分析态度，不能全盘否定，主要应当汲取其中的营养。

此外，我们还应当研究周恩来、陈云的经济理论贡献，他们的经济思想需要挖掘梳理，为今天所镜鉴。

## 四、第四次飞跃：中国特色社会主义政治经济学创新

伟大的实践创新必然产生理论上的飞跃。正如习近平总书记所说："当代中国的伟大社会变革，不是简单延续我国历史文化的母版，不是简单套用马克思主义经典作家设想的模板，不是其他国家社会主义实践的再版，也不是国外现代化发展的翻版，不可能找到现成的教科书。"[①]"实践是理论的源泉。我国经济发展进程波澜壮阔，成就举世瞩目，蕴藏着理论创造的巨大动力、潜力，要深入研究世界经济和我国经济面临的新情况、新问题，为马克思主义政治经济学创新发展贡献中国智慧。"[②] 我们回答了什么是社会主义、怎样建设社会主义，实现什么样的发展、怎样发展，怎样治理国家、用什么样的理念方法进一步发展等重大课题，使马克思主义政治经济学在中国大地上实现了前所未有的新飞跃，这就是创立了中国特色社会主义政治经济学——当代马克思主义政治经济学，具有划时代的里程碑意义。

中国特色社会主义理论体系及其经济学说，包括邓小平理论、"三个代表"重要思想、科学发展观和习近平同志的一系列论述，内容大体包括：社会主义本质论、社会主义初级阶段和基本经济制度论、社会主义改革开放论、社会主义市场经济论、科学发展论、科技为"第一生产力"——"第一动力论"、新常态与新发展理念论、整体经济学与治国理政论、新时代世界经济论等等。由于经济理论界做过大量论述，此处不再一一详述，只回答几个疑难问题。

最突出的是社会主义市场经济理论，这是前人不曾论述的（列宁在新

① 习近平：《在哲学社会科学工作座谈会上的讲话》，《人民日报》2016 年 5 月 19 日。

② 新华社：《立足我国国情和我国发展实践　发展当代中国马克思主义政治经济学》，《人民日报》2015 年 11 月 25 日。

经济政策时期只做了短时的探索)。有人说市场经济是从西方学来的，请不要鱼目混珠。我国在改革开放中实行的不是一般的市场经济或资本主义市场经济，而是特殊的“社会主义市场经济”，即社会主义基本经济制度与市场经济结合，社会主义制度利用“市场经济”手段发展经济。人们还记得，在当年我们党提出社会主义市场经济时，西方经济学界一片哗然，认定市场经济与社会主义根本不相容，甚至说像油和水一样不能融合，至今新自由主义者仍然坚持中国的市场经济必须以私有制为基础，以市场化作为私有化的突破口，“化”掉基本经济制度和共产党的领导地位，按西方模式全面改变中国的社会性质。这同马克思主义政治经济学确实水火不容。恩格斯曾经多次阐明生产和交换犹如互相作用的两大坐标，生产方式和交换方式是社会经济的基础①。生产方式性质决定交换方式性质。市场经济正是交换方式的总和，它的性质取决于生产方式，马克思在《资本论》中特别指出这一点②。列宁曾尝试运用市场方式发展社会主义经济，邓小平进一步总结国内外经验，提出计划与市场都是手段，社会主义和资本主义都可以利用。这是马克思主义政治经济学的新观点，并非来自西方资产阶级经济学，而且恰好“市场经济”这个概念最早也是列宁提出的③。即使在运作方法上，我们与新自由主义也有根本的区别：新自由主义膜拜的是市场万能论，美国经济学家约瑟夫·斯蒂格里茨称之为“市场原教旨主义”；我们的社会主义市场经济则运用计划（政府）与市场两只手，“使市场在资源配置中起决定性作用和更好发挥政府作用”，即微观上放开，宏观上管住，而不是片面地只要一只手。这充分表明，我们改革开放的主流经济学根本不是什么新自由主义，而是当代发展了的中国化马克思主义政治经济学。

新自由主义者往往也打着改革的幌子篡改我国改革的性质。实际上，

---

①《马克思恩格斯选集》第3卷，北京：人民出版社1995年版，第489页。

②《资本论》第1卷，北京：人民出版社2004年版，第136页。

③《列宁全集》第13卷，北京：人民出版社1987年版，第124页。

正是马克思主义政治经济学的新发展，揭示了社会主义自我完善和发展的规律。恩格斯曾经说过：社会主义社会“是一个经常变化和改革的社会”[①]。邓小平总结了国内正反两方面的经验，提出“改革是社会主义制度自我完善”，发展了毛泽东关于社会主义社会基本矛盾及其特点的观点，使我国社会主义不断充满前进的活力。所谓自我完善，就是社会主义社会能够依靠自身的力量和机制，通过自觉的改革，正确解决生产关系和生产力、上层建筑和经济基础的矛盾和其他一切社会矛盾，实现制度创新，使自身不断适应先进生产力发展和人的全面发展的要求，充分发挥制度的优越性。这表明，改革是社会主义的一个重要特征，是社会主义生命力之所在。

科学发展观、“新常态”和创新、协调、绿色、开放、共享五大理念，更是马克思主义政治经济学在当代中国的创新，是西方以私人利益为出发点和归宿的极端个人主义观念所不能蕴含的。这五大理念体现了对社会经济规律的认识升华，深化了社会化的内涵，扩展了社会化的外延，是社会化生产力与社会化生产关系的辩证统一，社会经济规律与自然规律的辩证统一，体现了以人民为中心的社会主义本质。从生产力发展视域考量，建立人民政权后必须突出发展生产力，但发展不是简单地增加数量。领会习近平同志的系列论述，中国特色社会主义发展生产力包含了六方面内容：①扩张既有生产力的数量，提高质量，淘汰落后生产力。②创新生产力，主要是依靠、倡导以科技为主体的全面创新，创造崭新的生产力形态（工具、工艺、业态等），发挥社会主义优势，从追赶、并行到领先跨越。③解放生产力，通过改革不断扫除妨碍、束缚生产力发展、创新的各种羁绊。④协调生产力，就是自觉协调生产力布局的各种不平衡现象，实现现代城镇化、区域间的合作共享、各业间的协同等。⑤绿化生产力，发展生态生产力，以绿色理念改造生产方式、消费方式，发展循环经济，优化生态环境，这是现代生产力的重要特点。⑥保护生产力，就是习近平多次论述的

①《马克思恩格斯选集》第4卷，北京：人民出版社1995年版，第693页。

大安全观，揭示了发展与安全的辩证关系，预测、防备、制止、补救各种自然、社会、生产、国防等风险，建立以现代科技武装的现代备防系统（包括网络安全），保障生产服务本身的安全和发展环境的安全。从生产关系上看，要以人民为中心实现共享发展，防止两极分化，实现先富带共富，处理好“做大蛋糕”与“切好蛋糕”的关系。总体上说，是中国特色社会主义制度进一步完善和发展，实现“两个一百年”的中华民族伟大复兴的中国梦。

现在有人把供给侧结构性改革同西方的供给学派扯在一起，这是一种误读。全面地看，供给侧结构性改革是经济学中的一个新提法，是对动力结构的调整。西方经济学中有一个供给学派，其主要理念是供给自身创造需求，重点是以税率变动为杠杆促进量的变化，而不是结构改革。说白了就是，只要生产出来就可以卖得出去，到市场上赚钱，可结果却是消费不足造成生产过剩，导致经济危机。“供给侧”强调的是它的结构性改革，即“供给 + 结构性 + 改革”，实质是一场改革：优化生产力结构，依靠科技创新促进新兴产业、产品涌现，推动传统产业、产品升级，提高供给质量，激发内在活力，营造外部环境，并且适应和引导消费需求的更新，全面提高经济质量，引领市场高端发展。它丰富和深化了社会再生产循环运行的基本逻辑。从辩证法的高度说，就是抓住主要矛盾和矛盾的主要方面，同时带动次要矛盾。这一创新，丰富了马克思主义的科学发展观，切中了我国经济发展中的要害，而去产能、去库存、去杠杆、降成本、补短板的具体部署，正是“供给侧结构性改革”理论的具体贯彻。

总体上，我们要用整体观认识中国特色社会主义理论创新。中国发展的大逻辑贯穿着一条红线：现代社会化生产力发展与社会主义生产关系完善的辩证统一，马克思主义政治经济学基本原理与中国实际的辩证统一。新常态是发展总体的阶段性判断，五大理念是经济发展的指针，供给侧结构性改革是当前经济发展和改革的重点。这一新的理论系列，我们应当在理论与实践结合上深化理解，提高我们坚持和创新马克思主义政治经济学的理论自觉。

同时，还要深刻领会习近平同志对经济哲学和艺术的丰富思想。治理系统化和治理能力现代化、“四个全面”、“五大理念”、五种政策的要点（宏观政策要稳、产业政策要准、微观政策要活、改革政策要实、社会政策要托底）、“三减一降一补”措施等，都蕴含丰富的哲学思想，也是一种经济艺术。近期提出的退一步、进两步的思维，表现了高度的实事求是精神和非凡的经济艺术。在新时期，面对新形势，解决新矛盾，提出新思路，大大拓展了现代马克思主义政治经济学。

以上四大飞跃表明，马克思主义政治经济学在实践发展中不断发展、创新，它的最基本的原理永远不会过时，今后还会随着实践的创新永放青春活力。“过时论”根本不懂马克思主义，有的是教条式的理解和误读；有的是被西方经济学所迷惑；有的是怀有敌意，用新自由主义观点诋毁马克思主义政治经济学，加以多方排斥。作为经济学人、经济学师生应当深入学习，认真领会马克思主义政治经济学的要领，特别是着重学习中国特色社会主义经济学，联系实际读懂会用，坚持人民立场，掌握基本原理，运用科学方法，深入研究现实经济问题，不断创新，广为宣传，巩固和扩大马克思主义阵地，为中国特色社会主义发展壮大做出应有的贡献。

［原载于《华南师范大学学报》（社会科学版），
2016 年第 5 期；杨承训、杨继］

# 中国特色社会主义政治经济学的理论溯源和生成背景

习近平号召全党把马克思主义政治经济学当作必修课，特别要坚持和发展当代中国特色社会主义政治经济学。这是我们党和全国人民的一项重大理论建设，对于提高全党全民的理论素养和认识、掌握社会主义发展规律具有重大意义。中国特色社会主义政治经济学博大精深，它是由中国共产党运用马克思主义普遍真理同中国革命和建设的实践所独创的。为帮助大家系统掌握，本人以若干篇章做一些论述，以供讨论和探研。本文以中国特色社会主义政治经济学概论为开篇。

## 一、 中国特色社会主义政治经济学的科学内涵和历史地位

政治经济学是研究人类社会经济发展和运行规律的科学，属于理论经济学，区别于部门经济学，但它指导部门经济学。自古以来，对人类社会经济生活的发展和运行有多种多样的解释，尤其是西方 18 世纪以后形成的多种学派，但只有马克思主义政治经济学才能称得上是真正的科学理论，因为它以辩证唯物主义与历史唯物主义为指导，以人类社会历史事实为基础，揭示了人类社会经济发展的规律，特别是资本主义发展规律和社会主义、共产主义发展趋势。中国特色社会主义政治经济学是马克思主义政治经济学的一个发展阶段，是当代中国马克思主义政治经济学。

具体说，它是用马克思主义基本观点研究中国社会主义经济发展和运行特殊规律的政治经济学。从时段上看，它主要研究中国改革开放以来的经济发展问题，属于中国特色社会主义理论体系的组成部分。历史地看，它是从1978年党的十一届三中全会邓小平开创中国特色社会主义起始的，研究对象是中国社会主义现代化进程中的改革与发展问题。当代中国马克思主义政治经济学摆脱了苏联僵化的模式，历经几代领导集体继承发展，开创了独特的篇章。它以马克思主义的普遍真理同中国社会主义经济发展的实践相结合，使马克思主义政治经济学社会主义部分有了新的巨大创新。所以，它既具有马克思主义政治经济学的本质属性，坚持马克思主义的立场、观点、方法，又具有揭示中国改革开放后经济发展的特殊属性，创新了马克思主义政治经济学，并且继续在实践中发展。这就是共性与个性的统一，一般理论与具体实践的统一，坚持与发展的统一。

实践是检验真理的唯一标准。中国特色社会主义经济发展的实践，短短30多年使得经济落后国家跃居为世界第二大经济体，并正发展为社会主义现代化强国。这一巨大历史成就表明，当代马克思主义经济学——中国特色社会主义政治经济学是指导中国社会主义现代化经济发展唯一正确的经济学，唯有它才能成为中国的主流经济学。其他经济学说都曾经在中国流行过，特别是近20多年来西方经济学在某些领域盛行，但都没有能够解决中国经济整体发展的问题，所以它们不可能成为当代中国的主流经济学。历史地概括，中国特色社会主义政治经济学，是马克思主义政治经济学发展的新阶段，是一次历史的飞跃。

马克思主义政治经济学诞生170多年来有三次大的飞跃：第一次是列宁、斯大林思想，回答了资本主义向垄断资本主义发展和社会主义建设的一些问题；第二次飞跃是毛泽东经济思想，回答了半殖民地半封建社会经济分析、新民主主义向社会主义转变及初步探索等中国社会主义建设问题；第三次飞跃是改革开放后的中国，即中国特色社会主义政治经济学，回答了当代中国社会主义现代化发展和完善社会主义制度等问题，也是社会主义长治久安的世界性难题。

中国特色社会主义政治经济学的内容大体包括：社会主义本质论、社会主义初级阶段和基本经济制度论、社会主义改革开放论、社会主义市场经济论、科学发展论、科技为“第一生产力”——“第一动力论”、新常态与新理念论、整体经济学与治国理政论、新时代世界经济论等。

## 二、 中国特色社会主义政治经济学的理论溯源和生成背景

中国特色社会主义政治经济学不是突然产生的，作为当代马克思主义政治经济学，其形成和发展有自身的必然性，有深厚的理论溯源和特殊的历史背景。对此可以从三个维度进行分析：

一是根本源头。中国特色社会主义政治经济学的根本源头是马克思主义政治经济学，包括马克思、恩格斯、列宁博大精深的政治经济学基本观点。他们的经典著作，如《资本论》《反杜林论》《帝国主义是资本主义的最高阶段》等等，都揭示了生产力与生产关系的矛盾运动，剖析了资本主义剩余价值规律以及资本主义被社会主义取代的必然性，阐述了垄断资本主义阶段的特殊矛盾及其腐朽垂死的趋势，预示并初步探索了社会主义社会的发展问题。这些伟人提供的立场、观点、方法，是中国特色社会主义政治经济学的灵魂，是它的根本来源。中国特色社会主义政治经济学本质上是马克思、恩格斯、列宁经济科学的继承和发展。

二是直接来源。中国特色社会主义政治经济学是对毛泽东思想的继承和发展。马克思主义普遍真理与中国革命、建设实践结合的第一次飞跃产生了毛泽东思想，它也包括毛泽东的经济思想。历史地看，毛泽东的经济思想是很丰富的，主要包括了三个内容：第一，新民主主义政治经济学。毛泽东对半殖民地半封建性质的旧中国做了科学的分析，提出民主革命的经济纲领，并具体指导了革命根据地的经济建设，写过许多经济论著，如《新民主主义论》《论联合政府》《在晋绥干部会议上的讲话》《在中共七届

二中全会上的讲话》等。这些著作对土地改革和农村经济发展、民族资产阶级改革、城市工作及城乡互动、工农业发展、财政改革等做了多方面论述，对于我国从新民主主义经济向社会主义经济转变起了指导作用，奠定了历史基础。第二，社会主义改造理论。从经济学意义上看，从新民主主义经济向社会主义经济过渡时期，“一化”（工业化）“三改”（改造民族资本主义工商业、小农经济、手工业经济）并未采用剥夺资本主义经济的方案，而是和平过渡，这在马克思主义政治经济学中是一种独创（部分借鉴了苏联新经济政策）。虽然时间短促些，形式单调些，方法粗糙些，但基本上是成功的，经济发展是迅速而稳定的。这也是马克思主义政治经济学中的新内容。第三，探索社会主义建设道路的理论积累。20 世纪 50 年代之后的 20 多年，经济建设虽然主要采用计划经济体制，但在一穷二白的基础上基本建成比较完整、独立的工业体系，摆脱了对外国经济特别是西方的依赖。毛泽东在马克思主义政治经济学上也有不少创新，如社会主义社会基本矛盾学说，综合平衡、统筹兼顾方针，农业是国民经济基础、以工业为主导以农业为基础协调发展，采取先进科学技术和发挥集中力量办大事的优势等观点。主要论著有《论十大关系》《关于正确处理人民内部矛盾的问题》《读苏联〈政治经济学教科书〉（社会主义部分）的谈话》等。

三是历史借鉴。中国特色社会主义政治经济学要吸取苏联的经验教训。对于苏联的历史，我们应当采取实事求是的分析态度。第一，苏联的伟大成就不可抹杀，它在短短几十年内从一个经济落后的国家成为实现工业化、能同西方资本主义抗衡的强大国家，并打败了法西斯的侵略，为后来的发展打下了坚实的基础，积累了很多有益的经验和经济技术力量。斯大林功不可没，他的代表作是《苏联社会主义经济问题》等。第二，苏联的失败并不等于社会主义事业的失败，只能说是苏联模式的失败，坚持社会主义的国家可以更清醒地重新认识客观规律。第三，应从苏联的经济体制乃至政治体制中汲取教训。正如邓小平所总结的：“坦率地说，我国过去照搬苏联搞社会主义的模式，带来很多问题。”① 第四，苏联的解体对于所有社会主义国家来说都是一面镜子。在建设中国特色社会主义伟大事业中，我们应当以20世纪这一重大历史事变为戒，致力于防止和平演变。苏联从崛起到解体的过程是社会主义发展史中最大的历史教训，它告诉我们，新的社会制度如果不进行改革，不致力于自身完善，不坚持正确的政治方向，没有与之相配套的经济运行体制和上层建筑各个方面的整体协调，照样不能发挥自己应有的优越性而使自己衰亡。

因此，需要特别突出地研究下列规律性的东西。第一，必须从根本上弄清什么是社会主义和怎样建设社会主义，与之相联，需要弄清执政党应当建设一个什么样的党和怎样建设党。这两个根本问题弄不清，就会陷入迷茫，不能把握正确的方向和方法。第二，社会主义制度必须通过改革不断地实现自我完善，遵循生产关系必须适合生产力发展的规律，适时地调整、变革生产关系中与生产力不适应的环节，决不能固守一种不变的模式。但是，改革必须坚持正确的方向，不能改到资本主义那里去，如戈尔巴乔夫那样。第三，从多次反复出现的经济现象看，社会主义制度必须与市场经济正确结合，形成合力，并且要善于处理新型市场经济中出现的新矛盾、新关系，而僵死的计划经济体制造成了许多严重后果。第四，超越社会主义的发展阶段，过早地消灭个体经济和私营企业违背了生产关系一定要适应生产力发展的规律。第五，在新制度的成长、发育过程中，上层建筑起着十分重要的作用，有时对经济关系起着决定作用。这属于整体经济学。第六，教条主义与自由化是一对孪生兄弟，后者是对前者的惩罚。当教条主义统治失误之后，很容易跳到另一个极端，导致精神灵魂的崩溃，进而使经济制度蜕变。第七，世界范围内社会主义力量和垄断资本主义势必会长期并存，防止和平演变是今后社会主义发展中一个十分重要的长期任务。中国特色社会主义政治经济学从正反两方面吸纳了这些经验教训。

①《邓小平文选》第3卷，北京：人民出版社1993年版，第261页。

## 三、 中国特色社会主义政治经济学的指导原则和方法论

正确的指导原则和科学的方法论，是一部优秀政治经济学著作的灵魂。特别是在众说纷纭、歧见丛生的情况下，树立明确的指导原则和运用科学的方法论乃是深化研究、理论创新和突出特色的关键。

### （一）中国特色社会主义政治经济学的指导原则

总体指导思想是坚持并创新中国特色社会主义理论体系。具体说就是“马学”为魂、“中学”为体、“西学”为用。“马学”就是马克思主义，“中学”就是中国化的发展着的马克思主义政治经济学，“西学”就是西方经济学。这是解放思想、实事求是、与时俱进的思想路线在经济学领域的贯彻。

第一，用马克思主义的精髓统领中国经济学。近些年来，马克思主义经济学说在一些人眼里不时兴、不管用了，也有人认为马克思主义经济学说只是一个学派。持这种观点的人主要存在着两种误解：一种误解认为马克思主义仅限于马克思、恩格斯的著作和语言；一种误解认为马克思主义不能解决现代资本主义和当代中国的现实问题。这需要在理论上加以澄清。马克思主义是发展着的科学体系，是完整的世界观和方法论。马克思、恩格斯是马克思主义的创始人，他们的著作是奠基之作，有着极其重要的原创价值。同时马克思主义是不断发展的系统理论，它还包括后来的马克思主义理论家的一系列思想。马克思主义并非仅限于马克思、恩格斯的著作，更不能说“句句是真理”，不能搞本本主义。随着实践的发展，马克思主义的个别结论是会改变的，但它的精髓则是必须坚持的。坚持以马克思主义为灵魂，就是坚持它的根本立场、基本观点和科学方法。邓小平指出：“实事求是是马克思主义的精髓。”① 这是最高层次的概括，也适用于中国经济

①《邓小平文选》第3卷，北京：人民出版社1993年版，第382页。

学。当然，其中还包括辩证唯物论和唯物史观等基本原理。马克思、恩格斯政治经济学著作的研究对象主要是19世纪的资本主义制度，但只要资本主义制度的本质不变，剩余价值理论就仍然是一把揭示资本主义奥秘的钥匙，同时科学地预示了社会主义、共产主义胜利的必然趋势。随着资本主义的发展，列宁等马克思主义者运用这些原理对其进行研究，现在还在继续研究，已形成了一系列研究成果。社会主义的理论和实践，包括社会主义市场经济的理论和实践，当然包含马克思、恩格斯的思想基因，但主要是发展着的马克思主义的伟大贡献。“马学”为魂，主要是坚持为人民服务的立场、马克思主义政治经济学基本原理和科学方法论。基本原理就是生产力决定生产关系的规律、生产力社会化与生产关系社会化矛盾统一、社会主义与共产主义必然趋势、生产资料公有制决定分配关系与共同富裕、人的全面发展、生产与交换相互作用原理、经济基础与上层建筑相互关系、人与自然和谐统一等。

第二，以中国特色社会主义经济理论为主体内容。中国特色社会主义政治经济学的研究对象是中国社会主义经济问题，而不是别国的经济问题。离开了这个主题，就不能称其为中国的经济学。中国是一个大国，是一个发展中的社会主义国家，情况非常特殊。经过几代中国共产党人的实践探索和理论升华，形成了党的基本理论、基本路线、基本纲领、基本经验。发展社会主义市场经济是前无古人的伟大事业，其内容十分丰厚。经过近40年的改革开放，我们积累了比较丰富的经验，规律性的东西昭示得比较充分，社会主义初级阶段的基本经济制度也已经形成。我国取得的辉煌成就和丰富经验，就连外国人都十分重视，我们自己为什么不加以深入研究呢？有的学者主张用西方经济学，包括西方发展经济学来研究中国的经济问题。实践证明，照搬任何模式都不会成功。以社会主义市场经济而论，任何一本西方经济学著作都没有阐述过市场经济与社会主义能够结合和怎样结合的问题。研究学问首先要研究矛盾的特殊性，仅仅借用资本主义市场经济运作的办法是远远不够的，因为最本质的东西它们没有。比如，邓小平说："社会主义市场经济优越性在哪里？就在四个坚持。"[①] 这在西方是不可能有的，但在我们这里却运用得日臻成熟，这其中就有特殊的经济规律在起作用。西方发展经济学是西方学者研究发展中国家经济发展的理论成果，值得我们借鉴。然而，发展中国家为数众多，情况迥异，中国更具有自己的特殊性。事实证明，靠外国人研究中国的问题，很难抓住要害。因此，西方经济学、西方发展经济学不可能取代中国特色社会主义经济学。有些人对中国特色社会主义经济理论既不感兴趣，更没有进行过认真系统的研究，只是盲从地认定只有外国人那套令人费解的东西才算是真正的学问。这使我们联想起当年以毛泽东为主要代表的中国共产党人开辟农村包围城市的道路、创立新民主主义理论的时候，有人说"山沟里没有马列主义"。然而，恰恰是这个"土生土长"的理论，使中国革命最终取得了胜利。在改革开放之初，不是也有人说邓小平的论述不是理论，没什么学头吗？然而，正是邓小平理论把中国引向了富强。邓小平的话很精彩："我们讲了一辈子马克思主义，其实马克思主义并不玄奥。马克思主义是很朴实的东西，很朴实的道理。"[②] 政治经济学是一门科学，旨在揭示经济发展规律，并非用玄奥的东西吓唬人。现在的问题仍在于我们对中国特色社会主义经济理论缺乏深入系统的研究。因此，我们更应当按照习近平的要求，坚定信念，明确方向，着力研究中国特色社会主义经济问题。

第三，善于借鉴西方经济学有用的方法。坚持"马学"为魂、"中学"为体，并非完全排斥西方经济学。因为马克思主义是一个开放的体系，善于吸收人类一切有益的文明成果来丰富和发展自己。研究中国特色社会主义经济学，决不能把自己封闭起来。不过，应当明确，不能把西方经济学作为中国经济学的主流，尤其是不能把新自由主义的思想和政策（如"华

①《邓小平年谱》，北京：中央文献出版社 2004 年版，第 1363 页。

②《邓小平年谱》，北京：中央文献出版社 2004 年版，第 1345 页。

盛顿共识”）作为经济发展的向导，否则我们就会走到资本主义那里去，甚至变成西方强国的附庸。中国经济学借鉴西方经济学，要区分两个层面，属于社会制度的东西，我们不能学，不能改变社会主义制度（西化），尤其要同作为现代资本主义主流意识形态的新自由主义划清界限；我们要学习的是一些分析方法和适用于部门经济的运作经验、管理方式等，有些范畴也可以参用。这里需要指出的是，不应过分强调经济学的数学化，因为定量分析只是一种研究方法，不能脱离实际，让现实为它服务，不能故弄玄虚，把简单问题复杂化。有人说经济学要“与国际接轨”，实际上是混淆概念。与国际接轨，主要讲的是加入世界贸易组织后应遵守国际经济交往规则，即使那样，也还要保持民族经济的自主性和独立性，争取更多的话语权，并非全盘西化。毫无疑义，我们要参考和借鉴国外经济学的一些研究成果，但不能把“与国际接轨”作为追求的目标和评价标准。中国经济学要解决中国的经济问题，应该凸显中国化的马克思主义特质和创新品格，并用以教育人民、指导建设、发展经济。近年来，理论界曾存在过哪一种是主流经济学之争。有的学者特别强调西方“现代经济学”在我国的传播和在改革中的“指导”作用，用西方理论剪裁中国的实际。应当肯定地回答：中国的主流经济学就是中国化的马克思主义政治经济学。马克思和恩格斯在《共产党宣言》中有句名言：“任何一个时代的统治思想始终都不过是统治阶级的思想。”① 邓小平曾一再强调：马克思主义要“在思想界真正发挥主导作用”，它“是中国革命胜利的一种精神动力”。②

### （二）中国特色社会主义政治经济学的基本方法论

方法论是世界观的表现和运用。科学的世界观必须体现在科学的方法论上。正确的方法论可以得出正确的结论，错误的方法论必然导致一系列错误，乃至走向是非颠倒。我们所以要强调正确的方法论，就是基于以往

---

①《马克思恩格斯选集》第 1 卷，北京：人民出版社 1995 年版，第 292 页。

②《邓小平文选》第 3 卷，北京：人民出版社 1993 年版，第 46 页、第 63 页。

经济学研究的教训，例如过去苏联的《政治经济学教科书》（社会主义部分）之所以不成功，方法论不正确是一个重要原因。中国特色社会主义政治经济学研究要引以为戒，在研究方法上，应当破除从定义出发，用书本剪裁现实的先验式、教条式的套路，避免和克服两种教条（土教条和洋教条），要突出历史分析、实证分析、比较研究和定性与定量相结合的方法，特别要尊重运用辩证法，具体问题具体分析。

第一，突出历史分析。恩格斯说："政治经济学本质上是一门历史的科学。它所涉及的是历史性的即经常变化的材料。"① 毛泽东指出：经济学"规律自身不能说明自身。规律存在于历史发展的过程中。应当从历史发展过程的分析中来发现和证明规律。不从历史发展过程的分析下手，规律是说不清楚的"。"定义是分析的结果，不是分析的出发点。研究问题应该从历史的分析开始。"② 科学的历史分析要成为中国特色社会主义政治经济学的一个鲜明特点。20 世纪 90 年代初，苏东剧变，世界社会主义走向低潮，而中国的社会主义却生机盎然、一枝独秀。我们对 20 世纪社会主义发展史中的几个重大问题应当弄清楚：一是为什么社会主义革命和建设没有出现在发达资本主义国家，却出现在经济落后、资本主义没有得到充分发展的国家？这应当是研究中国特色社会主义的一个大背景。二是为什么世界上第一个社会主义国家从强盛走向灭亡？它的原因是什么？历史是一面镜子，它对中国后来所走的路子有反面的启迪作用。三是为什么中国能在逆境中蓬勃发展？基本经验和机理是什么？这是我们研究的重点。

第二，运用实证分析。马克思说过：要"把政治经济学变成一种实证科学"③。列宁在读这封信时做了明确诠释："政治经济学的基础是事实，而不是教条。"④ 中国特色社会主义经济学应当在实证研究的基础上立论。应

①《马克思恩格斯选集》第 3 卷，北京：人民出版社 1995 年版，第 489 页。

②《毛泽东文集（第 8 卷）》，北京：人民出版社 1999 年版，第 106 页、第 139 页。

③《马克思恩格斯全集》第 32 卷，北京：人民出版社 1974 年版，第 170 页。

④《列宁全集》第 58 卷，北京：人民出版社 1990 年版，第 86 页。

当改变那种先找理论概念再分析事实，或从文献中找现成观点的方法、用书本剪裁现实的习惯，而应在分析事实的基础上抽象出理念。当然，实证研究必须全面而系统，防止以偏概全。像列宁所说的那样：要用“准确的和不容争辩的事实”，“成为真正的基础，就必须毫无例外地掌握与所研究的问题有关的全部事实，而不是抽取个别的事实”[①]，不是随时找个别的材料。习近平多次强调，要坚持问题导向。也就是从实际出发，多视角分析现实矛盾。这就要系统地研究统计资料和大量的各类案例，还要注意运用教学模型。数学模型并不等于数量分析，数学模型（公式）不能取代数据，它只是一种思维形式、一种分析工具、一种语言，并不是数据本身。数量分析的基础是占有大量的数据，然后用科学的方法运算、分析，而不是仅仅列出一串串数学模型。如果以数学模型取代确凿而又全面的数据，就可能引入另一种“象牙塔”，运用不当会对经济学造成误导。

第三，善于进行比较研究。有比较才能有鉴别。要通过纵向、横向的多视角比较，认识各种事物的长短利弊，从罗列现象到揭示规律性的东西。现在我们可以做六个方面的比较：一是中国的社会主义与苏联模式的比较；二是中国与西方发达资本主义国家的比较；三是中国与其他发展中国家的比较；四是中国与已演变国家（主要是俄罗斯）的比较；五是中国与其他社会主义国家的比较；六是中国各发展阶段的比较。通过比较，方可找出优势和劣势，彰显中国的特色，进而揭示走社会主义道路和改革开放的必然性和特殊性，弄清中国特色社会主义经济发展和运行的特殊规律。

（原载于《毛泽东邓小平理论研究》，2016年第2期）

①《列宁全集》第28卷，北京：人民出版社1990年版，第364—365页。

# 马克思主义政治经济学主流地位不容撼动

什么是中国的主流经济学?[①] 这是中国革命和社会主义现代化的根本问题，关系中国的命运。习近平在中共中央政治局第28次集体学习会上，再次鲜明地指出，坚持和发展马克思主义经济学是全党的必修课；并历史地论证了马克思主义政治经济学在我国革命和建设中决定性的指导作用。这实际上是肯定了马克思主义政治经济学在我国的主流地位，否定了以新自由主义为代表的资产阶级经济学抢占“主流学派”头把交椅的图谋。我们必须按照习总书记指出的方向，继续立足我国国情和我国发展实践，坚持和开拓马克思主义政治经济学的新境界。在这个大是大非问题上，不能动摇、不能含糊，必须大力加强马克思主义政治经济学的主流地位，从根本上扫除新自由主义的负面作用。这正是当前和今后意识形态领域和经济学研究的一大节点。

## 一、 历史选定了马克思主义政治经济学在中国的主流地位

经济学是揭示经济规律并指导人类经济实践的科学。按照恩格斯的说法，政治经济学“是研究人类社会中支配物质生活资料的生产和交换的规

① 杨承训:《马克思主义才是中国主流经济学的灵魂》,《毛泽东邓小平理论研究》2005年第9期。

律的科学"[①]，属于"理论经济学"[②]，指导各种部门经济学。它来自社会实践，指导社会实践。实践是检验真理的唯一标准。究竟哪种经济学派成为中国的主流经济学，不在于人们如何强词争辩和用什么玄奥的花样，而在于它是否能够解决中国革命和现代化建设中的问题。用邓小平最简练的语言说：要管用。经济学的宗旨就是在经济发展中"管用"。不管你吹得多么天花乱坠，用多大力气铺天盖地去粉饰，只要不管用，不能解决中国的根本问题，就不可能成为什么"主流经济学"。马克思主义政治经济学不只是几本伟大的经典论著（如《资本论》《帝国主义论》），而是一个发展着的科学体系。一百多年的中国革命史、建设史，特别是改革开放30多年的发展历史，以铁一般的事实证明，只有科学的马克思主义政治经济学能够解决中国革命和现代化建设中根本性的经济问题。它比任何诺贝尔经济学奖及其总和更珍贵。

在民主革命时期，中国本土和外国传来许许多多的经济学说，包括各式各样的改良主义学派、西方自由主义学派、"农村改革派"、民粹派和传统的儒家经济思想等等，它们都没有能够揭示中国半殖民地半封建经济制度的要害所在，各种"良方"更没有解决中国经济的特殊问题。只有马克思主义政治经济学及其同中国实际的结合，真正揭示了旧中国的根本矛盾，在革命根据地通过探索形成经济学创新，这就是毛泽东的新民主主义经济思想。这一经济思想指导中国废除殖民性经济、封建经济、官僚资本主义经济，开拓了马克思主义政治经济学在殖民地、半殖民地等落后国家中的新篇章，并引领完成了由旧式经济向新民主主义经济的转变。这一中国化的马克思主义政治经济学已铭刻历史，至今对许多发展中国家仍有重大借鉴意义。

我们可用20世纪30年代至50年代的两种经济学及其两种社会效果进

---

①《马克思恩格斯选集》第3卷，北京：人民出版社1995年版，第489页。

②《马克思恩格斯选集》第3卷，北京：人民出版社1995年版，第493页。

行对比。当时居于统治地位的国民党用的是西方借来的经济学和中国封建经济思想的混杂品，孔祥熙和宋子文先后主政经济，结果形成一头是四大家族的巨富、一头是饥寒交迫的广大群众的局面。到统治后期，经济秩序乱得不成体统，通货膨胀飙升万倍之多，灾荒遍野、民不聊生，这成为国民党政治垮台的原因之一。而处于落后地区的革命根据地，实行减租减息与土地革命等政策，自力更生，克服了经济封锁造成的极度困难，经济生活井井有条，受到爱国华侨陈嘉庚、许多民主人士以及美国考察团的赞誉。中华人民共和国成立初期，面对蒋介石留下的烂摊子，实行“四面八方”政策，有条不紊地治理通货膨胀、土地改造，短短三年实现了经济恢复，还取得抗美援朝战争的胜利，显示了马克思主义政治经济学的威力。

中华人民共和国成立后的前 30 年探索，从经济学意义上大体分两个阶段：第一阶段有四五年时间，实行“一化”（工业化）“三改”（改造民族资本主义工商业、小农经济、手工业经济），这可谓马克思主义经济学的一种独创内容（部分借鉴了苏联新经济政策）。虽然时间短促些，形式单调些，方法粗糙些，但基本上是成功的，经济发展是迅速而稳定的。第二阶段有 20 多年，经济建设虽然主要采用了计划经济体制，却能在一穷二白的基础上基本建成比较完整、独立的工业体系，自主研发“两弹一星”，摆脱了对外国经济的依赖。马克思主义政治经济学有不少理论创新，如社会主义社会基本矛盾学说、综合平衡、统筹兼顾方针、农业是国民经济基础、以工业为主导以农业为基础协调发展、采取先进科学技术和发挥集中力量办大事的优势等观点。如果说出现一些急躁冒进和阶级斗争扩大化及其他失误，那都是由于脱离了实事求是精神和马克思主义政治经济学基本原理，在一定程度上违背了生产关系一定要适应生产力发展要求的规律。失败是成功之母，这恰恰是我们发展马克思主义经济学的重要先导。

那么，改革开放的 30 多年经济发展主要是什么经济学呢？仍然是马克思主义政治经济学——当代中国发展了的马克思主义政治经济学。改革开放没有改变社会主义制度，而是它发展的新阶段，这一实践也使得马克思主义经济科学有了更大的创新。邓小平制定“一个中心、两个基本点”的路线，坚持和发展的是资本主义经济学中根本不会有的社会主义经济制度。比如，最核心的社会主义本质论，回答什么是社会主义的重大问题，当然是马克思主义经济学中的核心问题。社会主义初级阶段论，是生产关系一定要适合生产力发展水平规律在中国的体现，创新了社会主义分阶段发展的理论；其基本经济制度是以公有制为主体、多种成分共同发展，而不是私有化；与此相适应，基本分配制度是按劳分配为主、多种分配方式并存。按照毛泽东阐发的辩证法，主要矛盾的主要方面决定事物的性质，公有制和按劳分配的主体地位决定了中国经济社会制度的性质是社会主义的，而不是西方的资本主义，虽然公有制成分数量有所减少，而国有经济对国民经济命脉的控制和支撑，显示了其顶天立地的高质量，又是共产党执政的根本保证，决定了社会经济发展的方向。鉴于此，习近平同志反复强调：“公有制主体地位不能动摇，国有经济主导作用不能动摇。”① 再如，改革也不是从资产阶级那里学来的。恩格斯早就说过，社会主义是一个“经常变化和改革的社会”②；社会基本矛盾观点正是社会主义制度自我完善的理论基础。这都表明，我们在改革开放中坚持和创新的主流经济学是马克思主义政治经济学，我国取得了举世瞩目的历史成就，短短30多年由世界第十位跃居世界第二大经济体。

也许有人会说，市场经济是从西方学来的。请不要鱼目混珠。我国在改革开放中实行的不是一般市场经济或资本主义市场经济，而是特殊的“社会主义市场经济”，即社会主义基本经济制度与市场经济相结合，是利用“市场经济”手段发展社会主义经济。我们党提出社会主义市场经济时，

① 新华社：《立足我国国情和我国发展实践　发展当代中国马克思主义政治经济学》，《人民日报》2015年11月25日。

②《马克思恩格斯选集》第4卷，北京：人民出版社1995年版，第693页。

西方经济学界一片哗然，认定市场经济与社会主义根本不相容，甚至说像油和水一样不能融合，至今新自由主义者仍然顽固地坚持中国的市场经济必须以私有制为基础，以市场化作为私有化的突破口，“化”掉基本经济制度和共产党的领导地位，按西方模式的变中国的社会性质。这同马克思主义政治经济学确实水火不容。恩格斯曾经多次阐明生产和交换犹如互相作用的两大坐标，生产方式和交换方式是社会经济的基础。① 生产方式性质决定交换方式性质。市场经济正是交换方式的总和，它的性质取决于生产方式，马克思在《资本论》中特别指出这一点。② 列宁曾尝试运用市场方式发展社会主义经济，邓小平进一步总结国内外经验，提出计划与市场都是手段，社会主义和资本主义都可以利用。这是马克思主义政治经济学的新观点，并非来自西方资产阶级经济学，而且恰好“市场经济”这个概念也是列宁较早提出的③。即使在运作方法上，我们与新自由主义也有根本的区别：新自由主义膜拜的是市场万能论，美国经济学家约瑟夫·斯蒂格里茨称之为“市场原教旨主义”；我们的社会主义市场经济则运用计划（政府）与市场两只手，“使市场在资源配置中起决定性作用和更好发挥政府作用”，即微观上放开，宏观上管住，而不是片面地只要一只手。这充分表明，我们改革开放的主流经济学根本不是什么新自由主义，而是当代发展了的中国化马克思主义政治经济学。

至于科学发展观、“新常态”和创新、协调、绿色、开放、共享五大理念，更是马克思主义政治经济学在当代中国的创新，是西方以私人利益为出发点和归宿的极端个人主义观念所不能蕴含的。这五大理念体现了对社会经济规律的认识升华，深化了社会化的内涵，扩展了社会化的外延，是社会化生产力与社会化生产关系的辩证统一，社会经济规律与自然规律的

---

①《马克思恩格斯选集》第3卷，北京：人民出版社1995年版，第489页。

② 马克思：《资本论》第1卷，北京：人民出版社2004年版，第136页。

③《列宁全集》第13卷，北京：人民出版社1987年版，第124页。

辩证统一，体现了以人民为中心的社会主义本质。

按照马克思主义的观点，所谓主流意识就是统治阶级的意识。在我国，主流经济学就是以工人阶级为领导、工农联盟为基础的人民政权所一贯坚持和实施的马克思主义经济学，而不是别的什么学派。历史实践证明，它是最“管用”的，是我国社会主义经济健康、可持续发展最大的秘诀。因此，对马克思主义经济学主流地位，只能强化，不能撼动。

## 二、 要正视新自由主义争夺主流地位的挑战

习近平多次告诫：要以问题为导向，树立忧患意识。我们也应当以此来认识和对待长久以来争夺主流经济学地位的博弈。新自由主义者来势汹汹，大有消灭马克思主义政治经济学之势，在客观上也造成很大的负面效应。我们必须揭露新自由主义的来源、本质和危害。

单从学术观点上考察，新自由主义是古典自由主义扭曲的继承，由于时代的变迁和所处地位的不同，其性质、内涵已经有重大的嬗变。古典自由主义鼻祖亚当·斯密，生活在资本主义上升时期，他提出市场是一只“看不见的手”，为增加社会财富应当谋取个人利益自由竞争，这在当时反对封建残余时有进步意义，在特定视域中阐明市场的功能有重大理论建树，对于新兴起的资产阶级经济学起了巨大塑造和推动作用。他和后继者大卫·李嘉图关于劳动价值论的一些观点，成为马克思主义政治经济学的一个来源。不过，以科学的眼光考察，其理论逻辑并不缜密，例如认为人人追求个人最大利益就会增进社会总利益，实际上个人利益之间有相当多的部分是互相侵蚀的，个人利益总和并不等于社会总的利益，实际上掩盖了资本主义的剥削行为。以后形成的“经济人”（或“理性经济人”）假说，是以个体利益为核心对社会公共利益特别是劳动利益的漠视和侵夺；在资源配置上，只讲市场“看不见的手”，而否定政府的重要功能（只限于“守

夜人”)。他们以后的继承者，无限放大了古典自由主义的缺陷，20 世纪中叶兴起以弗里德里奇・哈耶克为代表的新自由主义则使这种片面性发展到极致，形成“市场原教旨主义”，从某种意义上也是对约瀚・梅纳德・凯恩斯“经济学革命”的反动。英美大金融资本寡头的需要却使它成为统治者意识，变成思想垄断工具和政策指针。现代国际超级垄断资本主义已经把它变为侵略和统治世界的意识工具，此可谓新帝国主义特征之一。这就是新自由主义成为以美国为代表的西方主流经济学的主要背景。

新自由主义是否真的“管用”呢？在其本土有管用之处，也有特别重大的败笔。对大金融垄断资本是管用的，可以冲决一切监管，自由地实施垄断，并且可用双重标准，自身追求最大的赚钱自由，一旦妨碍、损害它们，便立刻被扣上反自由的帽子加以限制、制裁。然而，正是由于它过分自由，违反经济规律，结果引发国际金融危机。2008 年始于美国殃及世界的金融危机，致使世界经济至今疲软、复苏乏力。连西方经济学家都认为新自由主义惨败了。而中国的新自由主义者却依然奉之为神灵。对外，新自由主义的用场和“功效”就大了。国际金融垄断资本主义的政治代表在全世界大肆推销臭名昭著的华盛顿共识（1990），它们借新自由主义摧垮了东欧苏联的社会主义制度，造成俄罗斯持续 8 年的经济灾难（GDP 下降 50% 以上），并从此成为二流国家。接着是东南亚金融危机、墨西哥金融危机、拉美多国的经济灾难（阿根廷最甚），连原来新崛起的“四小龙”均经济下滑，有的至今一蹶不振。这一系列经济灾祸，使世界有识之士都声讨和摒弃新自由主义，它在有的国家成了“过街老鼠”。这可视为客观经济发展对新自由主义的一次历史判决。

然而，中国的新自由主义者们却掩耳盗铃，一次又一次地沉渣泛起、邪风不断，在中共中央十八届五中全会前夕还抛出在一定时期内中国实现以私有制为基础的市场经济、使国有企业降低到 10% 以下的纲领。为什么新自由主义能够国内外两重天？这里有特殊的背景。最关键的是国外反华势力的支持，有的直接给予经济补偿（一些基金会支持，一些国际组织奖励，一些国外书刊印发并给以重金等）。在西化劲吹的邪风中他们出尽风头，得到国外势力喝彩。可以说，他们是西方垄断资本在中国经济学领域的代言人、对中国进行和平演变的工具。他们在国内也有一定的社会基础，代表一些不法私人资本发言，能够得到一定的奖赏，既有物质利益，也有精神赞誉。他们还利用我们“一手硬一手软”的失误，打着言论自由、学术争鸣的旗号放肆发泄。在手法上，他们又以“改革”者标榜，利用某些提法（特别是市场的作用）对其断章取义混淆概念、歪曲事实、蛊惑人心，造成混乱。他们充分利用了西化的影响，使有些人盲目崇拜西方，崇拜西方经济学那套脱离实际玄奥无用的学问，在一定范围内形成一种迷信，进而使之变成“规则”和“制度”。还应当充分估计，西方有一套通过学术腐蚀中国人灵魂和社会制度的计划和组织载体，已经起了作用，新自由主义则是其内应。

现在还有相当多的学人特别是年轻人相信新自由主义学术价值。应当说，它不是没有一点可取之处，但总体上是伪科学的，突出的是片面性、虚假性。新自由主义的逻辑起点是极端自私的个人主义，进而形成弱肉强食的逐利自由拼搏，让人们只关心个人短期利益，不顾社会大众的整体长远利益。它把个人私欲、市场自发功能无限夸大，引导人们进入私利迷宫，否定生产关系适应生产力发展的规律。其结果是使社会整体受损害，造成经济混乱；进一步促使私人资本无限扩张，瓦解社会主义制度。这是反科学的，反历史潮流，严重损害劳动人民利益。如果让它变成中国的主流经济学，主宰中国经济制度进而改变政治制度（如“民主宪政”），中国特色社会主义制度就会易帜，苏联的悲剧就会在中国重演。现在的问题是，马克思主义学者对新自由主义批判不力，还未对其争夺主流地位的论点、图谋、影响加以彻底揭露，他们还有一定的滋生土壤。

他们还有一个骗人的口号，叫作经济学“去意识形态化”（或叫“超意识形态化”)。事实上，理论经济学本身基本属于意识形态大范畴，为一定阶级服务。如前所述，古典自由主义本来就是当时新兴资本主义经济开道，为资产阶级指路和掩护。新自由主义则更加露骨，弗里德里奇·哈耶克最响亮的话就是宣布社会主义是“通向奴役之路”。当代大垄断资本的政治代表，把新自由主义经济学当作统治本国人民和侵略、控制、剥削别国人民的舆论工具（一面宣扬自由化，一面大搞贸易保护主义）。国内的新自由主义者极力鼓吹私有化、制造种种否定共产党领导的言论，更有甚者鼓吹“颜色革命”。这哪里是“去意识形态”？其政治颜色十分浓厚，分明是一种瓦解社会主义的意识形态。我们不能以“纯学术观点”去看待经济学。马克思主义政治经济学公开申明是为无产阶级和劳动人民服务的，是指导社会主义经济制度发展的。这并不妨碍它的科学性，它是政治性与科学性的统一，是引导全人类解放的经济科学。

当然，这种争夺主流地位的博弈是长期的，不可能靠几次辩论就能终结。只要国外存在反社会主义势力、国内存在不同阶级阶层的诉求，这种博弈就不会停止。因此，也不可能中断斗争。同时，在斗争中，要区分两类不同性质的矛盾，在方法上要以理服人，像马克思所说的那样，“理论只要彻底，就能服人。所谓彻底，就是抓住事物的根本”①。有些新自由主义者主张不要争论，实际上是只准他们说，不准别人讲。理论是非不能不争论，对错误思潮不能听之任之，不能把阵地拱手让给新自由主义者。这里的关键在于思想意识形态阵地的一些领导者，他们只要能分清是非，有了危机感、自觉性，克服“一手硬一手软”的倾向，就会组织培养骨干队伍，以深厚理论功底说服群众，尤其使大多数青年人口服心服。这就是阵地意识，是巩固、加强、扩大马克思主义政治经济学主流地位的自觉。我们应当快速行动，取得战役胜利，为战略胜利打好基础，不可怠慢。有些顽固不化的新自由主义者不会自动退出历史舞台，我们应当有主动性的姿态和

---

①《马克思恩格斯文集》第1卷，北京：人民出版社2009年版，第11页。

攻势，有计划地打若干战役，大力支持马克思主义阵地（机构、学校、刊物、社会组织等）的建设，使软实力硬起来。

## 三、 立足实践发展当代中国的马克思主义政治经济学

习近平强调："要立足我国国情和我国发展实践，揭示新特点新规律，提炼和总结我国经济发展实践的规律性成果，把实践经验上升为系统化的经济学说，不断开拓当代中国马克思主义政治经济学新境界。"① 马克思主义是发展的、开放的科学理论，它的生命力就在于依托实践不断创新。加强马克思主义政治经济学的主流地位，不仅需要批驳形形色色反马克思主义思潮，特别是新自由主义，而且需要在实践中不断发展，分析实践中的各类矛盾，指出化解矛盾的方式和前进的方向。这正是我们坚持马克思主义政治经济学的根本目的。马克思说得好："哲学家们只是用不同的方式解释世界，而问题在于改变世界。"② 恩格斯进一步指出："马克思的整个世界观不是教义，而是方法，它提供的不是现成的教条，而是进一步研究的出发点和供这种研究使用的方法。"③ 中国特色社会主义经济实践是发展的，整个世界经济是发展的，马克思主义政治经济学也必须发展，回答层出不穷的新问题，才能不断强化它的主流地位。

根据历代马克思主义大师们的一贯思想和习近平同志的经验总结，根据我国马克思主义经济学者们的研究实际，根据我们自身的体验，要在中国的实践中发展马克思主义政治经济学，至少应当注重以下诸点。

第一，要有为人民服务的坚定立场，为共产主义事业奋斗终生的忠贞信仰。搞马克思主义不能仅限于兴趣，更不能只是为职业的需要，而是要

---

① 新华社：《立足我国国情和我国发展实践　发展当代中国马克思主义政治经济学》，《人民日报》2015年11月25日。

②《马克思恩格斯选集》第1卷，北京：人民出版社1995年版，第57页。

③《马克思恩格斯文集》第10卷，北京：人民出版社2009年版，第691页。

为无产阶级和劳动人民服务，为人类的最终解放而奋斗。现在，这种立场、意识在相当多的人中淡化了，尤其是一些年轻人只是忙忙碌碌地为赚钱、为享受而工作，不讲为党为社会为人民利益而奋斗。有的所谓经济学家宣扬："赚钱就是为人民服务"，"人为财死、鸟为食亡是颠扑不破的真理"。有的认为共产主义太渺茫，或者说"根本不可能实现"。持有这样的立场、思想、态度，对一般无知的人尚可谅解，而从事马克思主义政治经济学的专家如果这样就失去了最起码的资格。习近平同志中肯地指出："要坚持把增进人民福祉、促进人的全面发展、朝着共同富裕方向稳步前进作为经济发展的出发点和落脚点，部署经济工作、制定经济政策、推动经济发展都要牢牢坚持这个根本立场。"① 马克思主义经济学研究和教学也应当坚持这个根本立场，否则，就不可能克服为各种利益固化的形形色色的偏见，不能理直气壮地说服人。共产主义信仰是建立在对客观经济规律尤其是社会化规律深刻认识的基础上，在实践中我们一天天接近，道路是曲折的，前景是光明的。现代生产力的发展，尤其是现代科学技术社会化的发展，为它提供了物质基础，这并非渺不可及的空想，这也正是马克思主义政治经济学需要不断阐明的客观必然趋势。

第二，要坚持"唯实"的方法、深入调查研究的作风。毛泽东、邓小平反复强调马克思主义的精髓是实事求是。陈云同志总结了十五字诀："不唯书、不唯上、只唯实。交换，比较，反复。"其中，"唯实"是核心。列宁有句名言："政治经济学的基础是事实，而不是教条。"② 就目前来看，马克思主义政治经济学的研究和教学总体是健康的，但确实在一些方面存在这样那样的脱离实际的现象，如单纯演绎概念，缺乏对实际经济运行的分析；在部门经济学中存在不少短板，在不少领域缺少话语权；教学中不善

① 新华社：《立足我国国情和我国发展实践　发展当代中国马克思主义政治经济学》，《人民日报》2015 年 11 月 25 日。

②《列宁全集》第 58 卷，北京：人民出版社 1990 年版，第 86 页。

于回答实际问题，语言比较枯燥等。这就留下空当，使得西方教条盛行。许多人动辄引用西方的表述，甚至把一点点形象比喻也当作圣经。不少课堂和刊物充斥了用处甚微、玄而又玄的数学模型，在有的高校，政治经济学被边缘化，甚至被挤出课堂。要改变这种状况，马克思主义政治经济学要更多地面向实际，多研究中国和世界的现实问题，有条件的应深入企业、银行、农村、社区及各类实体，做些调查研究，多占有实际典型经验、统计材料，多了解存在的问题，然后再上升为理论。这里也要克服浮躁之风，不能蜻蜓点水或抓住个别问题便下结论。实践表明，只有深入下去，更多地占有实际材料，才能创新。写论著应当实际第一、文献第二，更不能抄袭。

第三，树立整体观，创立整体经济学。习近平同志多次要求注重整体性，要有全局意识。这是马克思主义的一个重要观点，体现普遍联系的辩证法思想。“五大理念”就是当代经济学的一个典范。他指出：“要坚持新的发展理念，创新、协调、绿色、开放、共享的发展理念是对我们在推动经济发展中获得的感性认识的升华，是对我们推动经济发展实践的理论总结，要坚持用新的发展理念来引领和推动我国经济发展，不断破解经济发展难题，开创经济发展新局面。”[①] 我们领会研究“五大理念”，应当学习他把握整体性的方法。搞经济学的不少同志往往囿于学科限制，不太关心“分外”的事，有的研究限于头痛医头、脚痛医脚，眼界不开，这就不免带有片面性、短期性。实际经济生活告诉我们，影响经济的往往不是一两个因素，而是很多看似外力的东西，比如生态、政治、文化、社会等都会制约经济运行和发展。我们在研究中既要重点关注主要经济因素，也要考虑相关因素的交互作用，而不能像新自由主义那样走入畸形思维，把一种局部的暂时的因素夸大为支配一切的根本。中国乃至世界的经济发展是极其复杂多变的，一定要把握普遍联系，处理好主要矛盾和次要矛盾的关系，

① 新华社：《立足我国国情和我国发展实践　发展当代中国马克思主义政治经济学》，《人民日报》2015 年 11 月 25 日。

创新马克思主义整体经济学。

第四，善于用马克思主义的“穿透力”敏锐地把握新时期的新特点、新趋势，提出一些前瞻性的见解。比如，目前垄断资本主义有哪些新形态、新矛盾、新趋势，需要透过表面现象深入系统地揭示。国内需要深化研究邓小平晚年担忧的两极分化问题、西化危险。再如，现在新时代面临科学技术的重大突破，新的产业革命即将来临，我们必须及时抓住这一新亮点，进行创新性研究。马克思、恩格斯把科学技术视为最革命的力量、历史的杠杆，邓小平将科学技术称为“第一生产力”，习近平进而升华为“第一动力”。我们研究经济学必须深入研究科学技术主导经济发展的规律，它正在修补扩展社会再生产的轨迹，即由原来的“四环论”（生产—分配—交换—消费）充实为“五环论”（即科技—生产—分配—交换—消费）；生产力的构成也出现新的变化，科技创新成为先进生产力的主要基因，并且形成生态生产力。由此认识科技创新的引领驱动功能，正在进入资源配置机制，形成“政府掌舵、市场配置、科技引领”的三元机制。科技成为“两只手”的“参谋长”、黏合剂，有利于创造智能型资源配置和宏观调控机制体系。在科技成果“大爆炸”的时代，也充满预料不到的风险，产生越来越多的资源错配误区，也需要科技引领，优化资源配置机制。这些当然需要进一步探研，应提升“现代化”前瞻性视力。

第五，要有海纳百川的胸怀，强化马克思主义政治经济学的开放性、包容性。我们坚持马克思主义的立场、观点、方法，不是固守一亩三分地，而是要更广泛地吸纳人类的智慧。比如对待西方经济学，不是全盘否定，而是否定新自由主义片面化观点和种种西方教条，同时要汲取西方经济学多种派别的一些科学成分，为我所用。十几年前，我提出中国经济学的发展方向应是：“马学”为魂，“中学”为体，“西学”为用。“马学”就是马克思主义，“中学”就是中国化的发展着的马克思主义，“西学”就是西方经济学。[①] 这一观点和方法得到学界的广泛认同。[②] 现在我们仍然坚持用这个原则处理好当代中国马克思主义政治经济学与西方经济学的关系，更全面反映中国和世界经济运行发展的客观规律，使之成为人类智慧的结晶。唯有如此，才能更有力地强化马克思主义政治经济学的主流地位，使其永葆青春活力。

（原载于《马克思主义研究》，2016 年第 1 期）

① 杨承训：《中国经济学的发展方向》，《人民日报》2004 年 11 月 25 日。

② 张新宁：《试论“马魂、中体、西用”研究范式的科学性——基于“三位一体”公式及相关讨论评述》，《毛泽东邓小平理论研究》2015 年第 5 期。

# 中国特色社会主义政治经济学重在彰显科学性、创新性、时代性

习近平总书记号召学习、研究、宣传中国特色社会主义政治经济学以来，广大干部、研究工作者、教师热烈响应，这对于传播当代中国马克思主义、加强和改进高校政治思想工作、推进哲学社会科学学科建设尤其重要。值得注意的是，在研究和教学中仍有沿用以往政治经济学教科书模式而忽略理论创新的苗头，未能全面彰显中国特色社会主义政治经济学的真谛和特色；有的甚至借用西方经济理论扭曲其内容。为了更深入更准确地理解它的创新意义，发挥好引领功能，应当深入领会习近平总书记的精辟论述："当代中国伟大变革，不是简单延续我国历史文化原版，不能简单套用马克思主义经典作家设想的模板，不是其他国家社会主义实践的再版，也不是国外现代化发展的翻版，不可能找到现成的教科书。"① 它必须坚持为人民做学问的理念，以研究我国改革发展稳定重大理论和实践问题为主攻方向。这就要求我们进一步解放思想，弄懂历史逻辑和理论逻辑的统一，摆脱旧的窠臼和教条，在彰显创新和特色上下硬功夫。

## 一、 立足实践： 系统总结历史和现实经验的科学逻辑特色

马克思主义不是教条而是行动的指南，是在实践中发展的科学理论。

---

① 习近平：《在哲学社会科学工作座谈会上的讲话》，《人民日报》2016 年 5 月 18 日。

恩格斯说："政治经济学本质上是一门历史的科学。"① 列宁进一步指出："政治经济学的基础是事实，而不是教条。"② 毛泽东曾说："规律不能自身说明自身。规律存在于历史发展过程中，应当从历史发展过程分析中来发现和证明规律。"③ 邓小平在探索、开创中国特色社会主义事业中，反复强调："实事求是是马克思主义精髓。要提倡这个，不要提倡本本。我国改革开放的成功，不是靠本本，而是靠实践，靠实事求是。"④ 实践第一的观点，这是马克思主义者强调的基本原则和方法，也指明了当代中国马克思主义创新的基本路径。我们应当用这些重要观点指导研究和讲授中国特色社会主义政治经济学。

我们引证这些重要论述，目的在于让人们掌握一个方法，即实践第一的观点，进而理解中国特色社会主义道路、理论、制度不是从本本上来的，而是总结实践经验，再逐步上升为理论。其思路是历史逻辑为理论逻辑的基础。我们要领会中国特色社会主义政治经济学真谛，必须首先研究它的历史逻辑，即怎样在总结历史经验、现实经验的基础上，形成系统化的理论逻辑，而不是从本本上找出处、寻章摘句。这就是坚持和创新马克思主义的统一，而依靠实践创新则是最重要的基础。

有的学者说：中国特色社会主义政治经济学是"马克思主义在中国的应用"。这话原则上没错，但问题在怎么应用？是照搬经典作家的设想、论述、语句去生硬执行，还是运用马克思主义的立场、观点、方法在实践中创新？应当说，后一种做法是真正的马克思主义范式。从历史实践上说，马克思主义是在实践中发展的，其个别结论也会过时，比如马克思恩格斯的"共同胜利"论，列宁就没有硬搬，而提出了在一个或几个国家"首先取得胜利"的论断。俄国十月革命胜利证明这一点。再如，中国的民主革

①《马克思恩格斯选集》第3卷，北京：人民出版社1989年版，第489页。

②《列宁全集》第8卷，北京：人民出版社1989年版，第86页。

③《毛泽东文集》第8卷，北京：人民出版社1999年版，第106页。

④《邓小平文选》第3卷，北京：人民出版社1993年版，第382页。

命走农村包围城市的道路，在以往经典作家本子里就找不到依据。同样，中国特色社会主义政治经济学的许多观点、结论，也不会在经典作家的书本里找到现成的表述，而是有大的突破。这就是逻辑的特色。

习近平总书记指出："今天，时代变化和我国发展的广度、深度远远超出了马克思主义经典作家当时的想象"①。一是在中国社会主义制度已经建立的基础上，进行改革成为必然；二是在苏联计划经济体制僵化，直到苏东剧变的背景下，西方敌对势力宣称"历史终结"，中国作为大国进行有中国特色的改革开放发展；三是世界一时变为一极，以美国为首的帝国主义独霸世界，集中力量挤压、遏制并多方面颠覆中国的社会主义制度。在这样复杂的情形下，我们杀出一条血路，在实践中勇敢创新政治经济学。中国特色社会主义政治经济学主要不是研究怎样建立社会主义经济，而是研究社会主义经济如何更加完善优化、长治久安、永葆活力、永不变质的问题，是改革开放发展的政治经济学。这在经典作家的本子中并无更多的具体论述，因为当时还没有这样的实践，更未预料到社会主义也会发生这样深刻的变化。

为了认识中国特色社会主义政治经济学的逻辑"特色"，应当首先明晰它脱颖而出的历史背景。它产生于我国社会主义建设的基础之上，中国已经初步建立起现代工业的体系，拥有一定的综合国力，也积累了许多成功经验；二是走西方的道路，那就等于完全葬送社会主义事业，最终变为帝国主义附庸，人民绝不会答应。鉴于此，必须勇敢地另辟蹊径，在总结以往国内外社会主义发展经验教训的基础上，也借鉴国外一些成功的做法，从中国的实际出发，勇于"走自己的路"，即社会主义自我完善的体制改革和打开封闭大门的对外开放。

然而，这里有个前提，就是弄清到底"什么是社会主义"，进而探寻"怎样建设社会主义"。这实质上是社会主义的本质问题。我们总结了几十

① 习近平：《在庆祝中国共产党成立95周年大会上的讲话》，《人民日报》2016年7月2日。

年搞社会主义的经验。社会主义是什么，马克思主义是什么，过去我们并没有完全搞清楚。“问题是什么是社会主义，如何建设社会主义。我们的经验有许多条，最重要的一条是要搞清楚这个问题。”①

人们不禁要问：科学社会主义诞生了100多年，那么多人为之奋斗牺牲，难道还没弄清什么是社会主义吗？这是因为社会主义是一个前无古人的全新制度，它的真谛不是靠书斋中的概念推导所能解答的，而是一个实践、认识、再实践、再认识，从现象到本质的深化探索过程。没有成功与失败历史经验的反复比较，社会主义最本质最核心的东西不可能一下子被揭示出来。以往比较流行的是斯大林的概括，社会主义的主要特征有三点：①公有制；②按劳分配；③计划经济。现在看来，其主要问题是出在用具体形式把本质混淆起来，以至于离开了本质规定而片面地夸大具体特点。例如，脱离生产力水平要求纯粹化的公有制；按劳分配主要表现为等级工资制；特别是对计划经济形成一种偏颇认识，不但排斥市场经济，而且规定为指令性经济，过分强调高度集中统一。后来就把这三个特点视为社会主义本质特征，引发了一系列严重弊端。邓小平通过对苏联和中国等社会主义建设的正反两方面经验做深入研究，从中国国情与实际出发，运用马克思主义世界观和方法论回答了社会主义本质这一重大命题。1978年3月10日，他在国务院第一次全体会议上提出：“什么叫社会主义，社会主义总是要表现它的优越性嘛。它比资本主义好在哪里？每个人平均六百几十斤粮食，好多人饭都不够吃，二十八年只搞了二千三百万吨钢，能叫社会主义优越性吗？干社会主义，要有具体体现，生产要真正发展起来，相应的全国人民的生活水平能够逐步提高，这才能表现社会主义制度的优越性。”②在以后十几年中，他对此讲了不下十次，直到1992年他做了精辟概括：“社会主义的本质，是解放生产力，发展生产力，消灭剥削，消除两极分

①《邓小平文选》3卷，北京：人民出版社1993年版，第116页。

②《邓小平年谱》，北京：中央文献出版社2004年版，第277页。

化，最终达到共同富裕。”①

对于邓小平的概括，至今仍有人不甚理解。例如说：发展生产力怎么算社会主义本质？任何社会都要发展生产力。这里需要理解：①当时针对的是宣传贫穷的社会主义。当时邓小平曾反复批判反对发展生产力，单靠上层建筑和所有制过渡到共产主义的谬论。②社会主义是自觉发展生产力，并要获取最先进的生产力，与其他社会制度盲目发展不同。③“发展生产力”与“解放生产力”并提，就意味着自觉改革。

就整体而言，党的宗旨和社会主义目的（实质）是轴心，其他一切都是实现它的手段、方法和进程。基于历史逻辑，中国特色社会主义政治经济学的理论逻辑应以“什么是社会主义”即“社会主义本质”为起点，因为只有弄清什么是社会主义才能考虑它的基本构成要素和运行特征。苏联的教科书是从生产资料所有制开始，当时主要解决的问题是建立新的经济制度，先讲所有制关系是必要的。但是，当时它还没有真正弄清社会主义整体概念和宗旨，因此，不可能预料公有制及其上层建筑也会变质，因此缺乏洞察力。而中国特色社会主义政治经济学，遇到的问题不是如何建立公有制问题，而是如何完善、优化社会主义整体，包括完善公有制本身及所有制结构。历史地看，如果对社会主义整体本质有个全面的把握，仅有公有制形式也不能体现社会主义宗旨，比如守着公有制形式而不发展生产力陷入长期贫困，也不是真正的社会主义；况且公有制的主体国有经济，其所有者是国家，性质是由国家的性质决定的，国家性质变了它会变成国家资本主义或封建的国有制经济；再者，公有制的实现形式也需要按社会主义宗旨不断完善、改革。由此可见，只有从整体上弄清社会主义本质，才能明确坚持和改革公有制的方向、道路以及所有制的整体配置。从哲学意义上讲，社会主义整体宗旨属本质层面，所有制乃是本质的表现形式和存在条件。历史表明，公有制经济是系统性最强、层次很多的所有制结构

①《邓小平文选》第3卷，北京：人民出版社1993年版，第373页。

形态，它与生产力、交换关系、上层建筑等关联最密切，需要从社会主义整体把握这一经济基础。这也是特色之一。

再从发展进程看，只有明确了“什么是社会主义”（本质），才能找到“怎样建设社会主义”的途径和形式，才可能明确改革开放的方向和方式。这是依托历史逻辑概括出理论逻辑。20 世纪 70 年代末，邓小平在总结历史经验的基础上，提出社会主义市场经济和改革开放。他创造性地提出：“改革是社会主义制度的自我完善”。这就是习近平总书记讲的要改什么、不改什么的问题。要改的是妨碍生产力发展的体制障碍，因为生产力发展是最活跃的因素，总是要不断解放，所以无终点；不能改的是社会主义基本制度、四项基本原则，这也是生产力发展、人类解放的最根本保证。开放也属于改革，是进一步扩展社会主义生产力发展的空间，适应生产社会化规律到经济全球化的大趋势，在更广大的范围内解放生产力。用习近平总书记的话说，改革是倒逼出来的。这就是历史逻辑。

中国特色社会主义政治经济学的逻辑特色还表现在由历史实践不断检验道路、理论、制度的优势，不断克服短板。在改革开放的近 40 年过程中，中国版的政治经济学是经过多个发展的小阶段检验的，可谓不断回头看，不断在新实践中开拓新境界。近 40 年来，我国经济总量从世界第 11 位进入世界第 2 位，综合国力快速增强，人民生活明显提高，经济水平、科技创新等实力大体相当于美国的 2/3，跨过了西方几百年走过的漫长路，成为世界经济发展的强大引擎。这就是历史逻辑的基础，我们应当用大量的事实、数据讲好中国的故事和中国的逻辑，以此为平台构建崭新的理论逻辑。

## 二、系统比较：突出中国特色社会主义政治经济学创新理论特色

怎样才能使研究和讲授突出中国特色社会主义政治经济学的创新理论特色？有比较才能鉴别。不言而喻，与西方经济学比较，其指导思想、服

务宗旨、理论观点乃至表述方式，存在根本性的差异。必须有明确的认识：我们对西方经济学虽有所借鉴，但根本上是南辕北辙。例如社会主义市场经济概念同新自由主义宣扬的万能市场经济（实际上是资本主义市场经济），属于不同的性质、不同的分析模式，不能混淆。这正是目前教学中的重大问题。同时，还要系统地比较以往的政治经济学，主要是苏联模式的政治经济学社会主义部分，应当按照毛泽东的笔记和谈话（《毛泽东文选》第八卷）的基本观点，加以鉴别；尤其重要的是用中国特色社会主义理论体系，与之认真比较，从历史逻辑入手，分析二者在观点、范畴、体系、方法论等各主要方面的差别，澄清正误及其带来的历史后果，彰显中国特色社会主义政治学的真理性、创新性、实践性。没有这样的功夫，很难摆脱以前的窠臼和阴影。

基于历史逻辑与理论逻辑统一及完善、优化社会主义制度的任务，中国特色社会主义政治经济学的结构应当有特殊的系列，主要可分五个层次：①总论（原理、背景、起点、动力即改革）；②生产关系和交换关系（初级阶段、基本经济制度、基本分配制度，社会主义市场经济、对外开放）；③发展生产力（五大理论：创新特别是科技创新，跨入新时代、协调、绿色和保护生产力）及新常态下供给侧结构性改革；④勾勒历史大逻辑（大国整体经济学），即治国理政理论和战略；⑤国际经济理论。关于马克思主义政治经济学的一般原理及其历史发展可在总论中阐述。就理论观点来说，应当主要论证和讲述带有突破性的内容和范畴。比较突出的可举下列三点。

关于治国理政的新理念、新思想、新战略。包括四个全面，重点在于彰显它的系统性、整体性，是全面正确处理社会主义社会内外复杂矛盾的集成，关系到国家的长治久安。这属于整体经济学，是以前的马克思主义者没有解决的重大课题。习近平总书记指出：国家治理体系和治理能力是一个国家制度和制度执行能力的集中体现。国家治理体系是在党领导下管理国家的制度体系，包括经济、政治、文化、社会、生态文明和党的建设等各领域体制机制、法律法规安排，也就是一整套紧密相连、相互协调的国家制度；国家治理能力则是运用国家制度管理社会各方面事务的能力，包括改革发展稳定、内政外交国防、治党治国治军等各个方面。国家治理体系和治理能力是一个有机整体，相辅相成，有了好的国家治理体系才能提高治理能力，提高国家治理能力才能充分发挥国家治理体系的效能。治国理政是邓小平“成套设备”“更加定型的制度”思想的发展。治国理政的理论拓展了政治经济学研究的对象：不仅研究生产力和生产关系，而且要研究社会主义整体及其繁荣昌盛的可持续发展之路。

关于社会主义初级阶段和它的基本经济制度、分配制度。马克思当时根据发达国家的情况，设想共产主义分低级阶段（社会主义）和高级阶段，没有预想到社会主义先从经济比较落后的单一国家早于西方取得成功。中国特色社会主义政治经济学依照生产关系一定适合生产力发展水平的原理，从中国的实际发展水平出发，进行重新定位，提出社会主义初级阶段的论断，并认定这是最大的实际，确定这一阶段的主要矛盾。同时，对所有制结构进行改革，形成公有制为主体、多种所有制经济共同发展和按劳分配为主、多种分配方式并存的基本分配制度，又强调发挥国有经济的主导作用，丰富了社会主义经济理论。这是主要矛盾的主要方面决定事物性质和两点论在所有制配置和分配领域的运用，并在改革中选择公有制多种实现形式，改变了纯而又纯的公有制模式；同时要善于处理由此产生的一系列矛盾，并同私有化划清界限。这是以往的政治经济学所没有的。当年马克思、恩格斯设想的公有制是全部国有制（后来也注意了合作制的发展），列宁、斯大林提出公有制的两种基本形式（全民所有制和集体所有制）。基于实践的局限，他们并未想到公有制改革的一系列问题。我国的公有制改革是从农村集体经济开始（从联产承包责任制到现今的土地所有权、承包权、经营权“三权分离”）；接着是国有企业不断深化改革，除了多次兼并重组以外，进行市场化和混合所有制改革变动最大。应当讲明改革的原理，既坚持国有经济的本质，又争取多种形式，适合现代化生产力发展。而我国不但有公有制自身的改革，还有多种所有制共同发展的重新配置。

关于社会主义市场经济论。这是在经典作家书本中找不到的新观点、新范畴，也是西方经济学最反对并多方歪曲的新内容。邓小平提出社会主义也可以搞市场经济，不是从本本上摘引出来的，不是凭空臆想演绎出来的，更不是从西方照搬过来的，而是在历史实践经验总结基础上进行的科学抽象深化而创新的模式。正如习近平总书记所说："提出建立社会主义市场经济体制的改革目标，这是我们当代建设中国特色社会主义进程中的一个重大理论和实践创新，解决了世界上其他社会主义国家长期没有解决的一个重大问题。"① 归结起来，社会主义者有三次取消商品、市场的失败，三次利用商品、市场挽救困难局面，两个限制商品、市场的长时期运行，不利于生产力发展。三次失败：苏联战时共产主义时期（1918—1920）、中国人民公社化之初（1958 年）、柬埔寨红色高棉消灭商品货币（1975 年彻底垮台）。三次挽救困难局面：苏联新经济政策（1921—1928）；中华人民共和国成立初期"四面八方"政策，利用市场三年恢复战争创伤（1949—1952）；中国暂时困难时期（1959—1962），放开市场，很快出现转机；十一届三中全会后开始放开市场，出现更大的转机。这表明，何时消灭商品、市场关系，何时经济发展就会遇到重大挫折，乃至彻底失败；何时利用好商品、市场关系，何时困难就会好转，出现繁荣景象，尤其是我国改革开放之后最为明显。不过，虽然前两次出现暂时的好转，却仍有两个很长的时期实行高度集中的计划经济体制（计划分配、统收统支、统购统销等），限制商品市场经济发展：最典型的是苏联计划经济体制（1929—1991，中间有 1941—1945 年战争时期）；中国建设初期基本仿照苏联计划经济模式，长达近 25 年（1953—1978）。虽然经济有很大发展，但较长时间内则限制了经济活力。中国也接受过苏联的一些教训，提出适合自己实际的方针

---

①《习近平谈治国理政》，北京：外文出版社 2014 年版，第 94 页。

（如综合平衡、统筹兼顾、以农业为基础以工业为主导、地区之间平衡、集中力量办大事等等），在一定程度上发展商品生产，但始终未摆脱计划体制大框子，在很大程度上限制社会主义优越性（虽然取得巨大成就）。然后，邓小平跟资本主义国家做了对比。他说："社会主义同资本主义比较，它的优越性在于能做到全国一盘棋，集中力量保证重点。缺点在于市场运用得不好，经济搞得不活。计划与市场的关系问题如何解决？解决得好对经济发展就很有利，解决不好，就会糟。"① 后来经十几年实践，才确立了社会主义市场体制。

对于社会主义和市场如何结合？邓小平讲不存在根本矛盾，把市场当作一种发展经济的方法、手段。现在我们应当进一步深化理解，真正能使二者结合的是市场经济的二重性，即生产力属性和生产关系属性。生产力属性即生产社会化属性，社会分工与社会联系的统一。社会分工是基础，然后形成联系，发展为市场。正如列宁所说："商品交换表现着各个生产者之间通过市场发生的联系。货币意味着这一联系愈来愈密切，把各个生产者的全部经济生活不可分割地联结成一个整体。资本意味着这一联系进一步发展。"② 市场经济伴随着社会化生产的提高、扩展而发展着，同时又推进着社会化生产力的发展。从总体上，市场经济是社会化生产的构成要素，是实现社会化联系的基本形式。没有社会化生产就没有市场经济；没有市场经济也就难于构建社会化生产。二者的不解之缘，根植于生产和交换两大经济坐标交互作用构成的整体运动。这种运动本质上是一个自然过程。生产关系属性，即交换中形成的利益关系，不仅是私有制，而且包括一切经济主体。公有企业作为市场经济的一个主体，完全可以参与乃至主导交换关系。而这些利益关系也同所有制关系结合在一起（包括个人所有、集团所有、国家所有），既受所有制关系的制约，又影响所有制关系，进而同

①《邓小平文选》第3卷，北京：人民出版社1993年版，第16—17页。
②《列宁全集》第23卷，北京：人民出版社1990年版，第46页。

分配联结起来，以至形成多种多样的分配形式和分配手段。

我们不仅要研究市场经济的一般规律，更要研究社会主义市场经济的特殊规律。邓小平经过长时间的观察、思考，做了下面的表述：“社会主义市场经济优越性在哪里？就在四个坚持。四个坚持集中表现在党的领导。”① 这实际上是对社会主义市场经济的性质做了明确的界定，也可视为社会主义市场经济特殊规律的内涵。同时要认真对待其两面性，兴利除弊，发挥其活力，抑制、克服其消极面。

习近平总书记对社会主义市场经济理论进一步创新，初步梳理，大体有以下几点。①“坚持党的领导，发挥党总揽全局、协调各方的领导核心作用，是我国社会主义市场经济体制的一个重要特征。”② 这阐明了社会主义市场经济体制的政治特征。从经济层面上理解，可以说党的领导也是社会主义市场经济体制“最本质的特征”。②提出发挥市场在资源配置中的决定性作用和更好地发挥政府作用。要讲辩证法、两点论，把“看不见的手”和“看得见的手”都用好。政府和市场的作用不是对立的，而是相辅相成的；也不是简单地让市场作用多一些、政府作用少一些的问题，而是统筹把握，优势互补，有机结合，协同发力。③将政府归结为：放（开）、管（理）、服（务），要严厉打击经济市场乱象和违法活动。④新常态下供给侧结构性改革，是市场与政府发挥作用的结合，丰富社会主义市场经济资源配置理论。⑤指出金融的三方面两分法，提出建立中国特色社会主义金融体制。③ ⑥社会主义市场经济中的大安全观，研究社会主义市场经济的风险性，特别是对党和国家的影响，提出一系列防范理念和举措。

①《邓小平年谱（1975—1997）（下）》，北京：中央文献出版社2004年版，第1363页。

②《习近平谈治国理政》，北京：外文出版社2014年版，第118页。

③《毛泽东邓小平理论研究》2017年第5期。

## 三、把脉时代：新发展理念、“打造人类命运共同体”的前瞻性导向特色

中国特色社会主义政治经济学是当代社会主义的经济学说，是21世纪马克思主义的重要组成部分。它不仅用马克思主义总结了适合社会主义发展的历史经验，而且运用辩证唯物主义、历史唯物主义的方法论洞察中国和全球的发展趋势，把脉时代。面对复杂的形势，需要为我国和世界人民廓清前进方向和基本方略。它的导向特色，体现了时代的本质和对当前世界发展规律的驾驭。在这方面，有许多重要的理论阐述。本文突出两个重点加以探索。

新发展理念。习近平总书记提出的创新发展、协调发展、绿色发展、开放发展、共享发展，不仅在中国发展科学中掀开新篇章，而且在经济学发展史上突出了时代的新特征。“五大发展新理念”，体现了遵循经济规律、自然规律、社会规律的交汇合力，突出了社会科学和自然科学的交叉运用，揭示了中国社会主义发展规律体系，对今后世界社会主义发展同样具有导向价值。

以往的政治经济学乃至各色各科的经济学，主要限于经济现象的分析，忽视甚至排斥它同自然科学和技术的功效，把视野局限于狭小的空间，不同程度上忽视自然界和自然科学对经济生活的巨大影响力，从而得出一些带有片面性、局限性的判断，如边际效用论、资源稀缺论和资源枯竭论。马克思主义经典作家早就注意了这种倾向，在《资本论》《自然辩证法》中批判了不重视自然科学的观点。列宁指出：“经济学家永远向前看，向技术进步这方面看，否则他马上就会落后。”①斯大林、毛泽东也很重视科学技术，尤其是邓小平提出“科学技术是第一生产力”的著名论点，然而并未

①《列宁全集》第5卷，北京：人民出版社1989年版，第120页。

引起经济学界一些学者的关注。中国新自由主义的代表人物用似是而非的语言说“制度比技术更重要”，实质上是排斥科学技术。迄今为止，对科学技术在经济发展中的作用，经济学人重视者仍为数不多，以至知之较少，难以正确认识它的巨大功效。外国人形容中国科技创新成果像下饺子一样层出不穷，而经济学界则反应淡然。这正是经济研究中的短板，大大落后于时代。

习近平总书记锐敏地认识到高科技时代（或智能时代）已经到来，新科技的大突破即将来临。鉴于此，他把创新摆在了五大发展新理念的首位，提出科技创新就是发展的“第一动力”，倡导崇尚创新，以科技创新为新的发展动力，将此作为新常态的发展原则。这就改变了经济发展的老路，突破原来政治经济学教科书的眼界，彰显了中国特色社会主义经济的新亮点。可以说，这对于政治经济学适应实际生活的经济转型而言，实现理论思维与研究范式的转型，可谓是一次革命性的创新，具有时代的导向作用。

与此相连的绿色发展，实现人与自然的和谐，也增添了政治经济学的新内容，同样具有导向作用。历史证明，经济发展不尊重自然规律，必然受到自然的惩罚。放大视野，经济规律不过是自然规律在社会中的表现形式，是它的组成部分。不研究生态经济和生态规律，是短视和短腿的经济学。中国特色社会主义政治经济学，必须强化绿色发展的导向特色。

如果从总体上说，习近平总书记提出的“五大发展理念”，是一个经济规律的合力体系，加上对社会主义市场经济规律的论述，就涵盖了中国特色社会主义发展的规律综合系统。这个系统主要包括八个方面的内容。①扩展生产力存量，增加市场现实需求的产品数量，提高质量，淘汰落后产业和产品，即简单式的扩大外延再生产，这在任何时候都是必要的，但不能提升质量和档次。②解放生产力，通过深化改革，扫除发展生产力的障碍，不断增强发展的新动力（前已论述），这是邓小平的创新，即“发展”生产力与“解放”生产力并提。③创新生产力，主要是利用科技创造更先进的生产力，引领经济高质量整体发展。这是发展动力路径的转换，是时代的特殊要求。④协调生产力，推动产业间的平衡互动，促进生产力的布局合理，重要是消除城乡二元结构，实现新型城镇化，还要优化微观经济与宏观经济的整体协同。⑤绿色生产力，即保持和优化生态环境，发展生态生产力，这是可持续发展的重要保证，是社会发展理论中的最新要求。⑥保护生产力，主要是实现安全发展，并且要使这种保护机制系统化，这是现代经济生活中一个越来越突出的新问题。⑦开放发展生产力，即面向世界，参与全球生产力发展，既要吸收国外最先进的要素，更要逐渐领跑全球。⑧共享发展生产力，即将完善生产关系和发展生产力结合起来，实现共同富裕，体现社会主义本质要求。在实际运行中，这八个方面互相渗透、交叉、融合，全面体现了社会主义本质要求，时代的特点和客观趋势。这种全方位多维度发展生产力，是对发展经济学和生产力学说的丰富，也是大国经济的特殊需求。可以说，新发展理念增强了中国特色社会主义政治经济学的时代特色，使我们拨开迷雾，明确了方向和着力点，对中国和世界发展都有重要的导向功能。

打造人类命运共同体。这是当前中国特色社会主义政治经济学的重要内容，既是理论创新，反映了经济全球化的新趋势，也是开展国际经济活动的战略策略，体现了人类大多数的共同愿望，已写入联合国文件。其导向性在于吸收全世界人民以共商、共建、共享为宗旨和平发展经济的凝聚力，以鲜明的旗帜和高超的艺术对决霸权主义，以经济的和平发展为主战场，号召和团结全世界人民及各进步力量共同奋斗。这实际上也是基于对世界大形势的科学判断做出的世界经济理论创新，回答打造人类命运共同体的必然性、战略性和推进的层次性，并向世界人民拿出中国方案，体现了长远目标和近期具体目标的结合，也便于各类国家、各方面、各阶层接受。诚然，现在的世界仍然处于一霸独大的时代，但力量对比发生了根本性变化，生产社会化已经扩展为经济全球化，需要用新的理论和策略指导发展。习近平指出:“当今世界,各国互相依存、休戚与共,我们要继承和弘扬联合国宪章的宗旨和原则,构建以合作共赢为核心的国际关系,打造人类命运共同体。”[①] 这正是经济全球化的客观趋势转化为凝聚人心、指导发展的大逻辑,以共同发展经济为主,引领经济全球化。

为推进实现“打造人类命运共同体”的目标,习近平提出全球治理的方略和“一带一路”倡议构想。他说:建设“一带一路”,是党中央做出的重大战略决策,是实施新一轮扩大开放的重要举措。习近平总书记形象地指出,这“一带一路”,“就是要再为我们这只大鹏插上两只翅膀,建设好了,大鹏就可以飞得更高更远”[②]。

世界瞩目的“一带一路”,可谓“打造人类命运共同体”实践的佐证、创新的理论诠释。为什么短短三年有65个国家参与,成就造福人类的显著业绩?为什么2017年5月“一带一路”高峰论坛有130个国家、70多个国际组织参会,习近平总书记的演讲获得如此热烈的反响?就在于它确实表达了世界人民的愿景。习近平总书记强调“坚持和平合作、开放包容、互学互鉴、互利共赢”的丝路精神。可以概括为五大理论创新:①和平合作力量与战争霸权力量的博弈;②共商、共建、共享发展经济趋势与侵略、掠夺、不平等国际政策的较量;③引领经济全球化与逆经济全球化、保护主义的对决;④发展中国家团结发展优势与西方横行世界的竞富;⑤中国治理方案与新殖民主义、单边主义旧模式国家的抉择,国际经济力量对比格局将出现更大的调整。这是中国特色社会主义政治经济学国际理论的新境界,对人类发展前景发挥着巨大的导向功效。

当然,具有导向意义的还不只以上两点,此处不再一一列举。不过,有一个基本方法就是“问题导向”,它使得中国特色社会主义政治经济学具有导向的巨大魅力。我们应当注重研究国内外的重大实际问题和理论问题,

---

①《习近平总书记系列重要讲话读本》,北京:学习出版社、人民出版社2016年版,第264页。

②《习近平总书记系列重要讲话读本》,北京:学习出版社、人民出版社2014年版,第266页。

比如，当前中国的改革发展还有哪些重大问题，如何实现社会主义市场经济资源配置机制更优化，怎样认识和正确处理还在扩展的两极化的苗头，怎样壮大公有制经济和规导多种成分，需要在理论和实践中解决哪些问题等。国际问题就更多。总之，要以问题导向引领理论研究不断深化，进而善于解疑释惑，回答现实和长远的重大问题。这恰恰是中国特色社会主义政治经济学生命力之所在。

（原载于《思想理论教育导刊》，2017 年第 7 期；杨承训、乔法容）

# 经济学革命：用新发展理念统领发展全局

## ——学习《习近平关于社会主义经济建设论述摘编》

2017年5月出版的《习近平关于社会主义经济建设论述摘编》，是我国新时期社会主义经济建设的思想行动指南，开拓了中国特色社会主义政治经济学新境界。可以说，坚持以人民为中心的发展思想，用新发展理念统领发展全局，在当代马克思主义政治经济学发展中具有里程碑意义。

2017年7月26日，习近平指出："中国特色社会主义不断取得的重大成就，意味着近代以来久经磨难的中华民族实现了从站起来、富起来到强起来的历史性飞跃，意味着社会主义在中国焕发出强大生机活力并不断开辟发展新境界，意味着中国特色社会主义拓展了发展中国家走向现代化的途径，为解决人类问题贡献了中国智慧、提供了中国方案。"① "发展理念是发展行动的先导，是管全局、管根本、管方向、管长远的东西，是发展思路、发展方向、发展着力点的集中体现。"② "坚持创新、协调、绿色、发展、开放、共享的发展理念，这五大发展理念不是凭空得来的，是我们在深刻总结国内外发展经验教训的基础上形成的，也是在深刻分析国内外发

---

① 新华社：《高举中国特色社会主义伟大旗帜　为决胜全面小康社会实现中国梦而奋斗》，《人民日报》2017年7月26日。

②《以新的发展理念引领发展，夺取全面建成小康社会决胜阶段的伟大胜利》，源自《十八大以来重要文献选编》（中），北京：中央文献出版社2016年版，第8774页。

展大势的基础上形成的，集中反映了我们党对经济社会发展规律认识的深化，也是针对我国发展中的突出矛盾和问题提出来的。”[①] 在笔者看来，它本身也是一组理论集成，揭示了社会主义在新时代发展的规律体系，科学归纳了认识和运用经济规律、自然规律、社会规律的聚合力量，通过社会科学与自然科学的交叉融合和深化，拓展了中国特色社会主义政治经济学，可谓当代马克思主义政治经济学的新境界，是经济学科的一次革命性跨越。

## 一、开拓驾驭自然规律推动经济社会发展的新坦途

习近平立于历史潮头，洞察了时代发展的新趋势，研究了科学技术面临的新突破及其对人类经济社会发展的决定性影响，及时指出在遵循经济规律的同时，必须以更大的精力研究自然规律日益强劲的作用。这就是五大理念提出的大时代背景，特别是把创新发展放在首位，同时关注人与自然的和谐关系，即绿色发展。这是对传统政治经济学的重大突破。

### （一）“第一动力”论改写生产力递进史：转换经济动因，步入发展新境界，带来经济学说革命

客观世界的发展是不以人的意志为转移的，它往往以倒逼的形式迫使人们接受新趋势的压力，关键在于人们能不能自觉地从新的端倪洞察即将来临的大势。真理往往首先被少数人发现并掌握。作为当代马克思主义领路人的习近平，最早预察：“老路走不通，新路在哪里？就在科技创新上，就在加快从要素驱动、投资规模驱动为主向创新驱动发展为主的转变上。”[②] 他敏锐地捕捉着新生产力发展变革的新因素，做出“第一动力”论的理论概括：“创新是引领发展的第一动力。抓创新就是抓发展，谋创新就是谋未

---

①《以新的发展理念引领发展，夺取全面建成小康社会决胜阶段的伟大胜利》，源自《十八大以来重要文献选编》（中），北京：中央文献出版社 2016 年版，第 825 页。

②《习近平谈治国理政》，北京：外文出版社 2014 年版，第 120 页。

来。适应和引领我国经济发展新常态，关键是要依靠科技创新转换发展动力。”[①] “把创新摆在第一位，在于创新是引领发展的第一动力，抓住了创新，就抓住了牵动经济社会发展全局的‘牛鼻子’。”[②] 这个概括为我国经济发展转型、动力转换指明方向，从时代特点出发突破以往政治经济学，特别是西方经济学的局限，开阔了人类社会发展的视域，标志着生产力递进历史跨入一个新的境界。

以往认定生产力要素主要包括三个方面：劳动、工具、资源（劳动对象）。西方经济学则主要限于劳动与资本。西方经济学以前把发展的动力限于“三驾马车”，即投资、出口、消费，而后又把投资作为发展的第一动力。科技因素或排除于生产要素之外，或者排在从属地位甚至忽略不计。这条老路使得资源近于枯竭、环境日益恶化、产品质量下降、经济增长日趋滞缓。于是西方经济学界出了一些似是而非的怪论，什么“资源极限论”“边际效应递减论”，好像人类经济发展已无希望，其实这有悖于人类社会发展的规律。自然科学早就证明，宇宙是无限的，可利用的大自然资源是无限的，关键在于人们扩大和深化对它的认识以及科学利用。物质是不灭的，可以无限转化它的存在和运动形态，关键是能够循环利用。这里就产生了“有限”和“无限”的辩证关系，决定的因素在于科学技术的发展和人们对它的合理运作。经过人类万年的生产活动，表层的比较好利用的资源越来越少，更深更广的资源需要日益更新的科学技术开拓新的空间。所以必然出现经济的大转型。世界如此，中国也如此。这就必须从根本上转换生产力发展的动力，即运用科技创新，在人与自然和谐共处的前提下，改造提升旧资源、发掘利用新资源。正如邓小平所说：科技力量是无穷无尽的。习近平进一步形容：“科技创新，就像撬动地球的杠杆，总能创新令

①《习近平关于科技创新论述摘编》，北京：中央文献出版社2016年版，第7页。

② 习近平：《在省部级主要领导干部学习贯彻党的十八届五中全会精神专题研讨班上的讲话（2016年1月18日）》，北京：人民出版社2016年版，第8—9页。

人意想不到的奇迹。”[①] 社会经济发展动力转向主要依靠科学技术，它成为第一动力，乃是历史的必然，谁认识得早，谁的主动权就大。生产力的发展史就是这样要求人类的。历史进入新阶段，我们应当深化认识“第一动力”论的里程碑意义。

习近平在马克思主义经典作家论述科技重要性的基础上，进一步研究了新时代科技发展的新趋势、新特点，要求把科技创新当作推动发展最重要的环节。当今世界，谁牵住了科技创新这个“牛鼻子”，谁走好了科技创新这步先手棋，谁就能占领先机、赢得优势。我国经济总量已跃居世界第二位，同时发展中不平衡、不协调、不可持续问题依然突出，人口、资源、环境压力越来越大，拼投资、拼资源、拼环境的老路已经走不通。老是在产业链条的低端打拼，老是在“微笑曲线”的底端摸爬，总是停留在附加值最低的制造环节，而占领不了附加值高的研发和销售这两端，不会有根本出路。块头大不等于强，体重大不等于壮，虚胖不行。我们在国际上腰杆能不能硬起来，能不能跨越“中等收入陷阱”，很大程度上取决于科技创新能力的提升。科技创新这件事，等待观望不得，亦步亦趋不行，要有一万年太久、只争朝夕的紧迫感和劲头，快马加鞭予以推进。当然，科学发展是不可能一万年的事情朝夕就办成的。[②]

关于怎样实施“第一动力”论的战略思想，习近平指出，“当前，我国科技创新已步入以跟跑为主转向跟跑和并跑、领跑并存的新阶段”[③]。经过多年持续不懈努力，我国建立了比较雄厚的科技和经济基础，经济实力、科技投入、人才力量、设备水平、研发水平等逐步接近世界先进水平，靠引进越来越难以满足经济社会发展需求。推动我国经济转型升级、提升国

---

① 习近平：《在中国科学院第十七次院士大会、中国工程院第十二次院士大会上的讲话》，《人民日报》2014年6月10日。

② 中共中央文献研究室：《习近平关于科技创新论述摘编》，北京：中央文献出版社2016年版，第26—27页。

③ 新华社：《关于〈中共中央关于制定国民经济和社会发展第十三个五年规划的建议〉的说明》，《人民日报》2015年11月4日。

际分工地位，迫切需要科技创新上一个新台阶，迫切需要在一些领域继续发挥后发优势的同时，在更多领域争取先发优势，以越来越多的领先科技成果领跑全球。从历史经验和当前国际竞争实际看，只有发挥先发优势的领先型经济，才能在世界经济结构大调整中占据制高点，才能实现中高端水平的发展。

创新驱动是一个系统工程。要处理好“并联式”发展和“非对称”发展的辩证关系。习近平说，西方发达国家经过了一个“串联式”发展过程，工业化、城镇化、农业现代化、信息化顺序发展，用了200多年时间；我国则用几十年赶上它们，必须是一个“并联式”过程，其中科技要发挥重要作用。[①]“我国科技如何赶超国际先进水平？要采取‘非对称’战略，更好发挥自己的优势，在关键领域、卡脖子的地方下大功夫。”[②] 这里“并联式”发展和“非对称”发展是辩证的关系：一个全面，两个突破。一个全面是指现代化整体；两个突破，一是科技首先突破，二是科技中又要先重点突破，以此带动全面现代化。

与此同时，习近平还提出注意科技创新的风险性。一是研究实验中有风险，要允许失败；二是科技越高端风险就越大，最明显的是核能的利用；三是有些人还会利用高科技做危害国家和人民利益的事，信息技术最为明显，如信息诈骗、网络毒害等；四是国际斗争特别是国际斗争中的安全问题，现在已经形成，网络侵犯和网络战争及其他新式武器的出现，影响综合国力。所以，习近平提出的大安全观也包括利用高科技产生的安全问题。以上这些，都应当是中国特色社会主义政治经济学的新内容，是经济科学的重大创新。

实践是检验真理的唯一标准。仅十八大以来，我国“主要创新指标已进入世界前列，科技创新的系统能力显著提升。我国已成为全球第二大研

① 中共中央文献研究室：《习近平关于科技创新论述摘编》，北京：中央文献出版社2016年版，第25页。
② 中共中央文献研究室：《习近平关于科技创新论述摘编》，北京：中央文献出版社2016年版，第42页。

发投入大国和第二大知识产出大国”。与此同时，“重大科技创新成果不断涌现，加快塑造发挥先发优势的引领型发展”。值得注意的是，“我国科技创新的整体能力显著提升，科技创新格局发生历史性转变：科技发展水平从以跟踪为主步入跟踪和并跑、领跑并存的历史新阶段，这是近代以来未曾有过的重大改变，表明我国科技发展站上全新的历史起点；我国已成为全球多极化创新版图中日益重要的一极，在主动布局和全方位融入全球创新网络方面迈出历史性步伐”①。

综上所述，应当把新发展理念，首先是科技创新是“第一动力”的观点、战略纳入中国特色社会主义政治经济学，改变人们的传统观念，冲破旧经济理论的狭隘观念，促进学者用当代马克思主义解放思想。

### （二）绿色发展也是一场革命：遵循自然规律，自然科学和社会科学结合，改变生产方式和生活方式，发展循环经济，推进经济学变革

习近平对倡导绿色发展做了多次精辟论述。“生态环境没有替代品，用之不竭，失之难存。我讲过。环境就是民生，青山就是美丽，蓝图也是幸福，绿水青山就是金山银山；保护环境就是保护生产力，改善环境就是发展生产力。在生态环境保护上，一定要树立大局观、长远观、整体观，不能因小失大、顾此失彼、寅吃卯粮、急功近利。我们要坚持节约资源和保护环境的基本国策，像保护眼睛一样保护生态环境，像对待生命一样对待生态环境，推动形成绿色发展方式和生活方式，协同推进人民富裕、国家强盛、中国美丽。”② 2017 年 5 月 26 日，习近平在中央政治局第 41 次集体学习会上又做了专题讲话，进一步系统阐述了绿色发展的极端重要性，提出更有力的举措，指出它是一场深刻的革命，“要坚持节约优先，保护优

①《创新驱动铸辉煌，科技强国启新篇——党的十八大以来我国科技创新的主要进展与成就》，《求是》2017 年第 11 期。

② 习近平：《在省部级主要领导干部学习贯彻党的十八届五中全会精神专题研讨班上的讲话（2016 年 1 月 18 日）》，北京：人民出版社 2016 年版，第 19 页。

先、自然修复为主的方针，形成节约资源和保护环境的空间格局、产业结构、生产方式、生活方式，努力实现经济社会发展和生态保护协调共进"①。这从深度、广度上拓展了政治经济学的思维。领会这些深刻论述，应当认识到，生态原则（绿色化）是经济学的第一准则，应以此廓清经济学（特别是西方经济学）中违背"绿色化"的论点和模式，拓展马克思主义经济学的维度。

第一，"绿色"阐明了经济规律要符合自然规律，它是自然规律在人类社会中的表现形态。生态运行规律是一条与人类生存、生活关系密切的客观规律，直接规导、制约经济运行。对于人类生存发展来说，还有一条不断提升健康需要的规律，实质上也属于生态规律的大范畴。这是政治经济学新亮点。

第二，"绿色"奠立了广义生产社会化理念。生产社会化是人类社会发展、社会主义必胜的客观规律。以前人们把它主要限于社会经济环境中，可谓狭义的社会化。而"绿色化"的表述将社会化的范围扩展到生态环境，并形成生态生产力概念。②

第三，"绿色化"开拓广阔的资源利用空间。它充分体现了世界物质的无限性及人类可利用的要素，也为积极节约和集约利用资源开辟广阔道路，破除了资源短缺的狭隘眼界。

第四，"绿色"确立了长短结合的经济学维度。恩格斯全面批判了古典经济学只顾短期眼前利益的弊端，提出科学的经济学要把长短期利益结合起来。实际上"绿色化"追求的是包括生态、经济、社会效益在内的综合效益，既谋当前更谋长远，这正是广义社会化和生态生产力的应有之义。

第五，"绿色"以多层次科学的循环经济为平台，并打造新的工程系统

---

①《推动形成绿色发展方式和生活方式，为人民群众创造良好生产生活环境》，《人民日报》2017 年 5 月 28 日。

② 杨承训、杨承谕：《生态生产力：拓展马克思主义经济学——兼析若干流行的生态理论观点》，《毛泽东邓小平理论研究》2011 年第 8 期。

（下文详述）。

第六，“绿色”育成伦理意识，丰富经济伦理理论。它要求人们以爱护生态、防治污染自律自身的行为，以此约束个人，凝聚集体意识，支持绿色化法治，形成社会的高尚风气。这是经济反映为品德，品德又净化经济的良性循环。

第七，“绿色”廓清我国社会主义农业现代化道路和前景。构建绿色化的高端生态农业，改变城乡环境，增加居民收入，让人们过上美满幸福、共同富裕的绿色化生活。

必须认识到，绿色发展是一个艰巨的系统工程。实现这一系统工程任重道远，现在就必须从各方努力，使得中国特色社会主义中国更美丽、更清净。这是历史赋予我们的责任。为此，习近平要求在大力发展生产力的同时，要系统保护生产力。在发展的同时，自觉保护生产力，是社会主义建设中的一个新问题。历史实践表明，社会主义制度建立后，这方面有很多重大实践经历，积累了许多重要的经验教训。正确保护生产力是中国特色社会主义事业所面临的迫切任务。对此尚未形成系统论述。

如果说推广绿色生产方式、生活方式是一场实践革命，那么它也必然促进政治经济学革命。不仅研究生产力和生产关系的矛盾，还要研究人与自然的和谐以及社会关系的变化；不仅研究资源的开发利用，还要研究资源的节约循环利用和环境保护；不仅要研究生产方式的转变，还要研究消费方式的变革。要使经济社会的发展运行更符合大自然的规律，研究自然科学在人类经济生活和文化生活中的应用。创造新型的生产力，开拓新经济领域。这是一个崭新的课题，是艰巨的学术革命，必须放下包袱解放思想，从头学起，开启政治经济学研究的新篇章。

## 二、扩展运用社会化规律集聚合力的深广空间

习近平所讲的协调发展和厚植开放，实质上是对生产社会规律在深广

度上更自觉的运用，更谙熟地使之释放更大的合力、挖掘更大的潜力，尤其是创新回答如何在社会主义市场经济条件下把握好“不平衡—平衡”的矛盾运动节奏，使得社会主义和市场经济两种优势更好地结合，最大限度地克服畸形发展的弊端。这是解决中国乃至世界经济平稳、健康、持久发展的一个重大且长久性的战略举措，也是中国特色社会主义政治经济学一项重要的理论创新。

从哲学意义上讲，“协调”的概念既代表一种相对平衡的良性状态，又包含达到这种状态的动力、手段和过程。习近平指出，协调是平衡和不平衡的统一，由平衡到不平衡再到平衡是事物发展的基本规律，平衡是相对的，不平衡是绝对的。这可以看作对协调发展理念的总概括。需要防止的误解是，这里所说的“平衡”不是力学所指的相对立的机械力在量上的相等，也不是简单的“对称”，而是指相关方面之间的关系，即协调状态。根据具体条件有时需要特殊的“非对称”策略和“非对称”发展，但并不影响整体的协调。

从经济发展历史进程看，只有社会化生产形成之后，才有可能出现范围越来越大的协调。在自然经济条件下，各自生产单位是孤立的，很少需要协调。而生产活动一旦变为社会行为，冲破自然经济狭隘界限，各个生产单位之间、整个社会乃至全世界联系越来越紧密，需要减少摩擦、优势互补，于是相互协调的趋势应运而生。这并不是说，取消了不平衡到平衡循环往复的进程，而是使得这一过程中的负能量尽快转化为正能量。平衡与不平衡、协调与掣肘、合力与分力的矛盾依然存在，关键在于是否能自觉认识和把握这一矛盾的节奏和结合点。

从社会制度的性质差别考量，资本主义制度是协调发展的羁绊，社会主义制度才能自觉实现协调发展。马克思在《资本论》中分析了客观存在的两大部类的协调比例关系，又在另一封信中指出：“这种按一定比例分配社会劳动的必要性，绝不可能被社会生产的一定形式所取消，而可能改变的只是它的表现形式，这是不言而喻的。”[1] 实质是协调的要求，问题出在它的表现形式的差异。资本主义以波动和危机实现相对协调，特别是产业革命之后，生产、交换、交通、居住、消费等方面的社会分工化和社会关联化程度都空前增大，客观上更需要加强各个方面的联系和协调。但是，资本主义存在生产社会化与私人占有之间的基本矛盾。私人占有生产资料，特别是大资本的垄断，使得各经济个体不顾整体利益而进行趋利的博弈，这必然妨碍、割裂、扭曲社会联系，严重影响整体协调，使得整个社会长期畸形化。当发展严重不平衡时也会促使形成某种暂时的相对平衡，但是这要通过牺牲劳动者利益、全社会整体利益和长远利益才能达到。资本主义各国为了克服严重的不平衡、实现资本集团利益相对稳定，虽然不得不制定、实施一定的产业政策，但无法达到合理的程度。

以公有制为经济基础的社会主义制度则缔造了自觉实现比例协调的平台。习近平总结历史经验指出：协调发展更是社会主义市场经济的客观要求，也具备了协调发展的主客观条件，问题在于如何正确运筹。改革开放后，邓小平针对新时期的新情况、新问题，提出“现代化建设的任务是多方面的，各个方面需要综合平衡，不能单打一”[2]。在改革开放不同时期，邓小平提出了一系列“两手抓”的战略方针。江泽民提出了在推进社会主义现代化建设过程中必须处理好12个带有全局性的重大关系。胡锦涛提出了全面协调可持续发展的理念。党的十八大以来，习近平提出了中国特色社会主义事业五位一体的总体布局，后来又提出了“四个全面”战略布局等。这些都体现了我们党对协调发展认识的不断深化，体现了唯物辩证法在解决我国发展问题上的方法论运用。

习近平的创新在于，揭示了社会主义市场经济协调发展规律，不仅突破了以“有计划按比例发展规律”的提法，而且指出国内协调发展的特殊

---

①《马克思恩格斯选集》第4卷，北京：人民出版社1995年版，第580页。

②《邓小平文选》第2卷，北京：人民出版社1983年版，第250页。

性、特殊要领和对外经济联系（开放）、国际发展逐步实现局部协调、深植开放的意义和方略。

### （一）把握整体性，下好“一盘棋”：正确处理各种关系，形成合力优势，提升经济学系统论、协同论

注重协调发展，首先是对国内发展而言的。经济是一个极其复杂且越来越复杂的大系统，协调发展至关重要。恩格斯早在100多年前就提出过设想：“按照一个统一的大的计划协调地配置生产力”①。这是生产社会化和生产关系社会化的大目标、大方向，至今仍有指导意义。问题在于怎样实现新要求。应当说，100年来的社会主义还有许多重要经验教训，是值得总结的。苏联70多年的发展道路和我国目前30多年经济建设的一些方式，都证明高度集中的计划经济体制不利于实现真正全面的协调发展。即使在我国实行社会主义市场经济之后，由于缺少驾驭这一新体制的经验，又受国际金融危机影响，也出现了一些问题，就是2010年以后出现的不协调、不平衡、不可持续的现象。

习近平以问题导向的辩证思维，提出“协调发展理念”。既要克服计划经济体制过死的弊端，也要防止不注重宏观调控手段的改善而随市场自发造成新的不协调。进而提出“使市场在资源配置中起决定性作用和更好发挥政府作用”的论断。对此我们的理解是：广义地说，市场是所有的供求和交换关系的总和，既包括有形的市场载体，也包括无形的市场机制，因此经济运行中特别是在其微观及底层，市场对资源配置起着决定性作用；但市场并不是起全部作用，还必须有政府的引导和调控。我们不妨形象地把市场比喻为拉车的马，在车的行进中它确实起着“决定性作用”，但不是全部作用，还必须有马具、车具和人的驾驭——政府的作用。市场有很强大的活力和便捷性，其背后反映着客观的供求关系，但又有很多缺陷，只

①《马克思恩格斯选集》第3卷，北京：人民出版社1995年版，第646页。

有恰当地与政府作用组合运用才能趋利除弊。习近平强调："要找准市场功能与政府行为的最佳结合点，切实把市场和政府的优势都充分发挥出来，更好地体现社会主义市场经济体制的特色和优势，形成市场作用和政府作用有机统一、相互补充、相互协调、相互促进的格局。"① 我国实行的是社会主义市场经济体制，仍然要坚持发挥社会主义制度的优越性，发挥党的领导和政府调控、管理的积极作用。科学的宏观调控，有效的政府治理是发挥社会主义市场经济体制优越性的内在要求。政府的职责和作用主要是保持宏观经济稳定，加强和优化公共服务，保障公平竞争，加强市场监管，维护市场秩序，推动可持续发展，促进共同富裕，弥补市场失灵。② 可见，协调发展是社会主义市场经济的客观要求，是一条重要的规律。

协调发展规律体现着市场经济的自发社会性与社会主义制度的自觉社会性之间的有机耦合，不平衡的突进和调节平衡的协调相统一，可以发挥两者优越性的组合效应。

在社会主义市场经济的运行和发展中遵循协调发展规律，必须把握其特殊性。一方面要求调控各子系统在质、量、时、空、力等多个维度上的适当比例关系和协同关系；另一方面也要正确对待发展的波动性，把波动限制在适当的区间，并有足够的自觉性和预知性，避免和克服由较大经济波动、经济危机造成的浪费和动荡。这就要善于用好市场和政府的"两只手"，制定和实施正确的产业政策，同时要发挥科技创新（尤其是信息技术）的引导和优化作用，以避免或减少内梗和内耗，取得最佳的经济效益、社会效益、生态效益和民生效益，更好地把握社会主义大目标。

综上所述，协调发展是社会主义市场经济的一条客观规律，精准的产业政策是实现这一规律的重要手段。新自由主义否定产业政策必要性，实质上是否定社会主义市场经济规律，其观点是反科学的。

---

①《习近平总书记系列重要讲话读本》，北京：学习出版社、人民出版社2016年版，第151页。

②《习近平总书记系列重要讲话读本》，北京：学习出版社、人民出版社2016年版，第150页。

### （二）开创全球经济大协同新格局："厚植开放"与"打造人类命运共同体"的辩证关系，国际经济理论和国际贸易理论的提升

如果说注重协调发展侧重于大国内部依照生产社会化规律将各种要素积聚为合力，那么厚植开放则是扩大到参与和引导全球社会分工、经济联系的大协同，既利于自身运用国际资源和国际市场发展自己，也促进和导向世界经济的发展，是在更大范围内驾驭生产社会化规律。

习近平继承了对外开放已有的理论和实际成果，以马克思主义者的雄才大略、纵横捭阖的艺术，对世界经济发展做出新的分析判断，把中国的对外开放升级同全球经济的发展趋势统筹协调，提出"厚植开放"与"打造人类命运共同体"两大互相联系的命题，使我们开阔视野，找到了国内外共生共建的广阔大道，着重解决提高对外开放的质量和发展的内外联动性问题。厚植开放是打造人类命运共同体的依托根基，国内治理是世界治理的依托根基，后者则是前者的拓展平台，二者相互依存，彼此协调，又形成更加巨大的合力。应当从以下几个方面领略二者互动的理论意义、战略指向和高超的艺术。

第一，对时代形势的判断：大发展、大变革、大调整的时代。总体上说，现在仍处在帝国主义统治和社会主义冲破其经济制约大发展的时代。但是，已发生了部分质变，一般垄断资本主义嬗变为国际金融超级垄断资本主义，而且呈现日趋衰变的颓势。回顾历史，二战后出现了四次巨变的曲线起伏：第一个巨变是建立了以苏联和中国为主干、包括15个国家（加上后来的古巴和老挝）的社会主义阵营，人口、面积均超过西方资本主义世界，毛泽东形容为"东风压倒西风"。第二个巨变是以赫鲁晓夫为代表的苏共搞大国沙文主义、"父子党"，走向社会帝国主义，致使中苏关系破裂，社会主义阵营分裂。第三个巨变是苏联变为社会帝国主义，党内形成特权阶层，加上外部因素，从勃列日涅夫的对外侵略到戈尔巴乔夫的背叛，致使苏东剧变，世界社会主义遭到最严重的危机。第四个巨变是独霸世界的

美国内部经济虚拟化导致严重的国际金融危机，近十年经济复苏缓滞，走向衰变颓势；而改革开放的社会主义中国，经济总量跃居世界第二，彰显强劲的活力，与此相应，发展中国家经济总量已占世界经济总量的60%，世界经济格局逐步调整，时代潮流出现部分质变。

正是针对历史的变化和现实呈现的端倪，习近平做了科学的分析判断，这一分析揭示了当今世界矛盾的特点：机遇与挑战并存。这就是“厚植开放”和“打造人类命运共同体”的大背景。

第二，世界人民向往和平发展，经济成了两种势力对峙的主战场。“打造人类命运共同体”反映了大多数国家，特别是发展中国家的心声。2015年9月，习近平在纽约联合国总部出席第七十届联合国大会一般性辩论时发表重要讲话指出：“当今世界，各国相互依存、休戚与共。我们要继承和弘扬联合国宪章的宗旨和原则，构建以合作共赢为核心的新型国际关系，打造人类命运共同体。”

世界格局正处在一个加快演变的历史性进程之中，和平、发展、进步的阳光足以穿透战争、贫穷、落后的阴霾，经济全球化、社会信息化极大解放和发展了社会生产力，创造了前所未有的发展机遇。同时，恐怖主义、金融动荡、环境危机等问题愈加突出，给我们带来前所未有的挑战。面对全球性挑战，没有哪个国家可以置身事外、独善其身，世界各国需要以负责任的精神同舟共济、协调行动。人类生活在同一个地球村，各国互相联系、相互依存、相互合作、相互促进的程度空前加深，国际社会日益成为一个“你中有我、我中有你”的命运共同体。

打造人类命运共同体，要建立平等相待、互商互谅的伙伴关系，营造公道正义、共建共享的安全格局，谋求开放创新、包容互惠的发展前景，促进和而不同、兼收并蓄的文明交流，构筑尊崇自然、绿色发展的生态体系。世界各国一律平等，不能以大压小、以强凌弱、以富欺贫；要坚持多边主义，建设全球伙伴关系，走出一条“对话而不对抗、结伴而不结盟”

的国与国交往新路。树立共同、综合、合作、可持续安全的新观念，充分发挥联合国及其安理会的核心作用，坚持通过对话协商，和平解决分歧争端。推进各国经济全方位互联互通和良性互动，完善全球经济金融治理，减少全球发展不平等、不平衡现象，使各国人民公平享有世界经济增长带来的利益。促进不同文明、不同发展模式交流对话，在竞争比较中取长补短，在交流互鉴中共同发展。解决好工业文明带来的矛盾，以人与自然和谐相处为目标，实现世界的可持续发展和人的全面发展，创造一个各尽所能、合作共赢、奉行法治、公平正义、包容互鉴、共同发展的未来。

在经济上，就是推进引领经济全球化潮流。经济全球化是生产社会化趋势的国际表现，带有必然性。以前是西方资本主义势力主导这个潮流，但是国际金融危机之后它们走向逆经济全球化，正是出于生产社会化与私人垄断集团的矛盾，他们为自己的私利大搞贸易保护主义。引领这个潮流的却是社会主义中国，虽然西方资本主义国家并不自愿转让这一“引领者”的位置，中国已经成为世界经济发展的引擎和治理国际经济秩序的主要掌门人。这就是经济全球化与逆全球化的矛盾。

第三，扩大开放、打造人类命运共同体的进步力量与霸权主义、贸易扩张主义的逆流在广阔战线上展开博弈。习近平指出：“我们参与全球治理的根本目的，就是服从服务于实现‘两个一百年’奋斗目标、实现中华民族伟大复兴的中国梦。要审时度势，努力抓住机遇，妥善应对挑战，统筹国内国际两个大局，推动全球治理体制向着更加公正合理方向发展，为我国发展和世界和平创造更加有利的条件。”①

时代的变化决定了斗争领域和斗争形式的变化，现在的博弈有广阔空间和深刻内涵：一是以和平共处削弱侵略性对抗，使人民在追求和平中摒弃弱肉强食的战争行为；二是以发展挤压军备，使各国人民以更多精力去关注、投向经济建设；三是以共享孤立霸权，与中国合作，支持不附加任

---

①《习近平总书记系列重要讲话读本》，北京：学习出版社、人民出版社2016年版，第274页。

何政治条件，而是共商、共建、共享，使霸权主义者成为孤家寡人；四是以团结壮大人民的力量，使更多的人民凝聚在争取解放、幸福的旗帜下，形成日益强劲的进步势力；五是以公平治理乱局，现在国际的乱局是少数国家制造的不公平行为造成的，要治理必须建立国际新秩序；六是以榜样示范世界，中国发展的成就为世人羡慕、向往，这就提供了令人信服新制度的中国方案，从长远着眼推动世界社会主义高潮的到来。

同时我们也要保持高度警惕。习近平提出了强国强军的指示，大力发展高科技的军事防卫能力，实施总体安全观，决不允许任何人侵犯主权。这就是“以两手对两手”。

厚植开放就是以此为背景，依靠壮大自身，实施进一步扩大开放的战略。习近平指出，开放是国家繁荣发展的必由之路。实践告诉我们，要发展壮大，必须主动顺应经济全球化潮流，坚持对外开放，充分运用人类社会创造的先进科学技术成果和有益管理经验。要看到现在搞开放发展，面临的国际国内形势同以往有很大不同，总体上有利因素更多，但也面临更深层次的风险挑战。国际力量对比正在发生前所未有的积极变化，但更加公正合理的国际政治经济秩序的形成依然任重道远。世界经济逐渐走出国际金融危机阴影，但还没有找到全面复苏的新引擎。我国在世界经济和全球治理中的分量迅速加重，但经济大而不强的问题依然突出，我国经济实力转化为国际制度性权力依然需要付出艰苦努力。我国对外开放进入“引进来”和“走出去”更加均衡的阶段，但支撑高水平开放和大规模走出去的体制和力量仍显薄弱。树立开放发展理念，就必须顺应我国经济深度融入世界经济的趋势，奉行互利共赢的开放战略，坚持内外需协调、进出口平衡、“引进来”和“走出去”并重、引资和引技引智并举，发展更高层次的开放型经济，积极参与全球经济治理和公共产品供给，提高我国在全球经济治理中的制度性话语权，构建广泛的利益共同体。近40年来，我国对外开放已取得卓越成就，我国已成为进出口贸易第一大国、国际货币存量第一大国，已走在国际舞台的中心。

从对外经济形式上看，“一带一路”已成深植开放和打造人类命运共同体互动的重要平台。它实行共商、共建、共享的原则，主要联系亚、非、欧三大地带，实际上已有北美、拉美国家参与。2017 年 5 月，“一带一路”国际合作高峰论坛有 70 多个国家、130 多个国际组织参加，成了国际经济盛会。它不仅支持了几十个发展中国家的经济建设，而且也带动了我国的深度开发，促进对外开放的协调发展，尤其是不发达的中西部地区也正在变为对外开放的前沿。

从理论上看，“厚植开放”和“打造人类命运共同体”都超越了以往的世界经济学和国际贸易经济学，是中国特色社会主义政治经济学的理论创新。它把生产社会化的规律、阶级斗争和经济发展趋势分析统一起来，把世界生产力、贸易关系与社会制度的辩证关系，与发展战略策略统筹兼容，把国内外两个大局、两个市场、两种资源的利用协调权衡，形成对世界系统治理和国家对外开放互补互动的理论概括。它既有深度分析，又有牵动亿万人民的号召力。它能得到全球各界如此广泛的认同和响应，体现了马克思主义理论的彻底性。它创造性地运用了“最大公约”和“系统论”的原理，比以往单纯肤浅描述国际经济现象要高出一筹，更贴近实际、揭示本质。以往的国际贸易理论层出不穷，诸如绝对优势论、比较优势论、资源禀赋论、钻石模型论等，都是各国仅从生产力的某项或差异上论述国际贸易的必然性和可能性，旨在从另一国或一些国家获取贸易利益，很少涉及社会经济制度的差异和矛盾，也很少涉及共享的利益关系，以往的国际贸易理论事实上是富国的贸易优势论。而以打造人类命运共同体为大前提、以本国经济发展为实力后盾、以合作共赢为交换原则的厚植开放，则体现了贸易的共获利益、互惠发展，彰显了社会主义的贸易原则。正如习近平所说：“我们要将‘一带一路’建成和平之路、繁荣之路、开放之路、创新之路、文明之路。”①

现在西方有些心怀叵测的人污蔑中国“搞新殖民主义”，完全是颠倒黑白、贼喊捉贼，反映了他们的恐惧、嫉妒心理。这也表明中国特色社会主义的国际经济理论和国际贸易理论的震撼力。“一带一路”高峰论坛峰会表明，世界人民自有鉴别力和定论。“沉舟侧畔千帆过，病树前头万木春”，进步的潮流是阻挡不住的。

## 三、 发挥社会主义能够推动经济社会全面持续发展的最大优势

世界历史表明，一个国家、一个地区一时的快速发展，在某一方面显赫于世界并不罕见，但能够全面持久地保证活力不衰、永久繁荣并不容易，根本问题在于其社会制度是否符合历史规律并能自觉谙熟地驾驭它。苏联的兴衰史昭示，制度好可能强盛崛起，如不能保持和运用好它，也会遭到重大曲折，乃至夭折。这就需要在更深层次上研究社会主义制度永葆活力、永久不衰的秘诀。习近平提出的新发展理念，体现了全面持久的思路，其中“共享发展”像一根红线贯穿始终，是社会主义制度活力的不竭源泉。“共享发展”既是宗旨，又是优势。我们必须学会充分发挥这一能使中国特色社会主义永续发展的优势。这是中国特色社会主义政治经济学最重大的任务之一。

### （一）学好用好共享发展理念：全面永续贯彻社会主义本质，充分调动各种积极因素，书写优化、完善的社会主义政治经济学新篇章

习近平指出：共享是中国特色社会主义的本质要求。共享发展理念，其内涵主要有四个方面。一是全民共享，即共享发展是人人享有、各得其所，不是少数人共享、一部分人共享。二是全面共享，即共享发展就要共

---

①《习近平出席“一带一路”国际合作高峰论坛开幕式并发表主旨演讲》，《人民日报》2017年5月15日。

享国家经济、政治、文化、社会、生态文明各方面建设成果，全面保障人民在各方面的合法权益。三是共建共享，即只有共建才能共享，共建的过程也是共享的过程。四是渐进共享，即共享发展必将有一个从低级到高级、从不均衡到均衡的过程，即使达到很高的水平也会有差别。树立共享发展理念，就必须坚持发展为了人民、发展依靠人民、发展成果有人民共享，做出更有效的制度安排，使全体人民在共建共享发展中有更多获得感，增强发展动力，增进人民团结，朝着共同富裕方向稳步前进。

领会习近平的上述论述，必须处理好下面几个重大问题。

第一，掌握“社会主义本质论”的实质，将其运用到各领域、全过程。

邓小平指出：“社会主义本质，是发展生产力，解放生产力，消灭剥削，消除两极分化，最终达到共同富裕。”① 首先明确，在这个定义中，“最终达到共同富裕”是社会主义本质最核心的东西，既体现了特有的利益关系，又包涵生产力与生产关系的有机统一；既同“贫穷的社会主义”划清界限，又同资本主义制度划清界限；既突出了最终目标，又表明实现这个目标有一个过程。1986 年 9 月，邓小平在与美国记者迈克·华莱士谈话时对此做了精辟的阐述：“社会主义时期的主要任务是发展生产力，使社会物质财富不断增长，人民生活一天天好起来，为进入共产主义创造物质条件。不能有穷的共产主义，同样也不能有穷的社会主义。致富不是罪过。但我们讲的致富不是你们讲的致富。社会主义财富属于人民，社会主义致富是全民共同致富。社会主义原则，第一是发展生产，第二是共同致富。我们允许一部分人先好起来，一部分地区先好起来，目的是更快地实现共同富裕。正因为如此，所以我们的政策是不使社会主义导致两极分化，就是说，不会导致富的越富，贫的越贫。坦率地说，我们不会容许产生新的资产阶级。”② 这是社会主义特征的集中体现，也是社会主义不同发展阶段的共同

①《邓小平文选》第 3 卷，北京：人民出版社 1993 年版，第 373 页。

②《邓小平文选》第 3 卷，北京：人民出版社 1993 年版，第 171—172 页。

属性，又是未来的发展趋势和实现目标。

有人对这个定义中没有提公有制和按劳分配表示疑惑，这就要区分本质与实现本质的条件和表现形式。事实上，邓小平的表述有更深刻的思考。一是，他曾多次提出“公有制为主体”，是社会主义的特点，而在最后的表述中却没有再提，这并没有改变，只是赋予了其更深的含义。二是，“消灭剥削，消除两极分化”必然是生产资料公有制作为主要基础，公有制正是这两项要求的前提条件，二者互为表里，一个是属性，一个是条件，坚持公有制为主体为其应有之义。三是，社会主义制度会存在一个很长的过程。四是，他是在更高层次上表述，主要讲根本属性，而不过多地涉及具体实现形式，免得以具体形式及具体结构束缚人们的思想。公有制的比重和具体形式以及分配的形式会发生很大的变化，而且还有其他的辅助经济手段。如果把具体形式同本质属性混同起来，就容易思想僵化和片面。这和恩格斯所讲的社会主义经济具体形式会随着社会生产和社会组织进步而改变的思想是一脉相承的。对于作为社会主义本质的生产关系属性，关键是勾勒出它最核心的规定性和趋势，而不要让它成为一种妨碍人们勇于探索具体形式的框子。邓小平在 1988 年就说过：“过去我们满脑袋框框，现在就突破了。我们坚持马列主义、毛泽东思想，坚持社会主义道路，不过什么叫社会主义的问题，我们现在才解决。”①

按照斯大林的概括，社会主义的主要特征有三个：一是公有制；二是按劳分配；三是计划经济。现在看来，其主要毛病是出在用具体形式把本质混淆起来，以至于离开了本质规定将具体特点片面地夸大了。例如，脱离生产力水平要求纯粹化的公有制；按劳分配主要表现为等级工资制或等级工资制加奖励制；特别是对计划经济形成一种偏误认识，不但排斥市场经济，而且将之规定为指令性经济，过分强调高度集中统一。后来就把这三个特点视为社会主义本质特征，引发了一系列严重弊端。

---

①《邓小平文选》第 3 卷，北京：人民出版社 1993 年版，第 261 页。

以所有制作为逻辑的起点，侧重分析社会主义的生产关系，这是苏联《政治经济学教科书》（社会主义部分）的写法，旨在区分不同的社会制度。现在看来，这个写法尽管在生产关系上有助于弄清社会主义和资本主义的区别，但有很大的缺陷，就是把所有制绝对化，有悖于生产方式的基本概念，在理论上则不符合生产关系与生产力之间的矛盾统一规律，缺乏科学的严谨性，容易导致脱离生产力发展单纯追求所有制的高级化。在实践中，不仅不能解决社会主义建设中的重大问题，而且容易导致出现超越阶段的偏向。苏联和我国都吃过大亏。历史表明，苏联《政治经济学教科书》（社会主义部分）的许多重要理论观点有重大偏颇，已经被人们所否定。

第二，以人民为中心的治国理政新理念集成最大优势：系统处理新的矛盾，统筹发挥经济、政治、文化、国防等各种优势，实现社会和谐、长治久安，深化扩展新政治经济学的内涵。

以人民为中心的治国理政新理念、新思想、新战略，是新时期中国特色社会主义理论体系的创新，是社会主义本质和基本路线的深化，是当代马克思主义的新内容，具有里程碑意义。它的基本特征是以新的思维系统处理新时期的各类矛盾，集成社会主义各种优势，全面推进社会主义改革发展的稳定和整体事业更加稳健持久的发展，实现社会主义成形化和长治久安。治国理政的总要求是全面发展。习近平提出：“战略问题是一个政党、一个国家的根本性问题。战略上判断得准确，战略上谋划得科学，战略上赢得主动，党和人民事业就大有希望。”① “‘治理和管理一字之差，体现的是系统治理、依法治理、源头治理、综合施策。’要以最广大人民利益为根本坐标，创新社会治理体制，改进社会治理方式，构建全民共建共享的社会治理格局。”② 它包括经济、政治、法治、文化、社会、生态等各个领域各个方面的系统治理，是对邓小平四个坚持“成套设备”设想的进一

①《习近平总书记系列重要讲话读本》，北京：学习出版社、人民出版社2016年版，第44页。

②《习近平总书记系列重要讲话读本》，北京：学习出版社、人民出版社2016年版，第224页。

步深化和扩展，是以前的马克思主义经典作家所未解决的问题。

治国理政和“四个全面”战略布局体现了鲜明的问题导向、强烈的问题意识。习近平指出，事业越前进、越发展，新情况、新问题就会越多，面临的风险和挑战就会越多，面对的不可预料的事情就会越多。过去有一种看法认为，一些矛盾和问题是由于经济发展水平低、老百姓收入少造成的，等经济发展水平提高了、老百姓生活好起来了，社会矛盾和问题就会减少。现在看来，不发展有不发展的问题，发展起来有发展起来的问题，而发展起来后出现的问题并不比发展起来前少，甚至更多更复杂了，比如如何解决好发展质量和效益问题，如何解决好发展不平衡问题，如何增强风险防控意识和能力问题等。下大气力破解制约，如期全面建成小康社会的重点难点问题，这既是必须完成的任务，也是必须迈过的一道坎。当前我国发展中不平衡、不协调、不可持续问题依然突出，城乡区域发展差距和居民收入分配差距依然较大，有法不依、执法不严、违法不究等问题依然存在，党风廉政建设和反腐败斗争形势依然严峻复杂。

对于各类矛盾的处理，要求完善对维护群众切身利益具有重大作用的制度，使群众由衷感到权益受到了公平对待、利益得到了有效维护。要正确理解和处理好活力和秩序的关系，既不能管得太死——一潭死水，也不能管得太松——波涛汹涌。要重视疏导化解、柔性维稳，充分调动一切积极因素，使社会既生机勃勃又井然有序。这也正是处理社会主义市场经济的重要原则。发挥经济优势，就是在社会主义市场经济下坚持完善基本经济制度使全体人民获得更多的利益，充分调动人民的积极性，释放出最大的活力。

同时，发挥好社会主义制度独有的政治优势。同西方资本主义制度相比，这也是很重要的一种优越性。对此，习近平做出十分精辟的论述：“我们要坚持和发展我们的政治优势，以我们的政治优势来引领和推进改革，调动各方面积极性，推动社会主义市场经济体制不断完善、社会主义市场经济发展。”[①] 而西方经济学的偏颇之一，恰在于不能以经济与政治统一的视域揭示经济发展的动力，尤其是新自由主义以市场原教旨主义为万能法宝。

以科学社会主义视域观察，经济和政治是辩证统一的关系，是一个互相作用的系统。列宁说过：“政治是经济的集中表现”，“政治和经济相比不能不占首位”。[②] 社会主义经济之所以需要始终正确发挥政治优势，也是由它的制度性质所决定的，有其内在的必然性。如果我们能正确运用政治力量和政治工作，它就变成一种比资本主义强劲的社会主义特有优势。一是，它代表人民的根本利益，发挥政治力量可以充分依靠群众；二是，它有科学的思想指导，用马克思主义认识和处理各种关系，化解矛盾；三是，它已经形成了强大的政治组织力量，可以集中统一领导；四是，它可以协调各种力量，充分调动各方面的积极性；五是，它可以创造发展经济的稳定社会秩序和安全环境；六是，它有强有力的思想政治工作，统一思想、统一步调，克服困难。正如毛泽东所说：“政治工作是一切经济工作的生命线。”[③] 邓小平进一步指出：“改革、现代化科学技术，加上我们讲政治，威力就大多了。到什么时候都要讲政治，外国人就是不理解后面这一条。”[④] 这就是特有优势，西方不可能理解和运用。总结社会主义事业成败的经验，特别是中国特色社会主义建设的经验，应当把发挥政治优势视为一条客观规律，也可以说是一条经济规律。虽然看来它是经济生活和经济运行“外在”的力量，但实际上却“内化”于经济生活和经济运行之中，经常起作用。

治国理政理论给予政治经济学的新内容、新任务，是不仅研究经济生活，还要研究社会主义整体长治久安、永不变质。

---

①《习近平谈治国理政》，北京：外文出版社 2014 年版，第 115 页。

②《列宁选集》第 4 卷，北京：人民出版社 1995 年版，第 407 页。

③《毛泽东文集》第 6 卷，北京：人民出版社 1996 年版，第 449 页。

④《邓小平文选》第 3 卷，北京：人民出版社 1993 年版，第 166 页。

第三，壮大共同富裕的基础公有制经济，特别是国有经济：实现公有资本人格化，增强社会化和公共产品，以榜样力量规导多种成分。

在社会主义初级阶段，公有制为主体，国有经济为主导，这是实现共同富裕最根本的经济基础。发挥国有经济的主导作用，核心是提高它的控制力。所谓国有经济的控制力，就是控制国民经济命脉、主导国民经济发展方向、实现国家宏观经济调控目标、规避和化解国内外重大经济风险、保证社会主义国家富强，是承担科技创新和经济建设重大项目的主要载体和国际竞争主力。按照这个要求，在微观上，主要表现为对企业特别是关键领域大企业的独立经营或控股能力，后者占大部分；至于对一部分企业的参股，则属于资本经营的范畴，但不是全部退出。在宏观上，着重控制国民经济命脉中的重要行业和关键领域，包括国防、重要矿产资源和土地资源开发、能源、骨干交通、主要金融企业，提供基本公共产品研发和重大高新技术研发；对于竞争性加工部门也不能完全放弃，主要是控制在重要行业起龙头作用的大中型企业，对于至今经营很好的国有企业不应当轻易拱手出让，以作为整个行业的示范。控制力、影响力和竞争力是相辅相成的，控制力侧重指在产业布局结构中对整个国民经济的主导作用，影响力、竞争力主要是指国有企业作为市场主体发挥的引领功能。控制力是影响力、竞争力的依托，影响力、竞争力是控制力的支撑。简言之，国有经济的主导作用集中体现在它的控制力及其强度上。

为了更好地发挥国有经济的主导作用，必须深化改革，提升活力。各项改革的展开，笔者已有多篇文章论述。需要深入探索的一个核心问题，是在社会主义市场经济下形成公有资本形态之后，如何实现公有资本人格化。

第四，充分调动人民的积极性，实现个人利益与社会利益的结合，促进“小我”与“大我”的统一，增进共同富裕的凝聚力。

共享发展能够激发亿万人民的积极性，增加为统一目标共同奋斗的凝聚力。习近平指出："实现中国梦必须走中国道路，弘扬中国精神，凝聚中国力量。"① 如果说国企是共同富裕顶天立地的支柱，那么广泛调动亿万群众积极性、创造力，形成大众创业、万众创新的局面，则是共同富裕铺天盖地的丛林。"我们强调把公有制经济巩固好、发展好，同鼓励、支持、引导非公有制经济发展不是对立的，而是有机统一的。我们国家这么大、人口这么多，又处于并将长期处于社会主义初级阶段，要把经济社会发展搞上去，就要各方面齐心协力来干，众人拾柴火焰高。公有制经济、非公有制经济应该相辅相成、相得益彰，而不是相互排斥、相互抵消。"② "实现中国梦必须弘扬中国精神，这就是以爱国主义为核心的民族精神和以改革创新为核心的时代精神。"③ 伟大的梦想，需要伟大的精神作支撑。没有振奋的精神、没有高尚的品格、没有坚定的志向，一个民族不可能自立于世界民族之林。实现中国梦，要求我们不仅在物质上强大起来，而且在精神上强大起来。中华文明生生不息，中国精神薪火相传。以爱国主义为核心的民族精神和以改革创新为核心的时代精神，是凝心聚力的兴国之魂、强国之魂。爱国主义是中华民族的精神基因，维系着华夏大地上各个民族的团结统一，激励着一代又一代中华儿女为祖国发展繁荣而不懈奋斗；改革创新体现了中华民族最深沉的民族禀赋，反映了当代中国发展进步的要求，始终是鞭策我们在改革开放中与时俱进的精神力量。要弘扬伟大的民族精神和时代精神，不断振奋全民族的精气神，不断增强团结一心的精神纽带和自强不息的精神动力，永远朝气蓬勃迈向未来。

习近平还要求："要准确认识和对待改革发展过程中利益关系和利益格局的调整，正确处理个人利益和集体利益、局部利益和全局利益、眼前利

①《习近平总书记系列重要讲话读本》，北京：学习出版社、人民出版社2016年版，第10页。

② 新华社：《毫不动摇坚持我国基本经济制度 推动各种所有制经济健康发展》，《人民日报》2016年3月9日。

③《习近平总书记系列重要讲话读本》，北京：学习出版社、人民出版社2016年版，第11页。

益和长远利益的关系，自觉维护社会和谐稳定。”① 党和政府在政策、制度上尽最大努力满足人民群众的合理要求，让各层群众都能直接产生利益的获得感，并且自觉地把个人利益与集体利益联系起来。他号召学习科学家黄大年的“大我”精神，要有社会全局的担当意识，而不提倡损人利己的个人主义。就一般群众而言，往往看个人利益、短期利益多，而忽视整体利益，甚至陷入民粹主义，想要什么要什么，为一些小利益闹事。领导机关每开展一件大的工程、公益活动，都应当把全局的长远利益告诉群众，以得到群众的拥护与谅解，尤其是在为公共利益而要损失部分群众暂时利益时，既要适当照顾又要深入教育。值得注意的是，在市场经济条件下，商品拜物教、货币拜物教容易发作、流行，需要对群众进行法制教育，树立集体主义观念。从理论上讲，必须通过教育克服西方披着“科学”外衣的极端个人主义。最典型的是“经济人”概念，它使得一些人迷恋个人至上的思想，必须认真批驳这类错误思想。

第五，坚持全心全意为人民服务的共产党领导是共享发展的最大优势：以马克思主义辨明方向，以集中领导统揽全局，以自我完善不断强化自身并引领中国特色社会主义不断改革。

中国共产党的领导是中国特色社会主义最本质的特征。没有党的领导就没有一切。党是社会主义事业的领导核心，马克思主义是党的灵魂，始终为人民谋幸福是党的宗旨。正如习近平所说，坚持党的领导，是党和国家的根本所在、命脉所在，是全国各族人民的利益所在、幸福所在。“坚持党的领导，发挥党总揽全局、协调各方的领导作用，是我国社会主义市场经济的一个重要特征。”② 党的领导体现社会主义本质，使我们能够正确处

①《习近平总书记系列重要讲话读本》，北京：学习出版社、人民出版社2016年版，第223页。
②《习近平谈治国理政》，北京：外文出版社2014年版，第116页。

理复杂的矛盾，坚持正确的发展方向。世界社会主义发展历史表明，坚持党的正确领导，是社会主义制度发挥优势、长治久安的根本保证。

中国共产党之所以能够经得起各种考验，就在于它具有不断自我净化、自我完善、自我革新、自我提高的能力。最有力地反对腐败、清除腐败分子、扫除腐败现象，就是“打铁还需自身硬”的最好证明。党的自我完善的能力又是社会主义自我完善、不断改革的引领。社会主义之所以能够永葆青春、长治久安、活力永续，就在于党的坚强领导。因此，中国特色社会主义制度能够摆脱历史上改朝换代的“周期律”，又能保持方略政策的连续性，保证一张蓝图绘到底，避免西方国家因执政党不断更替造成的朝令夕改、乱开空头支票的政治动荡，保证经济、政治、社会稳定健康可持续发展。如果说周期性经济危机是资本主义经济的恶性肿瘤，那么每隔几年的一次竞选动荡则是癌症后阵发性神经错乱、歇斯底里。有些人，特别是一些青年，盲目迷信西方民主选举，实际是缺乏整体意识和历史眼光。事实证明，一个国家缺乏稳定的可持续发展是不可能长久繁荣的，更不可能实现共同富裕。只有在一心为人民的共产党统一领导下，发扬社会主义民主、实施依法治国，才能形成既有集中又有民主，既有纪律又有自由，既有统一意志又有个人心心志的那种生动活泼的局面，形成活力巨大的发展优势。

### （二）认识和把握新发展理念整体性，它是一个完整的规律体系，能将实现整体经济社会良性循环：中国特色社会主义政治经济学应当凭借历史机遇，迎接时代挑战，跨上开创里程碑式的腾飞之路

坚持创新发展、协调发展、绿色发展、开放发展、共享发展，是关系我国发展全局的一场深刻变革。这五大发展理念相互贯通、相互促进，是具有内在联系的集合体，要统一贯彻，不能顾此失彼，也不能相互替代。哪一个发展理念贯彻不到位，发展进程都会受到影响。全党同志一定要提

高统一贯彻五大发展理念的能力和水平，不断开拓发展新境界。[1] 新发展理念对于马克思主义政治经济学来说是重大创新，它揭示了由新目标、新动力、新方式组成的社会主义发展规律体系，而不仅是单个规律；是集聚时代进步因素的社会主义发展合力，而不仅是某一方面的单向动力。它集成了循环经济规律、自然规律、社会规律的共生动能，运用了社会科学和自然科学的交叉融合优势，尤其是尊重自然规律，运用自然科学的技术创新改进发展原有的政治经济学。它把生产社会化和生产关系社会化辩证地统一起来，按照客观世界的变化自觉认识社会化规律作用扩展的空间和深度，以新的生产力体系促进新的生产关系的优化，使人们从必然王国进入自由王国，为社会主义发展铺平良性循环发展的康庄大道。

纵观世界历史，横比各国发展，大体上有三种经济社会循环状态：一是恶性循环；二是良性循环；三是两种循环的交叉混合。从理论上揭示的恶性循环主要是资本主义制度基本矛盾带来的生产过剩与消费不足、社会矛盾丛发的局面。社会主义制度两种社会化辩证统一的良性循环，使社会经济化解一切不可克服的矛盾，不断前进。然而，现实是复杂的，多数场合是两种循环的交叉、交替运作，只是一种以良性循环为主导，一种以恶性循环为主导。从历史最终结果看，以恶性循环主导的资本主义必然灭亡，以良性循环为主导的社会主义必然胜利。不过，历史并不是直线行进，社会主义制度不能正确及时化解内外矛盾，也会产生恶性循环而中途夭折。如何才能避免各种历史的大曲折？这就必须以对立统一的观点和方法，把矛盾化为动力。于是，治国理论大系统的大逻辑应运而生，其中支撑它的一大重要子系统就是新发展理念，整体运用新生产力与新生产关系有机结合的合力，保证永续的良性循环占主导地位，及时洞察，正确排除恶性循环的干扰。从这个意义上说，五大发展理念，乃是扩展和深化了的政治经济学，它把马克思主义经济科学推进新境界。应当深化认识它的深

---

①《十八大以来重要文献选编》（中），北京：中央文献出版社2016年版，第827页。

远的里程碑意义，更自觉地迎接政治经济学的革命。目前障碍主要有两个：一个是西方资产阶级特别是新自由主义的干扰，一个是本本主义造成的束缚。为此，要解放思想，排除杂音，改变思维模式，像习近平所要求的那样，坚持马克思主义立场、观点、方法，立足实践，大胆创新，开拓新境界。

（原载于《毛泽东邓小平理论研究》，2017 年第 9 期）

中卷

# 中国特色社会主义基本制度与发展方略

# 中国特色社会主义初级阶段论的几个重大问题

中国长期处于社会主义初级阶段。这是对我国社会主义历史进程中现实方位的科学判断，时限大约 100 年（1949—2049）。习近平将此生动具体地概括为“两个一百年”，这是中国特色社会主义最大的实际。一切重大的战略方针政策必须从这个最大的实际出发。社会主义初级阶段论是马克思主义政治经济学中的新论断、新范畴。上升为理论，就属于社会主义分阶段发展规律的内容。正如马克思所说：“一个社会即使探索到了本身运动的自然规律……它还是既不能跳过也不能用法令取消自然的发展阶段。”① 只有全面科学地认识和把握它，才能在漫长的历史行程中使自身健康发展。

## 一、从沉重的历史代价中认识“初级阶段”

从资本主义到共产主义的道路怎么走？这是马克思主义政治经济学要回答的重大问题。19 世纪马克思恩格斯从分析欧洲发展资本主义的矛盾出发，经过几十年的研究，提出共产主义要区分两个阶段，即低级阶段（社会主义）和高级阶段（共产主义），在进入低级阶段之前，还横插一个从资本主义到社会主义的过渡时期。这个预测是一个大略的科学判断，符合根本的历史趋势。

---

① 马克思：《资本论》第 1 卷，北京：人民出版社 2004 年版，第 9—10 页。

然而，历史的逻辑却是社会主义首先在生产力比较落后的国家胜利，即帝国主义发展不平衡规律使得社会主义革命首先在其薄弱环节突破。这就出现了社会主义发展要区分更多阶段的客观逻辑。于是，如何认识和对待这个实际，就产生了曲折的实践和认识过程。

### （一）列宁从超越到后退的战略

在经济落后的国家如何建设社会主义？这是俄国十月革命胜利后遇到的一个新课题。列宁最早对这一课题进行了研究和探索。在探索过程中，他走过弯路，有过沉痛的教训，也提出了一些极其宝贵的新思想。在十月革命胜利后的头半年里，列宁对俄国向社会主义过渡问题的考虑还是比较小心谨慎的，而1918年春夏之交内战爆发导致实行战时共产主义政策，这超越了俄国的历史发展阶段，使得苏维埃政权遭到了严重的经济和政治危机，不得不实行后退的战略方针。1921年3月，俄共（布）召开了第十次代表大会，转而实行新经济政策。这是一次成功的后退。

### （二）苏联过早宣布建成社会主义和急于向共产主义过渡

斯大林不但把基本实现工业化、农业集体化和消灭剥削阶级作为社会主义制度基本确立的标志，还把社会主义制度的基本确立和社会主义的建成混淆起来，降低了社会主义的标准，助长了超越阶段向共产主义过渡的冒进倾向。他在1936年宣布建成社会主义的时候，认为“最主要的，就是资本主义已经从我国工业范围完全驱逐出去了，社会主义的生产形式现在是在我国工业中独占统治的体系”，在农业方面，“富农也被消灭”，形成了“无所不包的集体农庄和国营农场体系”，“个体小农经济成分只占很小的地位”，总之，“人剥削人的现象已被铲除和消灭，生产工具和生产资料的社会主义所有制已经作为苏联社会不可动摇的基础而奠定了”。[①] 实际上，苏联当时的生产力发展状况同马克思提出的要吸收和享用资本主义所取得的

①《斯大林选集》下卷，北京：人民出版社1979年版，第399页。

一切成就、成果相比，和列宁提出的适应最新技术水平，同时也能改造农业的大机器工业即全国电气化相比，还有一段相当遥远的距离。在这样的生产力发展水平的基础上宣告建成了社会主义，显然降低了标准、超越了阶段。

赫鲁晓夫在超越阶段、急于向共产主义过渡的问题上，却进一步放大了斯大林的设想：在1959年的苏共二十一大上，赫鲁晓夫宣布苏联已进入一个新的、极重要的发展时期——全面展开共产主义社会建设的时期。这个时期的主要任务，是建立共产主义的物质技术基础。1961年，赫鲁晓夫在苏共二十二大上通过了以建立共产主义社会为主要内容的纲领，这个纲领规定在1961—1970年的10年中，苏联在建立共产主义的物质技术基础时，在按人口平均计算的产量方面超过美国，提出1971—1980年的第二个10年结束时，基本上建成共产主义社会。对此，赫鲁晓夫曾经吹嘘说：苏共三个纲领好比一支三级火箭，第一级火箭使我们脱离了资本主义世界，第二级使它上升到社会主义，第三级的任务则是引入共产主义轨道。

苏共长期对苏联所处发展阶段的认识以及在此基础上制定的路线都是脱离苏联国情的，总是急于向共产主义过渡，违背了生产力发展的客观要求，欲速则不达，导致经济体制僵化，结构畸形化。

### （三）我国超越阶段的教训

中国社会主义建设走过的道路同样不平坦，有三次超越阶段的教训：一是过早结束新民主主义阶段，社会主义改造过急；二是1958年的“大跃进”和“人民公社化”，希图过早地进入共产主义；三是“文革”中割资本主义尾巴，“反对资产阶级法权”（指按劳分配、商品经济）。中国改革之前的超阶段急躁冒进盲动，给经济造成的严重损失，使改革后的理论界立即思考中国的社会主义发展究竟处在什么阶段的问题。于是，在20世纪70年代末80年代初，理论界就提出了中国社会主义处于初级阶段即不发达阶段的认识，产生了重大的社会影响。

在20世纪五六十年代之交，毛泽东在总结苏联和中国“大跃进”教训时，曾经提出过：“社会主义这个阶段，又可能分两个阶段，第一个阶段是不发达的社会主义，第二个阶段是比较发达的社会主义。”① 但后来没有贯彻到底。又经过多次反复认识，邓小平做出这样的论断：“我们党的十三大要阐述中国社会主义是处在一个什么阶段，就是处在初级阶段，是初级阶段的社会主义。社会主义本身是共产主义的初级阶段，而我们中国又处在社会主义的初级阶段，就是不发达的阶段。一切都要从这个实际出发，根据这个实际来制定规划。”②

第一，初级阶段论与社会主义为什么会在东方落后的国家率先胜利有关。列宁在十月革命前就有社会主义可能在一国或数国胜利的论断，而且不是经济上发达的资本主义国家，恰恰是在经济上比较落后的国家。他在1915年写的《论欧洲联邦口号》一文中说：“经济政治发展的不平衡是资本主义的绝对规律。由此就应得出结论：社会主义可能首先在少数甚至在单独一个资本主义国家内获得胜利。”③ 次年，他在《无产阶级革命的军事纲领》一文中又阐述了同样的结论。列宁分析了社会主义可以在经济落后国家首先胜利的条件。这些条件主要是：①帝国主义时代资本主义发展的不平衡加剧。帝国主义内部的冲突加深，从而造成资本主义统治战线的薄弱环节。②帝国主义战争的严重破坏，使一些经济不发达国家的社会矛盾尖锐化，这些国家的人民除了起来革命没有别的出路。③不发达国家资产阶级的软弱性、动摇性甚至叛卖性使他们不可能举起民族民主革命的旗帜，把这些国家引上资本主义发展道路。④这些国家的无产阶级人数虽少，但革命性强，有农民做同盟军，有经过长期革命斗争锻炼的无产阶级政党的领导。如果这些条件汇合起来，就可以形成一种直接的革命形势。列宁关

①《毛泽东文选》第8卷，北京：人民出版社2003年版，第116页。

②《邓小平文选》第3卷，北京：人民出版社1993年版，第252页。

③《列宁选集》第2卷，北京：人民出版社1995年版，第554页。

于社会主义革命可能在不发达国家首先胜利的理论是列宁主义的重要组成部分。十月革命是在资本主义经济比较落后的俄国发生的，但它毕竟属于资本主义国家。而中国革命则是在半殖民地半封建社会发生的。

第二，中国取得新民主主义革命胜利又与国际形势的变化和中国自身的主观条件相联系。第二次世界大战后出现了一种特殊有利的国际环境，欧亚一系列国家，尤其是中国，取得人民民主革命的胜利并走上社会主义道路，进一步证明了列宁关于不发达国家可以越过资本主义发展阶段走上社会主义的科学论断。近代中国也是帝国主义争夺的焦点，其统治又相对薄弱；对于主观条件来说，我们有一个成熟的党创造了中国化的马克思主义——毛泽东思想。在中国革命过程中毛泽东提出的新民主主义革命理论，科学论证了在半殖民地半封建的中国，由于外国帝国主义的压迫与中国民族资产阶级的软弱性，不可能走上资本主义正常发展的道路，只可能经过新民主主义走上社会主义。这是对列宁关于不发达国家建设社会主义理论的继承和发展，是对科学社会主义理论的伟大贡献。

第三，经过中华人民共和国建立后前30年的建设，中国的社会主义既取得伟大成就，也积累了丰富的经验教训，我国有条件也必须走社会主义道路，但又是一种从不发达为起点的发展道路。对此，1987年邓小平做了这样的论述："现在的方针政策，就是对'文化大革命'进行总结的结果。最根本的一条经验教训，就是要弄清什么叫社会主义和共产主义，怎样搞社会主义。搞社会主义必须根据本国的实际……结果中国停滞了。这才迫使我们重新考虑。考虑的第一条就是要坚持社会主义，而坚持社会主义，首先要摆脱贫穷落后状态，大力发展生产力，体现社会主义优于资本主义的特点。"① 基于以往的教训，中国不能重复以往超越阶段的做法，应当实事求是地认识自己，一步一个脚印地"从头越"。第一步要解决的是摆脱落后状态，走向富裕，基本实现现代化，然后才能进入发达社会主义阶段。

---

①《邓小平文选》第3卷，北京：人民出版社1993年版，第223—224页。

## 二、社会主义初级阶段的长期性、两重性、过渡性和基本特征

中国社会主义初级阶段的确立，是以生产关系一定要适合生产力发展水平的规律为依据的。邓小平说：“搞社会主义，一定要使生产力发达，贫穷不是社会主义。我们坚持社会主义，要建设对资本主义具有优越性的社会主义，首先必须摆脱贫穷。现在虽说我们也在搞社会主义，但事实上不够格。只有到了下世纪中叶，达到了中等发达国家的水平，才能说真的搞好了社会主义，才能理直气壮地说社会主义优于资本主义。现在我们正在向这个路上走。”①

概括来说，社会主义初级阶段的科学论断包括两层含义：一是我国已经进入社会主义社会。我国在社会主义改造基本完成以后，就具备了社会主义的一般特征。当今我国已经建立起以生产资料公有制为主体的社会主义所有制关系和以按劳分配为主体的社会主义分配制度，已经建立起了社会主义工业化的基础，劳动人民当家做主的国家主权得到巩固，社会主义精神文明已经得到初步发展。二是我国的社会主义社会还处在初级阶段。在这里“初级阶段”强调的是中国在社会主义发展进程中所处的历史方位，即“不发达阶段”，初级阶段的根本特点就是不发达，根本原因是中国社会主义社会脱胎于半殖民地半封建社会，没有经过资本主义阶段生产力充分发展。我们必须正视而不能超越这个阶段。前者表明我国社会的性质有着与社会主义其他阶段共同的本质。后者表明我国社会主义的发展程度有着不同于已经实现现代化阶段的特殊性。

社会主义初级阶段作为社会主义社会的一个特殊的阶段，它的主要矛盾是什么？按照党的十五大的说法：在社会主义初级阶段，我国经济、政治、文化和社会生活各方面存在种种社会矛盾，但主要矛盾是人民日益增

①《邓小平文选》第3卷，北京：人民出版社1993年版，第225页。

长的物质文化需要同落后的社会生产力之间的矛盾。其他的各种矛盾都为这个主要的矛盾所决定、所影响。也就是说，各种社会矛盾不管是直接的还是间接的，都是由社会生产力落后引起的。落后的社会生产力是相对意义上的，是相对于发达国家的生产力而言的、相对于满足合理需要的尺度而言的。这个主要矛盾贯穿于我国社会主义初级阶段的整个过程和社会生活的各个方面。只有紧紧抓住这个主要矛盾，才能准确地观察和把握社会矛盾的全局，有效促进各种社会矛盾的解决。

社会主义初级阶段的主要矛盾为什么是人民日益增长的物质文化需要同落后的社会生产力之间的矛盾？这是由我国的社会性质和国情现状所决定的。我国的社会主义制度，决定了我们发展经济的目的是为了广大人民实现共同富裕，千方百计地满足人民的物质文化需要，将来到了社会主义发达阶段我们的经济目的仍然是这样。经过 60 多年的发展，特别是改革开放以来 30 多年的发展，我国社会主义水平有了很大的提高，但是中国社会主义建设的起点低，所以仍然处于不发达状况；在经济结构上，包括产业结构、区域经济结构、科技结构等方面发展极不平衡，离现代化的目标还有很大的差距；在经济运行机制上，我国的市场经济仍然不发达，商品市场、资本市场、劳动力市场以及其他生产要素市场均不完善，有待发育；社会生活中，不少地方半自然经济还占相当的比重；国民总体素质仍然不高，只具有少量的世界先进水平的技术，技术水平普遍不高，工艺水平和管理水平落后；科技教育总体水平还比较低，处于普及义务教育的阶段；各地区的发展还很不平衡，少数城市和有些沿海地区发展水平较高，广大农村则比较落后，少数一部分人的脱贫问题还有待解决。从总体上说，中国的人口多、底子薄、地区发展不平衡，生产力不发达的状况还没有从根本上改变；社会主义市场经济体制还有待成熟，国民经济市场化程度还不高；社会主义的民主法制还不够健全，社会主义的各项具体制度还有待进一步完善；封建主义、资本主义腐朽思想和小生产习惯势力在社会上还有广泛的影响。

现在的中国是一个典型的发展中大国，在经济和社会发展水平上与发达国家还有相当的距离，与中等发达国家之间也有差距。与马克思所设想的成熟的社会主义相比，中国还是一个不成熟、不发达的社会主义。这样的国情决定了我国社会主义初级阶段的主要矛盾只能是人民日益增长的物质文化需要和落后的社会生产力之间的矛盾，矛盾的主要方面是大力发展生产力。而发展生产力是手段，满足人民的需要是目的。它的主要特征是长期性、两重性、过渡性。

长期性，指它持续的时期不是几年十几年，而是上百年。因为中国从一个生产力落后的国家变为生产力发达国家需要长期努力，而且世界经济是发展的。要在竞跑中赶上先进国家。更重要的是科学技术的发展呈加速度趋势，要成为先进的经济发达国家不仅看数量，更要看质量，看科学技术水平，看综合国力。而生产力发展有一个循序渐进过程，即使路子对了也只能小步快跑，而不能完全超越阶段。以往的教训就出在“急”字上。鉴于此，必须付出几代人的努力，不可急于求成。

两重性，是指基本经济制度是以公有制为主体、多种成分共同发展，既有社会主义主体的一面，也有非社会主义多种成分一面。两者相处于一个社会整体中，既有互相促进的一面，也有互相矛盾的一面。坚持正确路线，坚持公有制为主体、多种成分共同发展，就会形成合力，推动社会生产力的发展和社会主义制度的完善。如果忘记和削弱了公有制主体地位，搞私有化，社会主义制度也可能被销蚀掉，陷入资本主义或其他非社会主义制度（如封建制度变种）。鉴于此，必须正确处理两重性的关系，既不能采取过急措施，过早地消灭非公有成分，犯“左”的错误；更不能走私有化道路，犯右的错误，使社会主义制度蜕变。

过渡性，指它不是纯粹的发达的社会主义，是一个过渡型的历史时期。尤其是国际上资本主义还占主导地位，国内在一定领域内还存在阶级斗争，在一定条件下还是很激烈的，突出的是国内外阶级斗争的互相影响、彼此勾连，其危险性更大。对于这种过渡要长期保持清醒头脑。苏联和平演变就是前车之鉴。

对于阶级斗争问题，争论很大。最根本的还是坚持实事求是。从客观实际看，我国是否还存在阶级斗争？大规模的阶级斗争的确已不存在，阶级斗争已不是社会的主要矛盾，但并不是完全不存在阶级和阶级斗争，只是其形态变得特殊了。目前来看，应当存在五种类型的特殊形态的阶级斗争：

一是受国外敌对势力支持、指使的各种分裂势力、恐怖性组织、间谍。这些势力在一些地区十分猖獗，不断制造事端。

二是国际阶级斗争对国内的影响。西方敌对势力极力在社会主义中国培养一个“代理人”阶层。他们通过各种渠道，运用各种方式对中国实施分化、西化策略，有的直接用金钱支持某些组织（如研究机构）形成与党和政府专门唱对台戏的势力；有的通过强劲宣传机器使一些人换脑筋，作为他们的宣传工具，形成一股杂音思潮的骨干势力，包括一些头面人物。有的能量很大，甚至控制一些媒体（特别是网络），建立起某种“话语霸权”，乃至成为西方代言人的机器。应当清醒地认识到：只要有西方敌对势力的强势存在，必然会在国内培植、繁殖多种多样的代理人阶层，宣传他们的价值观、政治主张，力图利用各种机会使中国改变颜色或搞“颜色革命”。忽视这一点，就会犯政治幼稚病。

三是同各种犯罪分子和犯罪团伙的斗争，这也属于“特殊的阶级斗争”。早在 1979 年纠正“以阶级斗争为纲”时，邓小平就指出：“在社会主义社会，仍然有反革命分子，有敌特分子，有各种破坏社会主义秩序的刑事犯罪分子和其他坏分子，有贪污盗窃、投机倒把的新剥削分子，并且这种现象在长时期内不可能完全消灭。同他们的斗争不同于过去历史上的阶级对阶级的斗争（他们不可能形成一个公开的完整的阶级），但仍然是一种特殊形式的阶级斗争，或者说是历史上的阶级斗争在社会主义条件下的特殊形式的遗留。”[①] 在社会主义市场经济中，仍然会产生出“第三只手”[②]，形成利用市场机会又破坏市场秩序的犯罪团伙；至于腐败官员也有团伙化的趋势。虽然他们多数是分散的，没有公开的经济基础（有的拥有相当大的经济实力），但也是特殊形式的阶层，是阶级斗争“特殊形式的遗留”。

四是意识形态领域的阶级斗争更为复杂。受西化影响，有一批人利用网络与党和政府专唱对台戏，公开反对马克思主义，不惜辱骂祖国，但多数属于人民内部矛盾（阶级斗争和敌我矛盾不完全是一个概念，有的人思想虽然问题很大，但并无反对社会主义的犯罪行动，可以通过教育争取过来）；个别顽固分子不听劝阻，组织违法的破坏活动，造成社会危害，也会使矛盾性质转化。有的在舆论上也要采取针锋相对的理论博弈。

五是在社会主义初级阶段属于中国特色社会主义建设者的私营企业仍具有两重性。他们绝大多数对社会主义做出了贡献，有一部分人相当优秀；但也有少数人“为富不仁”，做了许多不利于人民的事，有的腐蚀官员、官商勾结，甚至形成奸商、贪官、黑恶势力互相勾结的“黑三角”。广大劳动人民，包括受其雇佣的员工（进城务工人员居多），同他们有剥削与被剥削的矛盾，也有和谐相处的共同利益。他们之间的关系（如收入分配、劳动条件及其他纠纷），大量的属于人民内部矛盾，通过协商教育可以解决；但少数犯法又屡教不改者也会突破人民内部矛盾的范畴，而且大量的私有经济特别是资本主义性质的经济存在，也反映到意识形态领域和政治领域，表现为各种特殊的阶级矛盾。这种状态，是社会主义初级阶段特殊形态的阶级关系，也必然表现为形式多样的特殊形态的阶级斗争。在大资本集团形成后，还要在政治上与党和政府对抗。对于这种关系，一定要把现行政

---

①《邓小平文选》第2卷，北京：人民出版社1994年版，第169页。

② 杨承训：《协同“两只手”必须剩制“第三只手”——处理好政府与市场关系的一个重要问题》，《毛泽东邓小平理论研究》2013年第2期。

策与理论认识区别开来，不可因为政策上鼓励发展就忘了客观存在的阶级性，需要善于处理好两类不同性质的矛盾，既要充分调动其积极性，又要加以引导教育，依法抑制其消极面，警惕各种错误的杂音利用这种经济基础力量。

综上所述，阶级和阶级斗争特殊形态是客观存在的，有时斗争还是很激烈的，不能闭眼不承认事实。把阶级斗争视为主要矛盾是错误的，对阶级斗争一概否定、宣扬“阶级斗争熄灭论”、否定一定范围内进行阶级分析，也是错误的。我们应当承认事实，遵守宪法，共产党员还必须遵守党章。我们观察一些重要问题特别是国际斗争，一定要按党中央的要求，坚持马克思主义的阶级观点，把握新时期阶级斗争的特殊性。只有这样，才能保持在复杂的斗争中掌握主动权。

我们党在这方面的理论创新在于：一是分析社会主义初级阶段的阶级与阶级斗争的特殊形态；二是把阶级矛盾与两类不同性质的矛盾区别开来，国内的阶级斗争不等于敌我矛盾，大部分属于人民内部矛盾，只在一定条件下互相转化；三是对阶级矛盾的处置采取依法治理，在法制的框架内区分两类矛盾以不同方法处理，不搞群众运动；四是认识这类阶级矛盾的长期性、多元性、交叉性、时高时低的起伏性。只要掌握这样几条，既不会使阶级斗争扩大化，也不会麻痹。

从总体上看，社会主义初级阶段，必然产生矛盾的复杂性。矛盾不是消灭了，不是减少了，也不是简单化了，而是矛盾丛生，交错多变，充满风险。特别是在这样一个长时期内，保持社会主义长治久安、塑造“不倒翁”机制和能力，是不容易的，需要将共产主义坚定信念一代一代传下去，这就需要长期保持共产党的纯洁性、坚强性。党的领导集体和党的各级组织要有马克思主义的立场、观点和方法，善于处理复杂的矛盾和系统治理国家。

## 三、认识和掌握社会主义—共产主义分阶段发展规律

社会主义—共产主义是美好，但它同一切社会一样有一个发展过程，要区分不同的发展阶段，而且大的阶段中还有小的阶段，小阶段中还要再分若干更小阶段。这符合唯物辩证法，也符合历史唯物论。

按照恩格斯的论述，唯物辩证法“把世界理解为一种过程，理解为一种处在不断的历史发展中的物质”。人类历史也是如此，“社会不会在人类的一种完美的理想状态中最终结束”①，“一切依次更替的历史状态都只是人类社会由低级到高级的无穷发展进程中的暂时阶段。每一个阶段都是必然的，因此，对它发生的那个时代和那些条件来说，都有它存在的理由；但是对它自己内部逐渐发展起来的新的、更高的条件来说，它就变成过时的和没有理由的了；它不得不让位于更高的阶段，而这个更高的阶段也要走向衰落和灭亡”②。就是说，任何事物都是一个发展过程，而这个过程又区分为不同的发展阶段。各个阶段对于全过程来说，是其纵向展开的一个过渡环节和桥梁，具有相对性，又具有稳定性。这是普遍规律。“全程”和“阶段”从纵向上构成辩证法的一对范畴，也是对立统一的关系。

毛泽东在《矛盾论》中专门深刻论述了阶段和全程的关系。他分析了资本主义的发展阶段、我国旧民主主义和新民主主义的两个阶段及其各个大阶段的小阶段。实践证明，他的这一辩证法观点及其指导的战略思想，成了中国革命制胜的强大理论武器。

那么，事物的发展为什么要有阶段性？毛泽东从两个方面做了阐明。

一是从矛盾发展揭示“阶段”的内在运动特征。他在论证矛盾的特殊性时说道：“事物发展过程的根本矛盾及为此根本矛盾所规定的过程的本

---

①《马克思恩格斯选集》第4卷，北京：人民出版社1995年版，第228页。

②《马克思恩格斯选集》第4卷，北京：人民出版社1995年版，第216—217页。

质，非到过程完结之日，是不会消灭的；但是事物发展的长过程中的各个发展的阶段，情形又往往互相区别。这是因为事物发展过程的根本矛盾的性质和过程的本质虽然没有变化，但是根本矛盾在长过程中的各个发展阶段上采取了逐渐激化的形式。并且，被根本矛盾所规定或影响的许多大小矛盾中，有些是激化了，有些是暂时地局部地解决了，或者缓和了，又有些是发生了，因此，过程就显出阶段性来。如果人们不去注意事物发展过程中的阶段性，人们就不能适当地处理事物的矛盾。"① 就是说，由于事物在根本矛盾一直存在的情况下，矛盾的状态、构成要素及其条件发生变化，必定显示出阶段性特征，呈现出过程的纵向梯级性。这是矛盾的普遍性与特殊性互相关系的一个内容。

二是从量变质变规律上提出"部分质变"的原理区分不同阶段。早在抗日战争时期，他就提到："质在过程各个阶段中起变化，规定着量也起变化。量的变化也促进质的变化。"② 在社会主义建设时期他又明确提出"部分质变"的概念。他说："我国现在经济上的平衡和不平衡的变化，是在总的量变过程中许多部分的质变。"③ 最集中的论述是在《读苏联〈政治经济学教科书〉的谈话》中，他说：

"一切事物总是有'边'的。事物的发展是一个阶段接着一个阶段不断地进行的，每一个阶段也是有'边'的。不承认'边'，就是否认质变或部分质变。"

"量变和质变是对立的统一。量变中有部分的质变，不能说量变的时候没有质变；质变是通过量变完成的，不能说质变中没有量变。质变是飞跃，在这个时候，旧的量变中断了，让位于新的量变。在新的量变中，又有新的部分质变。"

---

①《毛泽东选集》第1卷，北京：人民出版社1991年版，第314页。

②《毛泽东哲学批注集》，北京：中央文献出版社1988年版，第51—52页。

③《毛泽东文集》第7卷，北京：人民出版社1999年版，第353页。

“社会主义一定要向共产主义过渡。过渡到了共产主义的时候，社会主义阶段的一些东西必然是要灭亡的。就是到了共产主义阶段，也还是要发展的。它可能要经过几万个阶段。能够说到了共产主义，就什么都不变了，就一切都‘彻底巩固’下去吗？难道那个时候只有量变而没有不断的部分质变吗?”①

这几段精辟论述，提出和阐发了“部分质变”的新概念，丰富了唯物辩证法，也为认识和把握“阶段”范畴提供了一把钥匙。我们还可以理解任何事物的发展都有阶段之分，大阶段之中又有小阶段，小阶段中还会有更小阶段。这就是阶段的多层次性、多时段性，量变积累导致部分质变，若干部分质变积累又导致质的飞跃。

马克思把唯物辩证法运用于人类社会历史，创建了历史唯物主义，论述人类社会发展动力及其阶段性特征。他说：“社会的物质生产力发展到一定阶段，便同它们一直在其中运动的现存生产关系或财产关系（这只是生产关系的法律用语）发生矛盾。我们判断这样一个变革时代也不能以它的意识为根据；相反，这个意识必须从物质生活的矛盾中，从社会生产力和生产关系之间的现存冲突中去解释。无论哪一个社会形态，在它所能容纳的全部生产力发挥出来以前，是决不会灭亡的；而新的更高的生产关系，在它的物质存在条件在旧社会的胎胞里成熟以前，是决不会出现的。大体说来，亚细亚的、古代的、封建和现代资产阶级的生产方式可以看作是经济的社会形态演进的几个时代”。② 这就告诉我们，人类社会历史的演进阶段不是人们主观的选择，而是客观条件决定的，根本上取决于社会生产力发展水平及共同生产关系以及交换方式的相互作用。这是讲的大历史阶段。对于以人的自觉性为特征的社会主义来说，需要在建设和改革中依照历史的客观行程和客观条件认识与把握社会主义社会的阶段性及其更加细分的

---

①《毛泽东文集》第7卷，北京：人民出版社1999年版，第33页。

②《马克思恩格斯选集》第2卷，北京：人民出版社1995年版，第33页。

诸多中小阶段。“把握时代特征”的论点，深刻生动地体现和丰富了唯物辩证法。

从目前我们理解的马克思主义政治经济学原理看，共产主义分高级阶段和低级阶段，而低级阶段社会主义又分发达阶段和初级阶段。由于社会主义初级阶段长达上百年时间，又要分若干小的阶段，邓小平从中国的实际出发，提出了三步走的战略：①1980—1990 年国民生产总值翻一番，基本解决温饱问题；②1991—2020 年初步实现小康，人均 GDP 达到 1 万美元（这里都指现汇价，不是指购买力平价，后者相当于前者的 3.5 倍左右）；③2001—2050 年达到中等发达国家水平，人均 GDP 达到 2—3 万美元以上。到 2000 年，邓小平规划的第二步战略提前实现。以江泽民为核心的党的第三代领导集体又提出 21 世纪前 50 年（即第三步战略）还要再分若干小的阶段，江泽民同志称之为“小三步走”。习近平讲的“两个一百年”的目标，第一个一百年系中国共产党成立 100 年，即 2021 年前实现全面建成小康社会；第二个一百年系中华人民共和国成立 100 年，达到社会主义初级阶段的基本目标，实现中华民族的伟大复兴。实际上，在这些更小阶段中，还会区分为更微小的阶段，如现在进入的“新常态”，就是特定的具体阶段。我们掌握社会主义分阶段发展规律，必须善于认识和掌握每一个具体阶段的具体特征，不犯过急或迟缓的错误。这就是人常说的：“罗马不是一天建成的。”我们必须充满自信、脚踏实地走，夺取一个又一个胜利。

（原载于《毛泽东邓小平理论研究》，2016 年第 5 期）

# 中国特色社会主义改革的机理和特点

## ——兼谈对社会主义改革规律认识的来龙去脉

改革是社会主义自我完善。这是马克思主义政治经济学的一个新内容、新亮点，也是中国特色社会主义政治经济学的一大支柱。正如邓小平所说："坚持改革开放是决定中国命运的一招。"① 2014 年习近平又做了这样的评价："改革开放是我们党在新的时代条件下带领人民进行的伟大革命，是当代中国最鲜明的特色，也是我们党最鲜明的旗帜。35 年来，我们党靠什么来振奋人心、统一思想、凝聚力量？靠什么激发全体人民的创造精神和创造活力？靠什么来实现我国经济社会快速发展、在与资本主义竞赛中赢得比较优势？靠的就是改革开放。"② 可以说，自 1978 年开始的中国特色社会主义历史，就是改革开放的历史。我们应当把全面深化体制改革视为社会主义自我完善的一条重要经济规律（对外开放也是广义的改革，下面将做论述）。

## 一、 对社会主义改革规律认识的来龙去脉

恩格斯说过："政治经济学本质上是一门历史的科学。"③ 毛泽东进一步

①《邓小平文选》第 3 卷，北京：人民出版社 1993 年版，第 368 页。

②《习近平谈治国理政》，北京：外文出版社 2014 年版，第 86 页。

③《马克思恩格斯选集》第 3 卷，北京：人民出版社 1995 年版，第 489 页。

指出："规律不能自身说明自身。规律存在于历史发展过程中，应当从历史发展过程分析中来发现和证明规律。"① 我们认识改革——社会主义自我完善规律也是如此。

社会主义社会是一成不变的还是经常变革的？是一劳永逸的还是不断完善的？这个问题争论了100多年。在社会主义由空想变为科学之后，渐渐地开始了两种模式之争。恩格斯早就指出："所谓'社会主义社会'不是一种一成不变的东西，而应当和其他社会制度一样，把它看成是经常变化和改革的社会。"② 由于当时尚无社会主义的实践，只能站在历史的高度，用唯物辩证法发现社会发展的一般规律，进而预示未来社会的发展趋势。这个论点应视为社会主义自我完善和不断改革的思想萌芽，它涉及社会主义建立后还有没有矛盾的问题。列宁坚持了辩证法，在十月革命后，他针对有人认为新社会不再有矛盾的说法，明确回答："极不确切。对抗和矛盾完全不是一回事。在社会主义下，对抗将会消失，矛盾仍将存在。"③ 在实践中，他认为社会主义建立后要实行一定的"改良主义"，随着生产力的提高要"同时改善和改造我们的苏维埃制度"。④ 继之，斯大林坚持了社会主义道路，但是他否认社会主义制度需要不断变革："在我国社会主义条件下，经济发展并不是变革的方式，而是以逐步变化的形式进行。""在社会主义制度下……这里生产关系同生产力状况完全适合，因为生产过程的社会性是由生产资料的公有制所巩固的。⑤" 这种"完全适合论"影响了斯大林以后的几代苏联领导人，他们始终没有解决自身完善的改革的理论与实践问题。直到20世纪80年代后期，戈尔巴乔夫从一个极端跳到另一个极端，以"改革"为名，完全抛弃了社会主义。从某种意义上说，这是对僵化模式的

①《毛泽东文集》第8卷，北京：人民出版社1999年版，第106页。
②《马克思恩格斯选集》第4卷，北京：人民出版社1995年版，第693页。
③《列宁全集》第60卷，北京：人民出版社1990年版，第281—282页。
④《列宁选集》第4卷，北京：人民出版社1995年版，第410页、第613页。
⑤《斯大林选集》（下），北京：人民出版社1979年版，第449页。

一种惩罚。

20 世纪 50 年代中期，苏联的弊端逐渐暴露，同时，中国也出现了一些社会经济问题，在此历史背景下，毛泽东在认识上有一个新的突破，就是克服把社会主义理想化、否定矛盾的观念，发展了矛盾的观点。他提出："我们不要迷信，认为在社会主义国家里一切都是好的。事物都有两面：有好的一面，有坏的一面……正因为是这样，我们才要进行改造，把坏的东西改造成为好的东西。"① 1957 年在《关于正确处理人民内部矛盾的问题》的名著中，他做了高屋建瓴的理论概括："在社会主义社会中，基本的矛盾仍然是生产关系和生产力之间的矛盾，上层建筑和经济基础之间的矛盾。"但这些矛盾又同旧社会的矛盾具有"根本不同的性质"，是一种"又相适应又相矛盾的情况"，"它不是对抗性质的，它可以经过社会主义制度本身，不断地得到解决，并把社会主义社会的矛盾当作发展的动力"②。在马克思主义著作中这是一个崭新的论点，是社会主义经济学的重大突破。

经过 30 年的风风雨雨，邓小平科学地总结了正反两方面的历史经验，包括苏联的教训，坚持和发展了毛泽东关于社会主义社会基本矛盾的观点，明确提出"改革是社会主义制度的自我完善，在一定范围内也发生了某种程度的革命性变革"③ 的科学论断，又指出"改革是中国的二次革命"④，社会主义基本制度确立以后，还要从根本上改变束缚生产力发展的经济制度，建立起充满生机和活力的经济体制，并把"解放生产力"作为社会主义本质的体现。从根本上说，自我完善机制正是由社会主义共同富裕的本质属性所决定的。这就在理论与实践的结合上形成全面改革的学说，实现了马克思主义中国化的第二次飞跃。

多年的历史事实，正面的经验和反面的教训证明，社会主义改革不是

---

①《毛泽东文集》第 7 卷，北京：人民出版社 1999 年版，第 69 页。

②《毛泽东文集》第 7 卷，北京：人民出版社 1999 年版，第 214 页。

③《邓小平文选》第 3 卷，北京：人民出版社 1993 年版，第 142 页。

④《邓小平文选》第 3 卷，北京：人民出版社 1993 年版，第 113 页。

一个简单的政策措施，而是反复出现的一个成长规律。社会主义也同一切有机体一样，有一个新陈代谢的发育过程，也需要多次否定之否定才能成熟起来。我们应当视为改革——社会主义自我完善的客观规律。

从中国特色社会主义理论体系形成过程看，改革开放乃是它直接的实践基础，一系列新的论点都是在这个伟大实践基础上提出并接受检验的。这一理论体系的深化，也必然与深化改革的实践共同构成认识的循环进程。

## 二、 社会主义改革的机理和特点

“自我完善”作为中国特色社会主义经济学的重要范畴，有它特定的含义，我们应当研究它的丰富内涵、制度基础和主要特点。

### (一)“自我完善”的内涵

改革是社会主义的自我完善，就是社会主义社会能够依靠自身的力量和机制，通过自觉的改革，正确解决生产关系和生产力、上层建筑和经济基础的矛盾和其他一切社会矛盾，实现制度创新，使自身不断适应先进生产力发展和人的全面发展的要求，充分发挥制度的优越性。就是说，改革是社会主义的一个特征，是社会主义生命力之所在。它包含以下七点内容。

一是改革的目的。邓小平指出：“我们要赶上时代，这是改革要达到的目的”。[①] 用三句话概括：就是要解放和发展社会生产力，实现国家现代化，让中国人民富裕起来，振兴伟大的中华民族；就是要推动我国社会主义制度自我完善和发展，赋予社会主义新的生机活力，建设和发展中国特色社会主义；就是要在引领当代中国发展进步中加强和改进党的建设，保持和发展党的先进性，确保党始终走在时代前列。

二是改革的性质。改革既是我们党领导的一场新的伟大革命，又是社

---

①《邓小平文选》第3卷，北京：人民出版社1993年版，第372页。

会主义制度的自我完善和发展。也就是说，我们党领导的改革绝不是要改掉社会主义制度，而是通过改善、改良、改变具体制度增强根本制度的活力。所谓体制，就是具体的运作管理制度，有的是要改好，有的要改掉，换成新的具体制度（包括某些环节），并且在主体所有制地位不变条件下调整所有制结构及其实现形式。我们党领导的改革之所以实现了目的和效果的高度统一，就在于我们既坚定不移地推进深化，又坚定不移地坚持中国共产党领导，坚持社会主义，坚决排除各种错误思潮、错误倾向的干扰，始终沿着正确方向前进。

三是改革的深层动因。确认社会主义制度下基本矛盾仍然是生产关系与生产力（以及与交换方式）的矛盾、上层建筑与经济基础的矛盾，并作为自身完善和发展的动力。前一种矛盾是最基础的，后一种矛盾是前一种派生的，而生产力则是最根本的决定因素，在一般情况下它是矛盾的主要方面，但又在一定条件下互相转化。这个基本矛盾同其他一切社会形态是一致的，也是推动社会自身发展的动能所在。社会主义社会并非脱离人类物质世界、以幻想为基础的社会，而是人类社会发展的一个特定阶段。一定要把历史唯物论的基本观点贯彻到底。

四是社会主义改革与其他社会制度改革的区别。社会主义社会的基本矛盾与剥削阶级占统治地位的社会制度的不同，就在于它的矛盾性质。由于它以实现人民的共同富裕和人的全面发展为宗旨，其基本矛盾的性质为非对抗性的，表现在人与人的关系上主要的一般不再是激烈的阶级对抗，而是在共同利益一致基础上的矛盾，即人民内部矛盾。只有在特殊情形下（如国外敌对势力插手、国内残余敌对势力捣乱以及对人民内部矛盾处理不当等情况）才会转化为对抗性矛盾。对此，早在 1956 年，毛泽东就做过这样的论述，“在我们面前有两种性质不同的矛盾：第一种是敌我之间的矛盾……第二种是人民内部的矛盾……它的发生不是由于阶级利害的根本冲突，而是由于正确意见与错误意见的矛盾，或者由于局部性质的利害矛盾。

它的解决首先必须服从于对敌斗争的总的利益。人民内部的矛盾可以而且应该从团结的愿望出发，经过批评或者斗争获得解决，从而在新的条件下得到新的团结。”① 当然，实际生活的情况是复杂的，可以互相交叉、互相转化，关键在于正确处理。在社会主义条件下能够自觉地依靠自身的力量正确解决这些人民内部矛盾，不断实现自我革新、自我优化。

五是改革的演进。在社会主义自我完善过程中，不但有量变，而且有部分质变，到了一定的阶段还会有质变。所谓部分质变，是在根本制度不变的前提下，一些重要领域、重要形式发生根本的变化。比如，生产关系的社会主义性质不变，但其实现形式发生重大变化；特别是运行形式根据生产力发展的要求发生根本性的变革，如由计划经济体制转换为社会主义市场经济体制，就是极其深刻的部分质变，这会触及诸多种深层次矛盾。所谓到一定阶段会发生质变，那是指重要发展阶段的演进，比如社会主义初级阶段演变为社会主义发达阶段，将来社会主义要进入共产主义阶段，就要发生全面的变革。但不管是部分质变还是特殊的质变，都不会采取激烈对抗的形式，不是由一个阶级推翻另一个阶级的革命。在多数情况下是量变与部分质变的交叉。这些变化，都是通过改革实现的。

六是改革的内容与形式。自我完善的基本形式是体制改革、制度创新，包括根据生产力发展的要求，重新确立社会主义发展进程的历史方位、改变和优化所有制结构、公有制实现形式、分配方式、劳动制度、社会保障体系、管理体制以及上层建筑的一些制度和环节，如政治体制、科技体制、教育体制、卫生体制等等；同时，还包括生产力本身结构和管理形式的改革。总之，社会主义自我完善是全面的改革。只要有利于社会主义社会的生产力发展，什么样的形式都可以选择。从利益关系上说，改革是利益关系的调整，它必然触及一部分由旧体制造成的既得利益者。所以，邓小平

---

①《毛泽东传（1949—1976）》，北京：中央文献出版社2003年版，第610页。

多次讲："我们把改革当作一种革命"，"改革是中国的第二次革命"。[①] 在基本体制定型之后，还会继续改革。因为社会生产力是不断发展的，生产关系的具体形式、上层建筑的一些环节总是会出现新的不适应，需要不断优化、不断创新。这就是社会主义自我新陈代谢的机制。正如毛泽东所说："人类还是在青年时代。人类将来要走的路，将比过去走过的路，不知要长远得多少倍。革新和守旧，先进和落后，积极和消极这类矛盾，都将不断地在不同条件下和各种不同的情况中出现。一切都将是这样：一个矛盾将导致另一个矛盾，旧的矛盾解决了新的矛盾又会产生。"[②] 今后还会有新的矛盾需要改革，而且每当发展进入一个新阶段，总会有一部分利益固化，有些人不想再前进，社会需要再完善。即使到共产主义社会，也还会存在这类矛盾，并推动社会前进。这就是自我完善的辩证法。

七是改革的特殊性。中国由 20 世纪 70 年代末开始的改革，主要是改变旧的不利于生产力发展的计划经济体制。这个体制基本上是从苏联学来的，它的理论基础是以发达资本主义社会为平台，尚未得到实践检验的设想，从而建构了脱离现实生产力水平、死板僵化的体制。我国的改革对其在许多方面动了大手术，或者叫"脱胎换骨"的改造，带有革命性的转变。当时的历史背景是：一方面，从我国自身的情况看，"文化大革命"十年内乱，使党、国家和人民遭到严重挫折和损失。邓小平曾经说，"文化大革命"结束时，"就整个政治局面来说，是一个混乱状态；就整个经济情况来说，实际上是处于缓慢发展和停滞状态"[③]。我们必须通过改革开放，增强我国社会主义的生机活力，解放和发展社会生产力，改善人民生活。另一方面，从外部环境看，20 世纪 70 年代世界范围内蓬勃兴起的新科技革命推动世界经济以更快的速度向前发展，我国经济实力、科技实力与国际先进

①《邓小平文选》第 3 卷，北京：人民出版社 1995 年版，第 113 页。

②《毛泽东传（上）》，北京：中央文献出版社 2003 年版，第 505 页。

③《邓小平文选》第 3 卷，北京：人民出版社 1993 年版，第 239 页。

水平的差距明显拉大，面临着巨大的国际竞争压力。我们必须通过改革开放，带领人民追赶时代前进潮流。

### （二）“自我完善”的制度基础

社会主义制度之所以具有自我完善、自我创新的功能，是由社会主义本质所决定的。由于社会主义的宗旨是实现共同富裕，它的经济关系中总体上不包含根本利益冲突的因素，不存在顽固保护少数人利益的阶级基础，不需要将某些不适合生产力发展的体制凝固化。就生产关系来说，社会主义制度始终坚持以公有制为主体，它是实现共同富裕的经济制度基础。以往对公有制的理解局限于某种特定的实现形式，但生产关系的具体形式正确与否，不能用生产关系自身为标准来衡量，而必须用它对生产力的作用去衡量。这里需要弄清三个问题：

一是不能把实质与形式混淆起来。一种性质的事物可以表现为不同形式，形式取决于内容，又服务于内容，形式不恰当又会影响乃至扭曲内容。而具体形式的选择又受许多具体条件的影响。所以，既要注重内容与形式的联系，又不要把某种形式简单地等同于内容。公有制也是如此。事实上，只要符合公有制的本质要求，便可以采取许多灵活的形式。在历史上各种所有制都不是单一的实现形式，各国、各地、各个发展阶段都采取了多种多样的形式。毛泽东曾经形象地比喻：“一棵树的叶子，看上去是大体相同的，但仔细一看，每片叶子都有不同。有共性，也有个性，有相同的方面，也有相异的方面。这是自然法则，也是马克思主义的法则。”① 公有制采取什么样的形式，主要是看哪一种更适合生产力发展的需要。社会主义自我完善，首先是完善公有制的实现形式，它的本质则要求更灵活、更具活力。

二是要弄清主要矛盾和次要矛盾及矛盾主要方面和次要方面的关系。“在复杂的事物的发展过程中，有许多的矛盾存在，其中必有一种是主要的

---

①《毛泽东文集》第7卷，北京：人民出版社1999年版，第76页。

矛盾，由于它的存在和发展，规定或影响着其他矛盾的存在和发展。”“事物的性质主要地是由取得支配地位的矛盾的主要方面所规定的。”① 公有制虽然在社会主义社会的整个发展阶段占支配地位，决定社会的性质，但是在发展的各个小阶段中则由于生产力发展状况不同，而与其他所有制形式所处的关系不同，从而所有制结构也有所不同，不能纯而又纯、全部地公有化。这也是改革后的现实与原来设想的区别。

三是改革涵盖广泛领域，而且互相交叉，它主要包含以下四点内容：

第一，生产关系中不仅包含所有制关系，而且还有更丰富的重要内容。比如，分配也是所有制的一种派生的实现形式，集中体现利益关系，是生产关系的重要方面。但分配关系有相对的独立性，并非完全被动地适应所有制的要求，它的具体形式也是多种多样、经常变动的。归根到底，分配取决于可供分配的财富数量，而不是主观预定的。分配制度的改革同产权改革既有统一性，又有特殊性，是影响生产力发展特别是各类劳动者和经营者积极性的重要因素，而且还会影响人们的社会关系（如效率与公平的关系）。再如劳动制度在生产关系中占有重要地位，关系到劳动资源的配置与就业问题，影响财富的创造和社会稳定。广义地说，社会保障制度，也属于生产关系的范畴，关系到劳动者的长远利益。科技体制改革，总体上也属于生产关系领域改革。此外，干部制度即有关管理者的制度，既属于上层建筑，也属于生产关系，因为管理是现代生产力的一个要素，具有生产力与生产关系两重属性，执行管理的人员应当视为生产力与生产关系互相结合的介体，往往能够决定一个企业的命运，影响一个地区乃至一个国家的发展。所以，改善、优化干部制度乃是全面改革的重要方面，牵连着深层次矛盾。总之，生产关系改革包含丰富的内容，是一个包含多层次、多侧面的复杂系统，不可简单化。而这一系统的改革，能够释放出巨大活力。

---

①《毛泽东选集》第1卷，北京：人民出版社1991年版，第320页、第323页。

第二，在生产关系与生产力之间另一种连接形式，这就是交换关系和交换机制，其发达形态为市场经济，在现代经济中能够起到配置资源的核心作用。它具有生产力和生产关系双重属性，通常人们将它视为经济的运行层次和体制。建立、完善这种机制和组织，并与社会主义经济关系结合，是改革的一个特殊系统，它能赋予社会主义制度不竭的动力，也带来许多新的矛盾。进一步细分，各种市场管理都有改革任务。

第三，上层建筑与经济基础的关系是社会主义基本矛盾的另一个方面，它受生产力发展要求的制约，又为之服务。社会主义的上层建筑主要由工人阶级的政党、人民政府和以马克思主义为指导的意识形态所组成，也是一个多层次、多侧面的复杂系统，它总体上适应经济基础的需要。但由于经济基础的不断完善，上层建筑的某些环节也经常落后于经济基础的需要，但有时也过于超前，这两个方面都应通过改革加以调整、完善。其中特别是政府机构和职能、它同人民群众的联系形式等，必须随着计划经济体制向社会主义市场经济体制转变，进行制度创新。苏联的教训表明，僵化的上层建筑体制不改，反过来会影响经济体制与经济结构的优化。那种计划经济体制要求高度集中的政治制度，而这种政治制度又会造成一个特权阶层，必定妨碍社会主义民主生活，进而压抑广大群众的积极性，助长经济结构的扭曲。正如邓小平所说：以前社会主义国家的“政治体制都是从苏联模式来的。看来这个模式在苏联也不是很成功的”①。所以需要系统的改革。关于上层建筑的改革及其同经济基础的交互作用，我们将在后面专门论述。

第四，社会、文化、生态、城乡秩序管理等等，也都有不断改善和改革的繁重任务。

总之，社会主义本质和它的经济基础、上层建筑以及广泛的社会领域，决定了这个制度本身必须适应生产力发展、实现共同富裕和人的全面发展

①《邓小平文选》第3卷，北京：人民出版社1993年版，第178页。

的需要，不断进行改善，而且能够通过自我完善保持永久的生机。否则，它就不能实现自身的宗旨，而陷于萎缩、衰变甚至像苏联那样轰然倒塌。正如邓小平所说："不坚持社会主义，不改革开放，不发展经济，不改善人民生活，只能是死路一条。"①

（三）"自我完善"的机制特点

社会主义自我完善的机制，就是这个制度新陈代谢功能及其施展进程。它的生命力不仅在于构建了全新的社会形态，还在于能通过自身的不断扬弃，保持适应和促进生产力发展的活力。主要表现为以下五个方面：

一是自觉性。社会主义制度不是在外部压力下被迫进行的改革，而是按照客观经济规律的要求自觉地进行自身的改革。正如恩格斯所说："只是从这时起，人们才完全自觉地自己创造自己的历史；只是从这时起，由人们使之起作用的社会原因才大部分并且越来越多地达到他们预期的结果。这是人类从必然王国进入自由王国的飞跃。"可以说，这时"人终于成为自己的社会的主人，从而也成为自然界的主人。"② 因为社会主义条件下不存在一个极力维护旧体制的统治阶级（虽然可能有某些既得利益集团，但不占统治地位，总体上不能阻止制度创新），领导它的先进政党能够运用马克思主义认识客观规律，进而认识原有体制的弊端，积极寻求新的形式、新的思路。如果说在破坏旧世界的时候以革命党为核心的进步势力是革别人的命，那么在建设新社会的进程中，这个进步势力则是自觉地革自己的命，矫正自己创造的新制度的弊端，不断进行自我扬弃，自我完善。因此，它总有一定的前瞻性和计划性。这与资本主义制度下迫于种种压力的改革是不同的。

二是实践性。社会主义自我完善不是少数人的空想，而是从社会实践中不断获得新的认识。就是说，它的自觉性是建立在实践基础上的，从典

①《邓小平文选》第3卷，北京：人民出版社1993年版，第370页。

②《马克思恩格斯选集》第3卷，北京：人民出版社1995年版，第758页。

型中发展新的形式、新的经验，然后加以提高完善，再全面推广，进而在推广实施中再发现新的典型、新的问题，使认识升华到一个新水平。如此循环往复，使得改革的思路不断完善。我国改革之初，就提出过“摸着石头过河”的思路，实质上就是依靠实践摸索，而不固守一个框子，然后一步一步取得成熟的经验，形成基本路线、基本理论、基本制度，自觉地进行顶层设计，又不断吸纳基层“摸着石头过河”的经验。总体上说，就是从中国的实际出发，在实践中探寻有效形式，不照搬别国的模式，不搞自由化、私有化，实现富有中国特色的制度创新。今后要永续地坚持这个实践过程。

三是群众性。我国的改革强调全体人民的共享，使之对深化改革有持续的获得感。既为广大群众的利益着想，又依靠群众的积极性推进改革。改革必然涉及利益关系的调整，而首先要满足绝大多数人的利益，同时兼顾合理的既得利益，照顾失去某些利益的弱势群体，让全体人民共享改革的成果。毛泽东早就说过：“马克思主义的基本原则，就是要使群众认识自己的利益，并且团结起来，为自己的利益而奋斗。”① 社会主义制度的本质就是充分体现群众的利益，所以它能够充分调动广大群众的积极性。邓小平在谈到政治体制改革时就提出：改革要“发扬社会主义民主，调动广大群众的积极性。而调动人民群众的积极性的最中心环节，还是发展生产力，提高人民的生活水平”②。实际上，这也是全部改革的基本原则。因此，在我国社会主义深刻变革、党和国家事业快速发展的进程中，必须以人民为中心，最广泛最充分地调动一切积极因素，妥善处理各方面的利益关系，努力形成全体人民各尽其能、各得其所而又和谐相处的局面。要尊重群众的首创精神，统筹兼顾，协调好改革进程中的各种利益关系，实现共享发展。这正是与资本主义国家的某一改革只为增进某个阶层、某些社会集团

①《毛泽东选集》第4卷，北京：人民出版社1991年版，第1318页。

②《邓小平文选》第3卷，北京：人民出版社1993年版，第178页。

谋利益所不同的。

四是开放性。中国的改革同对外开放联系在一起，而开放本身也属于改革。同时，在改革中善于吸取国外成功的经验，学习其他国家特别是发达国家一些有效的经营形式、管理经验，学习一些先进的具体制度，在贸易、金融等诸多方面与国际接轨。这不是盲目地照搬，而是从自己的实际和需要出发，通过比较选择有益的东西加以借鉴，同时对一些需要遵守的国际规则要有步骤地与国际接轨。我们虽然要利用国内外两种资源、两个市场发展自己，但决不侵犯别国的利益和主权，而是奉行“和平崛起”“互利共赢”的方针，永远不称霸。所以，我们同其他国家的人民没有根本利害的矛盾，又能吸收他们的优点，适应时代的潮流，包括科学技术飞速发展和迎接经济全球化的挑战。

五是渐进性。在改革中一般不采取激剧的断然措施（像俄罗斯按照西方新自由主义采取的“休克疗法”那种），而是分步骤地进行，把改革的力度、发展的速度和社会承受的程度统一起来，避免和减少社会的激烈动荡和由于失误所产生的群众对立，实现社会的基本稳定，并且着力解决改革中的“夹生饭”问题。现在已进入深水区，必须以“啃硬骨头”的精神攻坚克难。这是我国改革得以顺利进行的一个成功秘方。

## 三、 中国改革的基本经验和应注意的倾向

我国的改革是从1978年12月中国共产党十一届三中全会开始的，至今已进行近40年，大体进程是先易后难、先农村后城市、先经济后政治、先试点后推广、先单个领域突进后全面系统集成，不断进行深化。2008年，胡锦涛曾将30年的改革经验归结为“十个结合”。

第一个结合，把坚持马克思主义基本原理同推进马克思主义中国化结合起来。强调我国改革开放之所以成功，在于我们既没丢老祖宗、又发展

老祖宗，既坚持马克思主义基本原理，又根据当代中国实践和时代发展不断推进马克思主义中国化，使马克思主义更好地发挥对发展中国特色社会主义实践的指导作用，赋予当代中国马克思主义勃勃生机。

第二个结合，把坚持四项基本原则同坚持改革开放结合起来。强调我国改革开放之所以成功，在于我们既以四项基本原则保证改革开放的正确方向，又通过改革开放赋予四项基本原则新的时代内涵，教育和引导全党全国各族人民深刻认识坚持四项基本原则、坚持改革开放的辩证关系和重大意义；坚持把以经济建设为中心同四项基本原则、改革开放这两个基本点统一于发展中国特色社会主义的伟大实践，使中国特色社会主义在当今世界的深刻变动和当代中国的深刻变革中牢牢站住了、站稳了，并成为充满生机活力的社会主义。

第三个结合，把尊重人民首创精神同加强和改善党的领导结合起来。强调我国改革开放之所以成功，在于我们坚持了人民创造历史这一马克思主义的科学原理，真诚代表中国最广大人民的根本利益，紧紧依靠人民，最广泛地调动人民群众的积极性、主动性、创造性，从人民中凝聚力量、吸取智慧，不断加强和改善党的领导，使党得到人民的充分信赖和拥护，始终发挥领导核心作用。

第四个结合，把坚持社会主义基本制度同发展市场经济结合起来。强调我们在深刻而广泛的变革中始终坚持社会主义基本制度，同时又在社会主义条件下发展市场经济，使经济活动遵循价值规律的要求，不断解放和发展社会生产力，增强综合国力，提高人民生活水平，更好实现经济建设这个中心任务。

第五个结合，把推动经济基础变革同推动上层建筑改革结合起来。强调我们既积极推进经济体制改革，又积极推进政治体制改革，发展社会主义民主政治，建设社会主义法治国家，保证人民当家做主，不断推动我国社会主义上层建筑与经济基础相适应，为改革开放提供制度保证和法制保障。

第六个结合，把发展社会生产力同提高全民族文明素质结合起来。强调我们既重视物的发展即社会生产力的发展，又重视人的发展即全民族文明素质的提高，大力发展社会主义文化，建设社会主义精神文明，着力培育有理想、有道德、有文化、有纪律的公民，为经济社会发展提供强大的精神动力和智力支持。

第七个结合，把提高效率同促进社会公平结合起来。强调我们既高度重视通过提高效率来促进发展，又高度重视在经济发展的基础上通过实现社会公平来促进社会和谐；坚持以人为本，以解决人民最关心、最直接、最现实的利益问题为重点，着力发展社会事业，着力完善收入分配制度，保障和改善民生，走共同富裕道路，努力形成全体人民各尽其能、各得其所而又和谐相处的局面。

第八个结合，把坚持独立自主同参与经济全球化结合起来。强调我们既高度珍惜并坚定不移地维护中国人民经过长期奋斗得来的独立自主权利，又坚持对外开放的基本国策；始终站在国际大局与国内大局相互联系的高度审视中国和世界的发展问题，思考和制定中国的发展战略，坚持独立自主的和平外交政策，坚持和平发展道路，坚持互利共赢的开放战略，推动建设持久和平、共同繁荣的和谐世界。

第九个结合，把促进改革发展同保持社会稳定结合起来。强调我们既大力推进改革发展，又正确处理改革发展稳定关系；坚持改革是动力、发展是目的、稳定是前提；坚持把改革的力度、发展的速度和社会可承受的程度统一起来，把不断改善人民生活作为处理改革发展稳定关系的重要结合点，在社会稳定中推进改革发展，通过改革发展促进社会稳定。

第十个结合，把推进中国特色社会主义伟大事业同推进党的建设新的伟大工程结合起来。强调我们既紧紧围绕推进中国特色社会主义事业来推进党的建设，又通过加强和改进党的建设来推进中国特色社会主义事业；

不断提高党的执政能力，保持和发展党的先进性，不断增强党的阶级基础和扩大党的群众基础，不断提高拒腐防变和抵御风险能力，使党始终成为中国特色社会主义事业的坚强领导核心。①

党的十八大后，我国改革进入了一个更加全面更加深化的阶段。习近平做了多次系统论述。他强调推进改革要树立系统思想，推进有条件的地方和领域实行改革举措，系统集成，精准对焦，协同发力，形成落实“发展理念”的体制机制，拿出抓铁有痕、踏石留印的韧劲来，持之以恒抓改革落实。尤其是涉及政府和党的组织机构改革，要自己革自己的命。他坚定地提出：“改革开放只有进行时，没有完成时。”②

总览近40年改革开放的历史，在实践上我国已成为世界第二大经济体，正在铸就社会主义强国；在理论上形成了一系列新的观点，时段上的社会主义初级阶段和全面建设小康社会，制度上的基本经济制度和基本分配制度，资源配置上的社会主义市场经济，发展上的科学发展和五大理念，生产力的“第一生产力”和“第一动力”，现代化上的新型工业化、信息化、城镇化、农业现代化，对外上的全方位扩大开放，总体上系统治国理政，党建上的从严治党等等。没有改革，就没有中国特色社会主义道路、理论和强大的物质力量、组织力量，就没有综合国力的飞跃发展。

矛盾是复杂的，在深化全面改革进程中，必须始终坚持改革的正确方向，分清两种改革观。目前“改革”是世界上一个时髦的口号，在这个口号下往往有不同的方向、目的、内容，在我国也存在这种鱼目混珠的复杂状况。针对这种情况，习近平多次强调坚持改革的正确方向，这就是社会主义改革、社会主义市场经济的改革方向。

这里主要有两种根本不同的改革观：一是我们坚持的社会主义自我完善的方向，使社会主义社会生产力不断得到发展提高，使社会主义制度越

---

①《求索》2008年第1期。

②《习近平谈治国理政》，北京：外文出版社2014年版，第67页。

来越完善，使人民获得越来越多的利益和幸福，使国家越来越强盛，全面落实习近平提出的“创新、协调、绿色、开放、共享”五大理念。二是打着“改革”的旗号，搞私有化、自由化、崇西化。新自由主义思潮的泛滥最为典型，他们适应西方资本主义需要，不断发出种种杂音，实质是以“改革”为名，把中国引向邪路。对此我们要保持高度警惕。戈尔巴乔夫以改革为名搞垮苏联就是最大的前车之鉴。

当年，邓小平对于改革的成败划定了一个严格的界限和标准：“如果导致两极分化，改革就算失败了。会不会产生新的资产阶级？个别资产阶级分子可能会出现，但不会形成一个资产阶级。总之，我们的改革，坚持公有制为主体，又注意不导致两极分化。”① 对此，他还做了准确的界定：“所谓两极分化就是出现新资产阶级。”② 这是“自我完善”中需要特别注意的一个底线。

（原载于《毛泽东邓小平理论研究》，2016 年第 4 期）

①《邓小平文选》第 3 卷，北京：人民出版社 1993 年版，第 139 页。

②《邓小平年谱》，北京：中央文献出版社 2004 年版，第 1014 页。

# 社会主义质的规定性与中国特色社会主义基本经济制度

基本经济制度是一个社会生产关系的总和，即经济基础。它是社会性质的决定因素。社会主义社会之所以不同于其他社会，就在于其经济制度是以公有制为经济基础。中国特色社会主义的基本经济制度与传统社会主义有所不同，它不是以单纯的公有制，而是以公有制为主体，多种经济成分（主要是私有制）并存为基础的。这种所有制成分的组合是以往马克思主义政治经济学中所没有的（那时只承认“过渡时期”有多种成分）。这个创新思想，不仅符合马克思主义政治经济学的基本观点，也是与中国实际相结合产生的认识飞跃，更是当代中国经济发展的重要活力和共同富裕的制度基础。

## 一、基本经济制度的内涵、根基及内在关系

按照历史唯物论的观点，一般从社会经济形态即与一定生产力发展水平相适应的生产系形式（马克思称之为生产方式）来划分社会阶段和社会制度类型，大体上可分为五种社会形态，即原始社会、奴隶社会、封建社会、资本主义社会、共产主义社会。社会经济形态实质上是以生产资料所有制为核心的生产关系形态，通常被称为社会制度。生产资料所有制（简称为所有制）是一切生产关系的核心，它决定着生产关系的其他要素（如

分配关系、劳动关系等)。它是指由一定生产力水平所决定的人们对生产资料(包括流通资料)的占有形式,即生产资料归谁所有、归谁支配。通俗说,就是财富是属于谁的。它决定着人们的利益关系。生产资料归奴隶主所有,即为奴隶主所有制;归封建主所有,即为封建所有制;归资本家占有,即为资本主义制;归劳动者共同占有,即为社会主义公有制。前三类所有制加上个体劳动者所有制,统称为私有制经济;后一类统称为公有制经济。

由于我国生产力发展水平较低且不平衡,不可能一步建成单一公有制(包括国有经济和集体经济)的发达社会主义形态,而必然要经过一个相当长的社会主义初级阶段,其基本经济制度为:以公有制为主体,多种成分共同发展。其内涵为:社会主义国有经济掌握国民经济命脉,分布于多种关键产业中;在城乡还分布大量的劳动者联合所有的集体企业;同时存在私有企业、个体经济、股份制经济、外资经济、中外合资经济以及多种多样的混合经济。公有制经济为主体是指公有制经济在国民经济中起决定作用,在数量和质量上占优势,其中国有经济即全民所有制起主导作用,其他经济(国有以外成分,俗称民营经济,广义地讲也包括集体经济)起辅助作用,占次要地位,并在国家规定的政策内引导它正确发展壮大。习近平说:"要坚持和完善社会主义基本经济制度……推动各种所有制取长补短、互相促进、共同发展,同时公有制主体地位不能动摇,国有经济主导作用不能动摇,这是保证我国各族人民共享发展成果的制度性保证,也是巩固党的执政地位、坚持我国社会主义制度的重要保证。"① 在政策上实行两个毫不动摇:毫不动摇发展和巩固公有制经济,毫不动摇鼓励、支持、引导非公有制经济发展,保证各种所有制经济依法平等使用生产要素,公平参与市场竞争,同等受到法律保护。

---

① 新华社:《立足我国国情和我国发展实践 发展当代中国马克思主义政治经济学》,《人民日报》2015年11月25日。

社会主义初级阶段之所以确立这样的基本经济制度，是由生产力决定生产关系的客观规律所决定的。这同样是总结了历史经验得出的科学结论。大体上说，对社会主义初期经济制度所含经济成分的认识分三个阶段。

一是面对欧美发达资本主义国家，生产水平比较，当时设想首先实现社会主义胜利，资本主义所有制在各国全部变为公有制，后来又提出通过合作社改造小农个体经济。

二是从列宁接受实践中的教训（特别是战时共产主义）转向新经济政策（有五种经济成分）。在《论合作社》一文中，列宁提出“集体企业”的概念，后来斯大林加以完善，概括为全民所有制（国有）和集体所有制（以农业集体农庄为主要形式），并消灭其他成分。中国从 1952 年社会主义改造开始实行两种公有制形式覆盖全部经济部门。苏联 60 多年和中国近 30 年的历史表明，只有两种公有制形式还不能适应现实生产力的发展要求。

三是总结了苏联和中国的教训，从现实生产力发展水平出发，逐步放开发展个体经济、私营经济和外资经济以及多种形式的混合经济。

苏联 60 多年和中华人民共和国成立后的近 30 年在所有制关系上最重要的教训是没有坚持实事求是的思想路线，违背了生产关系一定要适合生产力发展水平的经济规律。生产关系落后于生产力的水平会束缚生产力的发展，生产关系超越了生产力发展水平则会破坏生产力的发展。马克思说：“无论哪一个社会形态，在它所能容纳的全部生产力发挥出来以前，是决不会灭亡的；而新的更高的生产关系，在它的物质存在条件在旧社会的胚胎里成熟以前，是决不会出现的。”① 这个原理不仅适用于整个社会形态质的飞跃（如旧社会为新社会所取代），而且适用于一个社会内部的部分质变和所有制结构演化。特别是在经济落后的国家中，生产力总水平较低，而又发展极不平衡的情况下，生产关系的结构必然十分复杂，追求过高的和单一的公有制形式事实上会招致重大挫折乃至失败。对于这样的复杂情况，

---

①《马克思恩格斯选集》第 2 卷，北京：人民出版社 1995 年版，第 33 页。

我们的认识长期陷入直线化的框子中，没有弄清什么是社会主义和社会主义的阶段特征，笼统机械地理解生产关系一定要适合生产力发展水平的规律，急于追求公有制形式的高级化和纯粹化。放大视野，这种所有制的非纯粹性和经济成分的多元组合乃是历史上一切大国社会经济的共同特征。考察各大国的历史，从原始社会解体后，任何社会经济形态都不只是一种所有制形式（有的小国例外），而是由一种所有制占主导地位，同时存在着其他成分。马克思在《〈政治经济学批判〉序言》中就说过："在一切社会形式中都有一种一定的生产决定其他一切生产的地位和影响，因而它的关系也决定其他一切关系的地位和影响。这是一种普照的光，它掩盖了其他色彩，改变着它们的特点。这是一种特殊的形态，它决定着它里面显露出来的一切存在的比重。"[①] 简言之，一切社会形态都有一种起决定作用的生产力和生产关系，影响着其经济成分的比重和作用。后来恩格斯考察了当时的发达资本主义国家，认为那种只有三大阶级（地主、资本家、工人）而"一切中间阶层都已被消灭"的情形，"甚至在英国都没有，而且永远也不会有"。[②] 可见，纯而又纯的社会形态（仅有一种生产关系）是不会存在的。可能未来的发达社会主义也是如此，只是比重不同而已，但并不会影响社会制度的性质。这就是生产关系组合的非纯粹规律。

对于这个重大问题，应当尊重客观事物的发展进程和广大劳动群众的意愿。其客观标准就是有利于生产力发展。而作为生产力的主体，劳动者往往能从实际中自发地朦胧地感知其优劣，所以要尊重群众意愿。正如20世纪60年代邓小平所说："生产关系究竟以什么形式为最好，恐怕要采取这样一种态度，就是哪种形式在哪个地方能够比较快地恢复和发展农业生产，就采取哪种形式；群众愿意采取哪种形式，就应该采取哪种形式，不

---

①《马克思恩格斯选集》第2卷，北京：人民出版社1995年版，第24页。

②《马克思恩格斯选集》第4卷，北京：人民出版社1995年版，第745页。

合法的使它合法起来。”① 这就是尊重客观规律与尊重群众意愿的统一性。

对于基本经济制度内各种成分的相互关系，习近平做了这样的论述：“实行公有制为主体、多种所有制经济共同发展的基本经济制度，是中国共产党确立的一项大政方针，是中国特色社会主义制度的重要组成部分，也是完善社会主义市场经济体制的必然要求。”“公有制经济、非公有制经济应该相辅相成、相得益彰，而不是相互排斥、相互抵消。”“任何想把公有制经济否定掉或者想把非公有制经济否定掉的观点，都是不符合最广大人民根本利益的，都是不符合我国改革发展要求的，因此也都是错误的。”②

## 二、 社会主义质的规定性： 公有为主体、 国有为主导

什么是公有制经济？科学界定社会主义社会的公有制，就是以劳动者为产权主体，使劳动者联合起来，消灭剥削，旨在实现共同富裕的所有制形式，它是社会主义社会的经济基础。具体说，公有制经济的主要财产归劳动者共同所有，不是归私人所有；劳动者依托它共同使用生产资料联合劳动，平等协作；分配上消灭剥削，不能由少数人占有他人的剩余劳动；其劳动成果的积累形式是扩大再生产的公有财产或公有资本，而不是进一步剥削劳动者、加剧两极分化的私人资本。尽管公有制的具体类型、实现形式有所不同，但其根本属性是相同的，都体现了社会主义的本质要求。根据这个内涵，它既包括两种最基本的“全民所有制”形式，即国家所有制和集体所有，也包括在社会主义市场经济下公有制灵活多样的实现形式。

为什么要坚持公有制为主体？事物的性质是由主要矛盾的主要方面决定的。在多种所有制经济共同发展的条件下，哪种所有制占主体地位、起

---

①《邓小平文选》第3卷，北京：人民出版社1993年版，第305页。

② 新华社：《毫不动摇坚持我国基本经济制度　推动各种所有制经济健康发展》，《人民日报》2016年3月9日。

主导作用，它就决定一个社会的性质。在古代社会中，有多种所有制形式，特别是大量存在着个体经济。然而，如果奴隶制占主体，它就是奴隶社会；如若封建经济占主体，它就是封建社会。在近代各国的资本主义社会，存在着少量私有经济，还有封建地主经济（如德国的“容克”、俄国的封建庄园），乃至奴隶制残余，但起主导作用的是资本主义工厂制和农场制，它就是资本主义社会。社会主义社会同样如此。我国现在虽然处在社会主义初级阶段，存在着多种成分，但占主体地位和起主导作用的是公有制经济，它的根本性质属于社会主义社会，其他的经济成分要受它的影响和制约。公有制经济是实现共同富裕、人的全面发展与构建社会主义和谐社会的基础。公有制实现了联合劳动者与生产资料的直接结合，消除了人与人的剥削关系，是按劳分配的直接基础，根本目标是共同富裕。没有公有制就不能消除两极分化，消除贫困。这是最大的公平，也是实现人的全面发展的物质条件。因为它本质上为所有劳动者的幸福和发展服务，不是为少数人发财谋利，这能够铲除迫使人畸形化的经济条件。同时，只有在这个基础上才能消除人民的根本利益冲突的矛盾，通过解决人民内部矛盾达到各得其所，而又和谐相处，这也是自我完善机制（改革）的根基。尽管在改革和发展的进程中还存在着诸多矛盾，但最终要实现共同富裕。上述皆是公有制同资本主义私有制（存在根本利益冲突）相比较最大的优势之处。所以说，公有制是劳动群众共同富裕的制度保证。没有这个经济基础，就失去了最大的公平。习近平进一步指出：“我国是中国共产党领导的社会主义国家，公有制经济是长期以来在国家发展历程中形成的，为国家建设、国防安全、人民生活改善做出了突出贡献，是全体人民的宝贵财富，当然要让它发展好，继续为改革开放和现代化建设做出贡献。”①

为什么坚持国有经济为主导？因为它是公有制经济最主要形式和高级

① 新华社：《毫不动摇坚持我国基本经济制度　推动各种所有制经济健康发展》，《人民日报》2016年3月9日。

形式，是公有制经济主体地位的集中体现，代表了先进生产力，充分显示生产力社会化与生产关系社会化的高度统一，是实现社会主义本质——共同富裕的主要基础，决定着社会发展方向和国家的命运。下面分七个层次论述。

第一，社会主义国有经济是全民所有制，生产资料为全体劳动人民所有，不仅承担着社会公共服务责任，而且其财产由代表全体人民利益的国家支配，其经济收入由参与共同劳动的劳动者共同享用。这就是科学共产主义创始人设想的联合劳动组织形式。所谓社会主义成分，最重要的就是国有制经济，它是通向未来发达社会主义和共产主义的经济组织（其具体形式会有这样那样的嬗变，但其性质不会变）。换句话说，没有全民所有制经济，就没有公有制主体地位，也就没有社会主义。它决定整个社会的发展方向。

第二，中华人民共和国成立以来，国有制经济一直是先进生产力的载体，拥有庞大的现代科技设备和优秀的技术人才，提供现代产业的产品。现代采掘、制造、装备产业绝大部分都集中在国有企业，特别是大型国有企业，在我国拥有的世界 500 强企业中，国有企业占 90% 以上。国家实现工业化需要大中小各类企业，但作为领头雁和中流砥柱的还是大型企业。所谓大企业“顶天立地”，中小企业“铺天盖地”，发展大批的中小企业是必要的，但只有大企业做骨干才能把众多的中小企业带动起来，它们是我国实现现代化的顶梁柱。

第三，从产业布局和结构来看，国有经济控制着国家经济命脉，是国家经济安全、国防安全的根基。它不仅提供支撑国家综合国力的战略原材料和设备，而且生产保证国家整体安全的国防设备和战略性高科技巨型产品，如航空、航天、航海工业。没有强大的现代工业，就没有强大的现代国防。半殖民地半封建的中国之所以受帝国主义列强侵略，原因之一就是没有强大工业支撑的现代国防力量，大量的军事装备依赖外国。现在不同了，我们成了世界经济实力、军事实力很强的大国。

第四，从政治上看，国有经济是共产党执政的物质基础。世界上任何一个执政的党派都必须有强有力的经济实力和国有企业的支持。全心全意为人民服务的共产党掌权不可能靠私营企业、买办企业和官僚资本主义企业，要坚持社会主义方向必须依靠具有社会主义性质和工人阶级为主要栖居地的国有企业。社会主义的国家宏观经济调控也必须有能听指挥和调度的微观载体。如果说人民军队是听党指挥的作战部队，那么，国有企业则是听党指挥的经济部队。增强国有经济的控制力是巩固和优化社会主义上层建筑的根本需要。在社会主义条件下，共产党所代表的首先是先进的生产力，执政的基础是公有制经济，主要依靠的是广大劳动人民；先进的文化也是以先进的生产力及与其相适应的生产关系作为经济基础的。如果国有经济不能稳居主导地位，失去了对整个经济的控制力，共产党就丧失了执政的经济基础和社会基础，就没有左右发展方向的经济实体；如果替少数富人和外商说话，党和政权就会变质。先进的文化也会成为无源之水、无本之木。正如江泽民所说："没有以国有经济为核心的公有制经济，就没有社会主义的经济基础，也就没有我们共产党执政以及整个社会主义上层建筑的经济基础和强大物质手段。"①

第五，从多种成分共存上看，国有经济又是非公有制经济坚持社会主义方向的强大杠杆和示范样板。社会主义初级阶段存在多种经济形式，非公有制经济主要包括私营经济和外国的资本主义经济。我们之所以让它们存在和发展，是因为现在它们还有利于生产力的扩充和提升，而它们的消极面则受社会主义经济所制约，最重要的也是因为它们受国有经济的控制。从现实看，国有经济一方面为非公有经济的发展创造了外部条件（如支付改革成本，提供能源、原材料、设备、技术和技术人才、高素质的劳动力、交通信息及其他公共设施等）；另一方面也控制最重要的资源（列宁称之为

---

①《江泽民文选》第3卷，北京：人民出版社2006年版，第7页。

“国家支配着一切大的生产资料”[①]）和占领相当大的市场份额，并在生产、交易、服务、竞争中做出榜样，限制非公有制经济和市场经济的消极作用（如恶性投机，掠夺和破坏资源、环境），引导它们为消费者更好地服务，平抑市场价格波动，在竞争中促使它们节约和减污、提高劳动者的待遇、提高资信水平等。邓小平在讲到“三资”企业时说：“我们有优势，有国营大中型企业，有乡镇企业，更重要的是政权在我们手里”，“‘三资’企业受到我国整个政治、经济条件的制约”。[②] 这个论点适用于一切非公有制经济。我们应当清醒地看到，无论国内还是国外的资本主义经济，它们都是以追求高额利润为目的，剥削的本质不会变，不可能自动承担社会主义经济的功能。在这种情况下，社会主义经济就像如来佛的手心，不能让非公有制经济越出“三个有利于”的范围。这里除了政权的力量之外，最重要的就是增强国有经济的控制力。否则，种种资本主义经济就会脱离为中国特色社会主义服务的大方向，以至消极因素压倒积极因素，改变我国的社会主义经济制度。

第六，国有企业是社会主义市场经济的第一主体（另章论述）。

第七，从国际范围来说，我国打开和占领国际市场主要也是靠国有企业强劲的竞争力（另章论述）。

壮大国有经济、发挥好它的主导作用，就是要提高它的活力、控制力、影响力、抗风险能力。具体有以下四个方面：第一，通过不断深化改革使之成为活力强劲的市场主体，增强活力、竞争力、控制力、影响力、抗风险能力；第二，充分发挥自身优势，增强科技创新的能力；[③] 第三，深化内

---

①《列宁选集》第4卷，北京：人民出版社1995年版，第768页。

②《邓小平文选》第3卷，北京：人民出版社1993年版，第373页。

③ 杨承训、杨承谕：《落实“五大理念”必须发挥和扩展国企优势——“十三五”期间国有企业发展问题研究》，《毛泽东邓小平理论研究》2016年第1期。

部改革，加强反腐败斗争，实现公有制资本人格化，使其自身“硬”起来；[①] 第四，国家和全民都应当在政策上、物资上、舆论上给国有经济大力支持，使之更好地发挥主导作用，不能动摇。

为什么对壮大国有经济一直存在尖锐的争论？一是因为它是社会主义经济的支柱，要使国家变质、实现彻底的私有化必须砍掉这个柱石。这是问题的实质。二是外国垄断势力矛头对准中国国有企业，因为它是与之竞争的主要对手，它们要垄断国际市场就要扫除这个最大的障碍。三是一些思想糊涂的人看到国企的一些缺点，认识上有的迷失方向，新自由主义则故意抹黑，大造舆论。例如，当国有企业受挫时就抛出“低效论”，实际国企不仅企业效益有提高（例如国有资产几十年增加 70 多倍，总资产达百万亿元以上），而且承担社会责任大，其综合效益很高；而当国企效益高时则抛出“垄断论”，打出反“官僚资本”的旗号，目的是取消国有经济。

## 三、探索、发展多种形式的集体经济

公有制的另一种形式是集体经济，是由部分劳动者共同占有生产资料、共同劳动、共同分享劳动成果、共同分担经营风险的一种经济形式。它量大面广，遍及城乡的农业、工业、建筑业、运输业、服务业以及科教文卫等各个系统，与国有经济一起，构成社会主义经济制度的基础。进入 21 世纪后，城市老的集体经济形式有所下降，同时也创造了股份合作的新形式。

从目前来看，城市集体经济出现了高科技大型企业，最典型的是海尔集团，成为创新的样板，早已走向世界。应当认真研究这种类型的集体企业的经验。同时，全国最大的为农村服务的合作经济是农村供销合作社系

---

① 杨承训、杨承谕：《落实“五大理念”必须发挥和扩展国企优势——“十三五”期间国有企业发展问题研究》，《毛泽东邓小平理论研究》2016 年第 1 期。

统（实际上在城市也占有相当一部分市场），拥有 2 亿多资产，经过改革正在释放活力，营业收入达 4 亿元，并且扶持、引领农村许多专业合作社。农村集体经济比较复杂，经过联产责任制改革，原有的组织形式、劳动形式、分配关系都发生了重大变化（邓小平称废除农村人民公社体制为农业的第一次飞跃），只有极少数村庄保留和发展了原有的集体经济形式（如江苏的华西村、河南的刘庄等）。从 21 世纪开始，农村逐步出现多种实现形式新的集体经济、合作组织。

这里需要说明所有制的实现形式。所有制是指生产资料的归属关系，决定生产关系的性质。而一种所有制怎样运行，采取什么样的经营方式更能适应特殊生产力的性能，在市场中经营更有效率，这就不能采取一种模式。比如，为吸纳社会资本就要采取股份制形式；为使员工更关心企业运作，就实行个人入股。在工业中由于行业不同，就会有适应其生产经营特点的多种企业形式，在现代市场中多采用公司制逐步取代直接经营的企业形式。服务业甚为复杂，更需要多种经营形式。由于农业生产力的特殊性，其集体经济比较适合于集体与农民家庭经营形式，合作社较为适合。合作社又可分为同等股份与不同股份两种形式。总之，各种所有制在运行中都会根据实际情况采取不同的经营形式，这就是实现形式。过去苏联的公有制实现形式十分单调，造成体制僵化；中国接受他们的教训，也借鉴了西方市场经济的一些做法，从实际出发创造了多种实现形式，而且首先从农村集体经济开始，尔后推广到第二、第三产业。这也是对马克思主义经济学的丰富。

## 四、鼓励、支持和引导非公有制经济发展

习近平指出：“我国非公有制经济，是改革开放以来在中国共产党的

方针政策指引下发展起来的，是在中国共产党领导下开辟出来的一条道路。”① 这是社会主义制度的创举，是以往政治经济学教科书所没有的，体现了社会主义初级阶段基本经济制度的决定性和中国特色社会主义制度的一个显著特点，对经济发展具有重要作用，同时也必然带来许多新的问题。

从党的十五大确定我国基本经济制度以来，就已经明确：非公有制经济是我国社会主义市场经济的组成部分，要毫不动摇地鼓励、支持和引导非公有制经济发展，遵照权利平等、机会平等、规则平等的原则，废除对非公有制经济各种形式的不合理规定，消除各种隐形壁垒，激发非公有制经济活力和创造力。党的十八大后，党中央健全以公平为核心原则的产权保护制度，加强对各种所有制经济组织和自然人财产权的保护，清理有违公平的法律法规条款，鼓励民营企业依法进入更多的领域，引入非国有资本参与国有企业改革，发展混合经济。正是由于这些政策引导，非公有制经济的发展才十分迅速。

非公有制经济包括个体经济、私营经济、外资经济。个体经济属于个体劳动者的独立经营体，包括个体手工业、个体商户，不属于剥削范畴。私营经济是由私人经营的企业，雇佣工人人数不等、大小规模不等的各类企业。从本质上看，私营经济带有剥削性质，属于资本主义成分，是非公有制经济的主体。一般为中小型企业，其中小微企业占比较大，近十几年已经形成少数拥有上亿资产的大型企业，个别的已达数百亿元。外资企业是由外国人到中国来投资的企业，一般为中型企业，少数为资本主义跨国公司的分支。此外，还有一些混合型企业，包括合伙企业、私人控股的股份制企业、中外合资企业等。

非公有制经济由于适合多层次生产力发展需要和市场经济多样化组

① 新华社：《毫不动摇坚持我国基本经济制度　推动各种所有制经济健康发展》，《人民日报》2016 年 3 月 9 日。

合，在社会主义初级阶段还有相当的生命力，有利于国民经济的发展和扩大就业空间（在城市就业中占70%以上）；有一批由科技人员主办的中小型企业已成为科技创新的“小巨人”，如北京中关村，由于有这类企业组成典型的科技创新高地，许多地方形成一批创新集聚区。尤其是在生活服务业领域，非公有制企业已成为主力，对于满足城乡居民生活需要起到举足轻重的作用。从整体上看，除国有、集体经济以外的多种成分，大大推动了整个国民经济的发展和市场的活跃，成为扩大就业的阵地。它对于提高城乡居民生活水平也有重大贡献，其中农民工的收入主要来自非公有制企业的工资。它已成为我国经济不可或缺的重要经济力量，表明了中国共产党开辟的这种道路是正确的，符合生产关系一定要适应生产力发展水平的经济规律。

同时，也应清醒地看到，非公有制经济具有两重性：主要方面是积极因素，也存在不少消极因素。有党的教育和公有制“普照之光”的作用，非公有制企业多数能够守法经营，能够承担越来越多的社会责任，其中涌现出的相当数量品德高尚的中国特色社会主义建设者，起着楷模作用。但是，确有少数私营企业者为富不仁，非法经营，扰乱市场正常秩序，尤其是通过大肆行贿行为，掠夺国家和百姓的资产。多数居于中间状态，需要不断对其进行教育和依法管理。总之，不能否认和忽视其两面性，不能对其政治、经济上的分化视而不见，不能对其违法行为听之任之，更不能受其腐蚀受贿贪污，令其形成一股冲击社会主义的暗流。所以，在鼓励、支持其发展的同时，必须加强引导。

对此，习近平提出两个“亲”和“清”的高要求：“对领导干部而言，所谓‘亲’，就是要坦荡真诚同民营企业接触交往，特别是在民营企业遇到困难和问题情况下更要积极作为、靠前服务，对非公有制经济人士多关注、多谈心、多引导，帮助解决实际困难，真心实意支持民营经济发展。所谓‘清’，就是同民营企业家的关系要清白、纯洁，不能有贪心私心，不能以权谋私，不能搞权钱交易。对民营企业家而言，所谓‘亲’，就是积极主动同各级党委和政府及部门多沟通多交流，讲真话，说实情，建诤言，满腔热情支持地方发展。所谓‘清’，就是要洁身自好、走正道，做到遵纪守法办企业、光明正大搞经营。企业经营遇到困难和问题时，要通过正常渠道反映和解决，如果遇到政府工作人员故意刁难和不作为，可以向有关部门举报，运用法律武器维护自身合法权益。靠旁门左道、歪门邪道搞企业是不可能成功的，不仅败坏了社会风气，做这种事心里也不踏实。守法经营，这是任何企业都必须遵守的一个大原则。公有制企业也好，非公有制企业也好，各类企业都要把守法诚信作为安身立命之本，依法经营、依法治企、依法维权。法律底线不能破，偷税漏税、走私贩私、制假贩假等违法的事情坚决不做，偷工减料、缺斤短两、质次价高的亏心事坚决不做。”①

在多种经济成分中，还有一种本身就包含多样性的混合经济，就是由多种成分组成的混合体。其最广义的概念，即多种产权的混合，如股份制，是由多家股东投资组成的经营实体，包含不同的股权结构。这种混合经济又分两类：一类是私有股份企业，一类是公私两种股东组成的企业，其性质取决于控股的成分。在我国社会主义经济整体中，形成公私共同参股的形式。如以私人控股，公有制经济参控，其性质为私有主导的混合经济。在国有企业改革中，形成资产股份化，并通过股票市场买卖股票。这两种形式都会采用。不过，如无大股东参股，公众股虽多，也很难让多数股东参与治理结构（董事会）。所以，成形的混合所有制形式必然有稳定的两种所有制的股权人组成董事会，必须有大股东方可影响整个经营实体的性质。此外，在国企改革中，还出现了职工持股的形式。利用混合所有制改革国有企业，主要是为扩大国有经济的控制能力。而新自由主义者却想利用它

---

① 新华社：《毫不动摇坚持我国基本经济制度　推动各种所有制经济健康发展》，《人民日报》2016 年 3 月 9 日。

“混”掉国有经济，实现私有化。对此，应当防范，采取有力措施防止国有资产流失。混合所有制的出现，是生产社会化、市场经济深化的必然趋势。马克思把股份制视为一种“社会资本”组合，在资本所有制整体不变的范围内有进步意义。而中国共产党在社会主义市场经济中利用资产股份化和资本市场创造了以混合所有制组合多种所有制的合力，用以扩大公有制经济成分的控制力，丰富了社会主义政治经济学。我们应当探索、完善这种新的经济形态，应对其风险，释放其活力，巩固社会主义阵地。这是一个崭新的课题。

（原载于《毛泽东邓小平理论研究》，2016 年第 6 期）

# 中国特色社会主义基本分配制度与新民生观

以按劳分配为主、多种分配形式并存，是中国特色社会主义的基本分配制度。这是对马克思主义政治经济学的创新。习近平通过总结实践经验，面对世界的时代特点，又进一步系统论述了新民生观，深化了基本分配制度的内涵和扩大了它的外延，使得基本分配制度更加全面完善，丰富了共同富裕和共享发展的内涵。

## 一、 中国特色社会主义基本分配的制度创新

马克思说："一定的分配关系是历史规定的生产关系的表现。"① "分配关系本身是由生产关系产生的，并且是另一个角度表现的生产关系本身。"② 这是马克思主义政治经济学分配理论的基本观点。

社会经济关系的根本点在于经济利益，而分配是直接实现利益关系的具体途径。所谓分配，广义的包括生产要素与产品在社会成员和经济群体之间的配置；狭义的则是指消费品的分配。由于生产要素的分配属于社会再生产过程和生产资料所有制范畴，它决定消费品分配。这里论述的是消费资料的分配。在消费品分配中，大体有两个层次：一是最基本的是初次分配，即在生产经营单位中的直接分配；二是再分配，即政府通过税收和

---

① 马克思：《资本论》第 1 卷，北京：人民出版社 2004 年版，第 697 页。

②《马克思恩格斯全集》第 31 卷，北京：人民出版社，第 160 页。

转移支付进行的分配，包括福利、救济、补贴等。

分配关系主要取决于两大因素：生产力水平、生产资料和流通资料所有制形式。生产力水平决定的是可供分配的产品数量，例如原始社会氏族公社生产力水平极为低下，只能采用仅仅维持成员生命的平均分配；而在生产力有了一定剩余之后，就要根据人们在社会经济中的不同地位拉开分配差距；一旦产品大大丰富了，才有可能实行“各尽其能、按需分配”。

作为生产关系基础的所有制关系，是决定分配形式的最直接的因素。例如：奴隶主所有制的分配形式为奴隶主享用奴隶生产的一切剩余产品，奴隶只能享有维持其生存的最低消费，甚至连生存需要有时也难以保证；封建所有制关系的分配表现为地主占用农奴或农民的大部分剩余产品，其主要形式为地租，受剥削的农民（农奴）只能享用交纳地租后的剩余；资本主义所有制以资本家占有工人阶级剩余价值的形式，形成工资、利润、地租三种收益形态，受剥削的工人只能得到相当于其劳动力价值的工资收入；而在社会主义社会，在消灭了剥削的公有制中则实行排除占有他人剩余劳动的按劳分配；到共产主义才能实现按需分配的制度。

分配关系直接体现社会成员的经济利益，它对生产力和生产关系产生极大的反作用，直接影响着各类劳动和经营者的积极性。分配关系合理、分配方式恰当能推动社会财富的创造和生产关系的完善；反之，则会阻碍生产力发展，引发阶级矛盾和其他社会矛盾，促进旧生产关系瓦解。所以，在所有制关系及其实现形式确定之后，必须选择与之相适应的分配方式。而分配的具体形式也有相对独立性，有许多性质不同的所有制关系也可互相借用相近的分配形式，为之服务。所以，往往分配领域的改革还需要单独进行。

按照马克思、恩格斯的设想，共产主义社会的分配制度是按需分配。而按劳分配是马克思在《哥达纲领批判》中对共产主义第一阶段分配制度的设想。马克思运用历史唯物主义吸取了空想社会主义中有价值的成分，提出了在公有制基础上实行按劳分配的原则，而“按劳分配”的概念则是后来由列宁概括的。按劳分配核心的含义是建立在公有制基础上将劳动付出和劳动成果相联系起来的一种分配制度，有着丰富的理论内涵，按马克思的设想，它总结起来有如下几个要点。第一，基础是社会主义的公有制。生产资料的公有制废除了在资本主义私有制条件下所实行的凭借生产资料所有制榨取劳动者剩余价值的权利，“它不承认任何阶级差别，因为每一个人都象其他人一样只是劳动者”①。第二，劳动者完成生产后，先做各种扣除，包括用于扩大再生产和发展社会公益事业所做的各种扣除（共有六项扣除）。第三，按每个劳动者所提供的劳动量（当时设想的是按劳动时间计量）进行分配，收入分配有差别，即等量劳动交换，多劳多得，少劳少得，不劳动者不得。按劳分配的产品只限于消费资料。第四，按劳分配的主体是社会，消灭了商品，劳动也不再表现为产品的价值，在全社会按统一标准直接进行分配。劳动者只要付出的劳动是等量的，就可分配到等量的消费品。马克思又指出，按劳分配的平等权利“仍然是资产阶级权利”，只有到共产主义才能完全摆脱“迫使个人奴隶般地服从分工的情形”②。

中国特色社会主义基本分配制度创新在什么地方呢？就在于不是单一的按劳分配制度，还有多种分配形式并存，主要是按要素分配。这是由我国生产力发展水平及与之相适应的社会主义初级阶段基本经济制度所决定的。按劳分配，各尽其能，消除了初次分配中的剥削关系，是以劳动的贡献作为分配的尺度。它根植于生产资料公有制，它不是少部分人以占有的生产资料为手段去剥削劳动者的私有制，而是劳动者联合的利益共同体，实现共同富裕。公有制为主体，必定以按劳分配为主体，是矛盾的主要方面，决定分配关系的性质，是社会主义本质的重要体现。否定了这一点，就无社会主义可言，也就不可能实现共同富裕。从实际情况看，占主体地

①《马克思恩格斯选集》第3卷，北京：人民出版社1995年版，第305页。

②《马克思恩格斯选集》第4卷，北京：人民出版社1995年版，第304页、305页。

位的公有制经济——国有经济和集体经济中，其分配制度都是按劳分配，支配着消费品分配的全局，其他分配形式都应当以此为基本的参照系，并且或直接或间接影响劳动市场（劳动价格）及劳动力的配置与流动。总体上看，按劳分配起着社会分配的标杆作用。

在按劳分配的层次上由单层次发展为多层次。马克思原来设想的是两层次分配，即社会总体——个人。现在看来过于简单，一是社会是一个十分复杂的机体，本来就是由许多层次和领域组成的；二是在社会主义市场经济下必须由不同利益集体即企业组成，企业是一个十分重要的层次（市场最重要的主体），而每一个企业都是承担一定社会分工的独立生产经营单位，有独立的利益。这就形成毛泽东所概括的三个基本分配层次：国家、企业、个人。在社会主义市场经济条件下更是如此。这个观点是对《哥达纲领批判》的又一个突破和补充。

在多种分配形式中，比较重要的是按资（本）分配，即按资本的投入量及其效益分配。这种按资分配又有两种具体形式。一是私营企业和外商独资企业，其利润（即剩余价值）主要归投资者（企业主）。现今，我国多数私营企业主除占有利润外，还拿工资，等于付出管理的劳动收入。二是个人股份的股票红利，由于其量小，对劳动者的全部收入只起补充作用。

此外，还有其他既属于非劳动又不属于剥削的个人财产性收入，如银行利息、股票、房租收入、农民土地转让的租金、其他小型生产工具（如汽车）租金等等。随着市场经济发展、个人财产的增多和生产经营方式的多样化，这类收入形式也会增多。但在总体上占有社会分配关系的份额还是较小的。

至于个体劳动者的收入，他们既是生产资料的所有者，又是劳动者，属于小私有者，其收入归自己，过去、现在和以后均不属于按劳分配或剥削收入的范围，乃是一种整个社会不可或缺的补充。

在科技主导经济发展的时代，科技人才及其智力劳动所起的作用越来越大，创造的社会财富越来越多。从实际情况看，对科技人才应当实施激励的分配政策。其形式包括工资奖励、科技服务分红、知识产权收益等。

有人说，现在是市场决定分配关系和分配形式，而不是所有制关系。这是不全面的。客观上市场会带来利益与竞争主体多元性、供求关系的多变性，以及由此引起的价格起伏性、市场经营的风险性与经济发展的周期性、市场经济的国际性带来经济风险的连锁性等等，这就影响分配关系稳定性，形成参与分配的多因性和形式的多样性，并且由生产领域扩展到分配领域。其中价格对分配的影响最大。此外，劳动力市场供求关系，也对劳动者收入有影响。但是，这些都不会改变基本的所有制关系及由此决定的基本分配制度。如果主要由市场决定分配，那么必然产生和加大两极分化。

总之，社会主义初级阶段分配形式的多样性，可以从多方面调动各类劳动者、经营者的积极性，促进就业和投资的多元化，加快城镇化进程（大批农民工进城），并能在根本上保持社会主义基本制度和社会主义市场经济的性质。这是一种优势，但同时需抑制它的消极面。

## 二、 深化两次分配改革， 防止扩大两极分化

从实际问题出发深化改革，是习近平的重要观点。他指出："共享发展注重的是解决社会公平正义问题。""我国经济发展的'蛋糕'不断做大，但分配不公问题比较突出，收入分配差距、城乡区域公共服务水平差距较大。""绝不能出现'富者累巨万，而贫者食糟糠'的现象。"[①] 针对这一个问题，必须深化分配领域改革。

这同邓小平的思想一脉相承。邓小平一再强调不能出现两极分化，特别是他晚年，最担心出现两极分化。他说："十二亿人口怎样实现富裕，富

---

①《求是》2016 年第 1 期，第 5—6 页。

裕起来以后财富怎样分配，这都是大问题。题目已经出来了，解决这个问题比解决发展起来的问题还困难。”① 其原则是“既不鼓励懒汉，又不能造成打‘内仗’”②。

改革开放之初，邓小平提出让一部分人和地区通过正当劳动、经营和发挥优势先富起来，是为了克服平均主义，以不平衡促进平衡，以适度“分化”促进社会共享，以先富带共富。然而，发展到一定的程度，就必须消除、防止两极分化。在邓小平谈话后的20多年间，居民的收入差距又扩大了。我们党并非未注意到这个问题，正如邓小平所说，两极分化是“自然出现”的，有其客观原因，也有主观因素，这就是过程的复杂性，应做全面的分析。

历史地看，我国居民收入水平总体是大大提高了，解除了5亿人口的贫困问题，同旧中国相比，人均收入提高100多倍，20世纪50年代初至今提高了30多倍，20世纪80年代初至今又提高了12倍。由于二元结构十分突出，城乡居民收入差距是缩小的，二者之比旧中国为15:1，中华人民共和国成立初期为8:1，改革开放之始为5:1，近几年又缩小为2.98:1。地区之间收入差距，就东、中、西三大区域而言，旧中国为5:2:1，20世纪50年代到60年代为4:2:1，改革开放后有所扩大，现在为3:2:1.5。突出体现在人均收入差距上，形成一个倒U字形曲线：20世纪50年代后期至80年代为6:1，从20世纪90年代开始明显扩大，为20:1，进入21世纪上升为30:1，近几年虽有缩小，但无明显变化。世界上往往以基尼系数表示，实际上很不准确，这里可作为一个参照系：在20世纪80年代以前，我国的基尼系数为0.20左右（过分平均，以0.30—0.35为宜），1993年变为0.42，1999年又上升为0.437，2003年后达到0.47，最高达到0.49（2009年），以致我国

①《邓小平年谱》，北京：中央文献出版社2004年版，第1364页。

②《邓小平年谱》，北京：中央文献出版社2004年版，第1364页。

成为世界上收入差距最大的国家之一。[①]

我国目前城市中10%的高收入者占有全部财富的45%，10%的低收入者仅占有1.4%[②]。再如拥有的房产，最高20%和最低20%之间的差距高达60多倍。金融资产方面，67.2%以上的金融资产实际掌握在20%富裕者手里[③]。财富迅速向高收入阶层集中。此外，我国城乡还有1.5亿贫困人口（绝对贫困近3000万，农村相对贫困人口加城市低收入者约1.2亿）。国外也有许多分析家认为，目前中国贫富悬殊现象相当严重，“产生了一个新的超富阶层”[④]。所以，对收入分配差距扩大问题不可等闲视之。

对于造成收入差距过大的最主要因素众说纷纭。我们曾提出一个“综合重度系数”，就是人均收入差距×涉及居民人数÷收入差距全社会总量，算出诸因素的权重。经过演算：行业（垄断行业与低收入行业）差距权重占2.73%，城乡收入差距权重占32.94%，区域收入差距权重占18.15%，私营企业主与雇佣工人收入差距占46.50%。这说明私营企业造成的收入差距的权重最大，几乎占到一半，是造成贫富悬殊的最重要的因素。[⑤] 私营企业主收入与雇工收入之比（包括家庭成员）平均为200:1。2014年，私营企业主利润平均为1029.28万元，职工平均工资年平均为36390元，前者为后者的282.85倍，这比前几年还有减少的趋势，如2013年为327.42倍，2012年为399.15倍，2011年为409.36倍。[⑥]

从实际工资横向看，城镇私企职工是最低的，大体是平均工资的2/3。以2014年为例，城镇私企职工就比城市职工平均低35.41%，比国企职工低36.49%，比集体企业职工低14.67%，比股份合作单位低33.61%。这就

① 世界银行：《中国：推动公平的经济增长》，北京：清华大学出版社2004年版，第1页、第47页。

② 黄泰岩、崔万田：《经济增长转型中的居民收入分配调节》，《求是》2006年第13期。

③ 李培林：《2006年中国经济社会形势发布会实录》，中国网，2005年12月21日。

④［英］杰夫·戴尔：《中国超级富豪不寻常的致富之道》，英国《金融时报》2008年7月8日。

⑤ 杨承训等：《中国特色社会主义经济学》，北京：人民出版社2009年版，第444—448页。

⑥ 根据国家统计局年度数据推算。

是说，私企职工是构成最低收入阶层中的重要部分。况且他们经常加班加点，许多私企平均工作时间10个小时，且缺乏社会保障。更有甚者，一些私企还千方百计地拖欠工资，致使工人白白劳动，无薪回家，造成讨薪的群体事件，影响社会安定。

与此相应，却生长出一批积累巨万的富人，还有少数不法富人，千方百计腐蚀党和政府的一些领导干部，以取得非法之财，败坏社会风气。尤其是少数奸商巨头勾结腐败官员扰乱市场秩序，大肆投机豪夺，加剧了这种分化态势。

全面地看，多种成分要发展，必然有资本主义成分的大批企业出现，他们对社会经济发展和克服平均主义起了一定的积极作用，也增加了农民收入（现在农民收入中工资已占大头），对此，不能全盘否定。但也有私有化经济发展过快的问题，尤其是它对国有经济的侵蚀相当严重。比如，世纪之交那几年刮起卖国有企业的风潮，有些经济学家要求以“零资产”或“一元资产”扔掉国有资产，损失了大约2万亿元以上（时价），而这恰恰是私营企业发展最快最猛的几年。1989—2005年，私营企业的工业资产增加到20.39倍，每年增加4122亿元，年递增速度为75%，这在世界上也是少见的。

究其原因，在理论和认识上是新自由主义不断刮起歪风所致。他们打着“改革”的幌子，大肆贩卖私有化的黑货，说搞市场经济必然私有化、消灭公有制特别是国有企业“民营化”，一再鼓吹“国退民进”，要国有经济降到GDP的10%以下。这同我国改革的宗旨不相容，同社会主义市场经济南辕北辙。固然，多种成分的发展是社会主义初级阶段的客观要求，私营企业是社会主义市场经济的组成部分，但这并非搞私有化，并非取消公有制的主体地位，从而改变我国的基本经济制度和基本分配制度，更不允许以原始积累方式残忍地剥削新生的工人队伍，助推两极分化。

如何防止、消除两极分化现象？必须通过深化两次分配的改革分层次加以解决。

初次分配中坚持公平分配，主要原则是工资分配与劳动生产率同步提高。初次分配是劳动者收入的基础，大体上占整个劳动收入的70%上下。要发挥公有经济“普照之光”（马克思）的功能，推进“先富”带“后富”的进程。在社会主义初级阶段，公有制经济首要的是以榜样的力量推进民营企业真正承担起社会责任，在公有制企业内部实行按劳分配（着重解决管理者收入过高问题）、关注劳动者的收入和福利，有完整的社会保障，高于私营企业的职工待遇，相对比较公平，起着标杆作用，引导其他成分效法。如果私营企业不向这种标杆看齐，那就无法留住工人（主要是农民工），乃至影响劳动力市场。公有经济必须不断壮大。

再分配，是政府通过财政转移支付的分配，即在初次分配的基础上进行的种种生活补贴的救助，以调节初次分配中所没有解决的不公平问题。再分配占居民收入的10%—20%（如美国为12.5%）[①]，即使在福利国家的分配中，再分配充其量超出不了30%。在我国如何加大再分配的力度，是需要探索的重大问题。首先，政府要加大个人所得税的征收力度。目前西方资本主义国家早就实行财产收入累进税，最高达到70%，个税金额占税收总额的40%—60%。我们的个税过轻，不能够起到“扩中（扩大中等收入阶层）、提低（提高低收入阶层的收入水平）、限高（限制高收入阶层的发展和扩张）、打非（依法打击非法收入势力）”的作用，应该逐步完善，拉开档次，不能害怕富人反感。实际上我国的税收比西方仍然轻得多（目前我国的个税以工资收入者为主体，在税收总额中不到5%）。在这方面，还有巨大的探索和实施的空间，应当积极进取，绝不能使社会主义国家成为富人的天堂。有人担心，个税过重可能使一些富人将资产向外转移。实际上，外国税收更重，关键在于我们的控制政策和思想教育的力量，决不可因少数人的抱怨而退缩。至于“打非”，那更是执法范围的事。

① 根据国家统计局《中国统计年鉴（2006）》第367页、第347页计算，北京：中国统计出版社2006年版。

其次，要以好的国企为榜样，倡导、推进所有企业承担其他社会责任。在这方面有更多工作去做。政府、工会、行业组织都应以社会责任的规定和社会主义伦理规导民营企业，宣传国企和其他公有制企业的榜样，提高所有企业主的责任感，并且以法制和政策来推动开展各类活动，评比企业社会责任承担的状况，形成外部压力和内部动力。

最后，在“提低”中还有一个重要内容，那就是强化城乡精准扶贫力度，不仅花钱救济，更重要的是提升贫困地区和人口的造血功能，扩大就业率。习近平强调，现在还有7000万农村贫困人口，必须实施精准扶贫，实施刚性的脱贫工程；城市中还有1800万低保人口，也要通过社会保障提高他们的生活水平。

## 三、 新民生观是对基本分配制度实现共同富裕的深化和完善

关心民生（“惠民生”）是党的十八大提出来的，习近平随后做了系统论述。他说：“我们将以保障和改善民生为重点，促进社会公平正义，推动实现更高质量的就业，深化分配制度改革，健全社会保障体系和基本公共服务体系。”① 这就使中国特色社会主义基本分配制度覆盖面更加全面，成为实现共同富裕的托底保障，是对马克思主义政治经济学分配理论的创新。

历史上“民生主义”是我国民主革命的先驱孙中山提出来的（旧三民主义的含义之一），其内容是平均地权和节制资本，在当时有进步意义；后蒋介石背叛革命，虽然口头喊“三民主义”，实际上实行的是大资产阶级专政的经济政策，保护帝国主义和封建地主阶级利益，这又滋生出一个以四大家族为代表的官僚买办资产阶级。现在我们提出的新民生观与它具有根本不同的性质和内容。二者不能混同（早在新民主主义革命时期毛泽东就系统地分析了它同我党新民主主义经济政策的根本区别）。

---

①《习近平谈治国理政》，北京：外文出版社2014年版，第347页。

从习近平的系列论述中，可以看出新民生观有以下四个特点：

第一，新民生观同社会主义平等正义相联系，是共同富裕的体现。改革“以促进社会公平正义、增进人民福祉为出发点和落脚点”①，是中国特色社会主义的内在要求，体现人民的共同利益。在现阶段，民生的平等正义并非像资产阶级政治家讲的抽象地为社会服务，而是有不同的对象实施不同的政策，这就是“扩中、提低、限高、打非”，重点是支持广大工农群众富裕起来，实施以“先富”带“共富”。

第二，随着经济发展不平衡采取民生公平正义的措施。实现共同富裕的公平正义，“并不是说就等着经济发展起来了再解决社会公平问题。一个时期有一个时期的问题”，“不论处在什么发展水平上，制度都是社会公平正义的重要保证”②。

第三，新民生观包含的内容覆盖有关人民生计的全部需求，并贯彻于全过程。这就是“学有所教、劳有所得、病有所医、老有所养、住有所居持续取得新进展”。从习近平一贯思想上，还应加上一个“安有所保”。鉴于此，他还提出一个具体原则：“社会政策要托底。”

——“学有所教”。推进教育事业大发展，覆盖城乡青少年，实行小学到高中的义务教育，大力发展高等教育，并且要求城乡教育资源均等化。

——“劳有所得”。最重要的是扩大城乡就业，把就业视为民生之本。由于我国人口众多、二元结构突出，就业问题有特殊难度。而我们却创造就业的奇迹，主要创新点在于以创业带动就业，提出大众创业、万众创新，不仅不断开拓就业空间，而且注重提高就业质量。其中重要的是通过各类培训提高城乡劳动者素质，提高技术工人的工资，倡导“工匠精神”，尤其要加强第三产业吸纳就业的能力。

——“病有所医”。在人类生活中，有一条健康需求不断增长的规律，

①《习近平谈治国理政》，北京：外文出版社2014年版，第347页。

②《习近平谈治国理政》，北京：外文出版社2014年版，第96—97页。

人民提高寿命的诉求日益强烈，保持健康生活是最大的幸福感之一。社会主义的宗旨本质规定必须以最大的力量解决这一历史难题。首先是预防为主，以相当大的财力、物力和科技力量防止疫病发生，普遍提高人民的身体素质。其次，增强医疗能力，健全医疗设施和改革医疗制度。

——“住有所居”。这是解决人民重大的生活消费住房问题。住房已成为居民主要的私产。习近平指出：“住房问题既是民生问题，也是发展问题，关系千家万户切身利益，关系人民安居乐业，关系经济社会发展全局，关系社会和谐稳定。”“从我国国情看，总方向是以构建政府为主提供基本保障、以市场为主满足多层次需求的住房供应体系。”①

——“老有所养”。自古以来，就有“养子防老”的习惯。但随着人口老龄化趋势强化，老龄人口比重越发增大，养老已成为一个社会问题。中国特色社会主义制度关注“老有所养”，通过社会保障建设探索以社会为主的养老途径，同时继续发挥家庭的功能，发扬孝顺美德，共享天伦之乐。

——“安有所保”。习近平多次指出：“平安是老百姓解决温饱后的第一需求，是极重要的民生，也是最基本的发展环境。”② 从工作职责看，有的属执法部门的事，但其安全事故则殃及人民的生命和经济利益，尤其是生产事故、自然灾害等安全问题会使劳动者遭受重大损失。为此，作为大民生必须关注，加强治安、防范事故、预报和防救自然灾害，有的涉及科学技术设施和管理。

上述五项主要方面是社会保障体系的功能，应以政府为主不断增强共享发展能力。同时，在社会主义市场条件下，也要积极发挥商业保险的辅助功能。

第四，提高消费能力，改进消费方式。消费是社会再生产大循环的终点，也是新的大循环的起点，关系人民切身利益。恩格斯说：“群众的消费

---

①《习近平谈治国理政》，北京：外文出版社2014年版，第192页、第193页。

②《习近平总书记系列重要讲话读本》，北京：学习出版社、人民出版社2014年版，第223页。

不足，也是危机的一个先决条件。”① 中国特色社会主义事业，特别关心人民的消费改善，把提高人民生活水平作为一切工作的归宿、作为判断是非的标准之一。改革开放以来，我们党一直注重扩大内需，提高消费在GDP增长中的贡献率（2015年已达到66%）。所谓小康社会，实际是让人民的消费能力达到上中等收入国家水平。同时注重提升人民的消费质量，包括食品安全、科学消费、优化生态、健身活动、文化消费、发展旅游等。

这里特别需要说明，对于西方有些国家流行的“民主社会主义”福利制度，有的做法我们可以借鉴，但决不能照搬。那种从摇篮到坟墓的高福利制度看着很好，但有致命的缺陷：一是它根本没有消除贫富两极分化，却仍维护大资本家的利益；二是高税收、高支出，使财政亏空，羊毛出在羊身上，最后还是转嫁到劳动人民身上；三是影响发展后劲，很难实现可持续发展；四是助长一些人的懒惰习气，形成不好的社会风气；五是高福利许愿越来越高，主要是一些政客为拉选票开的空头支票，许多都不能兑现。正如习近平所指出的：“任何一项事业都需要远近兼顾，杀鸡取卵、竭泽而渔的发展是不会长久的。”② 我们一定要接受国际教训，循序渐进，把社会福利建立在可持续发展的坚固基础上。

（原载于《毛泽东邓小平理论研究》，2016年第7期）

---

①《马克思恩格斯选集》第3卷，北京：人民出版社1995年版，第636页。

②《习近平谈治国理政》，北京：外文出版社2014年版，第345页。

# 治国理政的“发展惠民”观：党的宗旨化为制度优势

## ——习近平对“生产目的”论的升华和拓展

治国理政的新理念新思想新战略贯穿一根红线，就是以人民为中心的理念。习近平提出：“发展的最终目的是造福人民，必须让发展成果更多惠及全体人民。”① 以人民为中心的、以发展“惠民生”理念，可简括称“发展惠民”观，它与共享发展有同一含义，升华和拓展了以前所讲的生产目的论。它是党和社会主义社会的基本宗旨，又是我国的制度优势，是主观意志和客观规律的统一，也是长治久安、永葆活力的保证和源泉，体现和深化了社会主义本质，是中国特色社会主义政治经济学和治国理政的立足点和归宿。

## 一、 以人民为中心是中国共产党和社会主义制度的本质规定

生产目的是回答为谁发展生产、依靠谁发展生产的问题。20 世纪 70 年代末 80 年代初，我国理论界曾经为此展开讨论，实质上是深化对社会主义本质的认知。邓小平多次强调社会主义首先要发展生产力，其目的在于实现人民共同富裕。1992 年，邓小平做了科学概括：“社会主义本质是发展生

① 新华社：《发挥亚太引领作用 应对世界经济挑战》，《人民日报》2015 年 11 月 19 日。

产力，解放生产力，消灭阶级，消除两极分化，最终达到共同富裕。”① 这也成为中国共产党领导中国特色社会主义进行改革开放和发展所遵循的基本规律。以后又在“共同富裕”后面补充了“人的全面发展”。党的十六大倡导的科学发展观，其第一要义就是“以人为本”。习近平深化、拓展了社会主义生产目的思想，在十八届五中全会上首次提出“以人民为中心”的发展思想，进一步彰显了人民至上的价值取向，相应地概括了发展的五大理念；强调了共享发展，形成了完整的“发展惠民”观。“发展惠民”观有着丰富的内涵。当今时代，“发展”已经成为一个大系统，不仅包括生产，而且包括日益扩展的多种服务业和文化产业。特别是新生的因素愈加发挥重大的作用，如科技创新成为发展的“第一动力”，生态建设实现人与自然的和谐，循环经济成为重要的生产方式。就是说，发展包括生产，又扩展了生产的内容，创新、协调、绿色、开放、共享是社会主义“发展”大系统的整体概括。“惠民”则不仅包括初次分配、二次分配，还包括覆盖人民物质、精神、社会生活的各个方面，尤其是起“托底”作用的社会政策，内涵更加丰富。从利用资源的范围看，它不仅包括国内资源，而且包括国外资源，体现世界人民互利共享。我们深化理解习近平的“发展惠民”观，它是一个更全面、更完整、更富有时代特征的社会主义宗旨的表述，是在原来“生产目的”基础上的升华、扩展，更富有科学性，具有更高的指导意义和理论深度，是中国特色社会主义经济学的创新。

再进一层说，社会主义宗旨不仅取决于生产资料所有制，而且取决于执政党的导向。世界上有许多国家自称社会主义，但是因缺少代表无产阶级和人民利益的政党领导这一根本要素，不能成为真正的社会主义；有些原来的社会主义国家，由于党的变质或不坚持马克思主义指导，其社会主义制度异化为资本主义或封建主义专制制度。因此，习近平中肯地指出：

①《邓小平文选》第3卷，北京：人民出版社1993年版，第373页。

“中国共产党的领导是中国特色社会主义最本质的特征。”[①] “党的基本路线是国家的生命线、人民的幸福线，我们要坚持把以经济建设为中心作为兴国之要、把四项基本原则作为立国之本、把改革开放作为强国之路，不能有丝毫动摇。”[②] 中心是一切为人民谋幸福。从更深的层次上说，执政党的宗旨和基本路线引导着社会制度的发展目的。这也是“发展惠民”观的要谛。

习近平明确指出：“人民立场是中国共产党的根本政治立场，是马克思主义政党区别于其他政党的显著标志。党与人民风雨同舟、生死与共，始终保持血肉联系，是党战胜一切困难和风险的根本保证，正所谓‘得众则得国，失众则失国’。”[③]

“全党同志要把人民放在心中最高位置，坚持全心全意为人民服务的根本宗旨，实现好、维护好、发展好最广大人民根本利益，把人民拥护不拥护、赞成不赞成、高兴不高兴、答应不答应作为衡量一切工作得失的根本标准，使我们党始终拥有不竭的力量源泉。”[④]

“带领人民创造幸福生活，是我们党始终不渝的奋斗目标。我们要顺应人民群众对美好生活的向往，坚持以人民为中心的发展思想，以保障和改善民生为重点，发展各项社会事业，加大收入分配调节力度，打赢脱贫攻坚战，保证人民平等参与、平等发展权利，使改革发展成果更多更公平惠及全体人民，朝着实现全体人民共同富裕的目标稳步迈进。”[⑤]

“尊重人民主体地位，保证人民当家做主，是我们党的一贯主张。”“保证人民广泛参加国家治理和社会治理，形成生动活泼、安定团结的政治

---

①《习近平总书记系列重要讲话读本》，北京：学习出版社、人民出版社2016年版，第102页。

② 习近平：《在庆祝中国共产党成立95周年大会上的讲话》，《人民日报》2016年7月2日。

③ 习近平：《在庆祝中国共产党成立95周年大会上的讲话》，《人民日报》2016年7月2日。

④ 习近平：《在庆祝中国共产党成立95周年大会上的讲话》，《人民日报》2016年7月2日。

⑤ 习近平：《在庆祝中国共产党成立95周年大会上的讲话》，《人民日报》2016年7月2日。

局面。”①

我们的党是全心全意为人民服务的党，我们的国家是人民当家做主的国家，党和国家一切工作的出发点和落脚点是实现好、维护好、发展好最广大人民根本利益。“发展惠民”观是党的宗旨，也是中国特色社会主义制度的要义。为了进一步明晰这一宗旨，习近平又提出了新民生观：“我们将以保障和改善民生为重点，促进社会公平正义，推动实现更高质量的就业，深化收入分配制度改革，健全社会保障体系和基本公共服务体系。”② 新民生观同社会主义平等正义相联系，是共同富裕的体现。改革“以促进社会公平正义、增进人民福祉为出发点和落脚点”③，是中国特色社会主义的内在要求，体现人民的共同利益。随着经济不断深化和拓展，在民生方面要不断完善公平正义的措施。实现共同富裕的公平正义，“并不是说就等着经济发展起来了再解决社会公平问题。一个时期有一个时期的问题”，④“不论处在什么发展水平上，制度都是社会公平正义的重要保证”⑤。

从根本上说，同党的目的、社会主义宗旨相比，其他一切都是实现目的、宗旨的手段、方法、条件、过程。就是说本质决定形式，形式为宗旨服务。基于历史逻辑，中国特色社会主义政治经济学的理论逻辑应以“什么是社会主义”即“社会主义本质”为起点，因为只有弄清为什么搞社会主义、什么是社会主义，才能研究它的基本构成要素和运行特征。苏联的教科书是从生产资料所有制开始，当时主要解决的问题是建立新的经济制度，先讲所有制关系是必要的，但是当时它还没有真正弄清社会主义整体概念和宗旨，因此也不会预料公有制及其上层建筑变质，缺乏洞察力。而中国特色社会主义政治经济学，以开创者邓小平为代表，他遇到的问题不

① 习近平：《在庆祝中国共产党成立95周年大会上的讲话》，《人民日报》2016年7月2日。

②《习近平谈治国理政》，北京：外文出版社2014年版，第347页。

③《习近平谈治国理政》，北京：外文出版社2014年版，第204页。

④《习近平谈治国理政》，北京：外文出版社2014年版，第96页。

⑤《习近平谈治国理政》，北京：外文出版社2014年版，第96—97页。

是如何建立公有制问题，而是如何完善、优化社会主义整体，包括完善公有制本身及所有制结构。历史地看，如果对社会主义整体本质没有全面的把握，仅有公有制形式也不能体现社会主义宗旨，比如守着公有制形式而不发展生产力，陷入长期贫困，也不是真正的社会主义，至今有的国家形式上是公有制，但人民陷于半饥饿状态。况且公有制的主体国有经济，其所有者是国家，性质是由国家的性质决定的。再者，公有制的实现形式也需要按社会主义宗旨和生产力发展不断完善、改革。由此可见，只有从整体上弄清社会主义本质，才能明确坚持和改革公有制的方向、道路以及所有制的整体配置。邓小平深刻批评“四人帮”想单靠上层建筑、所有制过渡到共产主义，而不发展生产力，是十分荒谬的，歪曲了社会主义本质。① 从哲学意义上讲，社会主义整体宗旨属本质层面，所有制乃是本质的表现形式和存在条件。历史表明，公有制经济是系统性最强、层次很多的所有制形态，它与生产力、交换关系、上层建筑等关联最密切，需要从社会主义整体把握这一经济基础。所以，明确“发展惠民”的目的、宗旨，是全部逻辑的前提。这也是我国马克思主义政治经济学的特色之一。

此外，从最终目标看，共产主义最终目的是解放全人类。但革命不能输入，而应当以互利共赢的方式推进广大发展中国家逐步富裕起来。习近平指出：“中国特色社会主义是不是好，要看事实，而不是看那些戴着有色眼镜的人的主观臆断。中国共产党和中国人民有信心为人类更好的社会制度的探索提供中国方案。”② “中国的梦想，不仅关乎中国的命运，也关系世界的命运。”③ 这就是说，还应当用世界的眼光认识“发展惠民”的深远意义。如“一带一路”联合了几十个国家，实施共商、共建、共享的原则，使更多的国家特别是发展中国家的人民共树“发展惠民”的价值观，共享物质实惠。

---

①《邓小平年谱》上卷，北京：中央文献出版社2004年版，第222页。

② 习近平：《在庆祝中国共产党成立95周年大会上的讲话》，《人民日报》2016年7月2日。

③《习近平总书记系列重要讲话读本》，北京：学习出版社、人民出版社2016年版，第15页。

## 二、“发展惠民”实现社会主义经济良性循环规律

习近平指出：“让老百姓过上好日子，是我们一切工作的出发点和落脚点。”① 这看起来好像仅是主观目的，实际上正是客观规律的体现，是社会主义制度的根本优势。

从社会再生产的运转循环看，有四个基本环节，即生产、分配、交换、消费。仅从一个单循环过程看，生产是起点，消费是终点，但循环是不断重复和互相交叉的；在多循环中消费又是起点，它拉动生产，并决定生产的动机和方向。劳动人民是生产的主力，又是消费的主体。广大人民不断增长的旺盛消费需求，是社会再生产最强大的动力。在剥削制度下，生产力发展受阻，其根本原因是广大劳动人民生活水平低下，消费不足。资本主义初期发展很快，主要是靠国外市场需求的猛烈扩大，后来受资本主义的积累规律影响，极力搜刮剩余价值，造成一边是消费严重不足，一边是生产过剩，导致周期性危机，形成严重的社会浪费和恶性循环。社会主义制度消除了生产社会化和私人占有（首先是私人大资本占有）的基本矛盾，使经济社会发展与广大人民消费的增长连接起来，互相推动，从根本上克服生产过剩和消费不足的矛盾，形成良性循环的经济流程，就能够持续稳健发展。我国近70年的发展，尤其是改革开放近40年的持续发展，彰显了这一巨大优势。近10年中，西方资本主义国家自发生国际金融危机以来，发展乏力，而我国经济则保持中高速度增长，处于领先地位，并且质量是愈来愈高，成为世界经济增长的最大引擎。这种良性循环的态势，已为世界所称慕。

当然，我国在发展与消费关系上不是没有矛盾，尤其在社会主义市场经济下仍存在不平衡、不协调、不可持续的现象，但我们按照“发展惠民”

①《习近平总书记系列重要讲话读本》，北京：学习出版社、人民出版社2016年版，第213页。

的原则加强、改善宏观调控，许多问题比较顺利地得以解决。在新常态下，供给侧结构性改革就是使经济结构适应和引导消费。正如习近平所指出的，供给侧结构性改革的目的，就是体现以人民为中心，更好地满足广大人民的需求。经济工作中的五大任务——稳增长、促改革、调结构、防风险、惠民生，最终落脚在惠及广大人民身上，强调改革要使人民有获得感，就是按照客观规律实现经济良性循环。

在发展惠民原则指导下，党和政府一直注重扩大内需，提高广大人民的消费水平，这主要表现在七个方面：一是，不断提高居民整体收入水平；二是，积极利用财政政策和货币政策，进一步扩大城乡居民的消费能力；三是，继续培育新的消费热点；四是，健全社会保障体系，解决预期支付与即期消费之间的关系；五是，探索中国特色的消费结构和消费方式；六是，促进消费结构不断升级，尽快消除城乡二元结构；七是，提升消费层次和推进消费结构多元化。

有人担心科技水平的提高会影响消费增长，实际上习近平提出的五大发展理念就是把科技创新与人们共享联系起来，着重增强消费能力与提高消费质量。在科技经济时代，它也使消费发生重大变革，实现科技创新与提升消费的良性循环。可从四个方面进行概括：

第一，提供更强的消费能力。科技的巨大进步，推动生产力的全面发展，提高了劳动生产率，创造了质量空前高和数量空前多的社会财富，提供了极其丰富的可供分配的产品和大量的就业机会，通过分配和再分配变为消费者的购买力，也就是马克思所说的“消费力”，形成市场需求的拉动力。有人估算，20 世纪世界人均购买消费品的能力等于 19 世纪人均购买消费品能力的 15 倍，其中发达国家可能超过 20 倍。那么，21 世纪如果就业问题逐步解决，这种消费也许会增长 30 倍以上。因为人们用于消费的支出远远高于生产费用，而且它成为拉动经济增长的最大因素。消费对经济增长的贡献率超过 60%，包括进出口贸易中的消费品。这个趋势正是人民所企盼的，恰是科技经济使之变为现实。

第二，提供更丰富的消费资料。科技的突飞猛进改变了人们的生活方式、消费条件、消费手段，提供了越来越丰富的消费资料。过去梦想不到的汽车、影视、通信、别墅、电冰箱、洗衣机、旅游、文艺享受等新的消费形式和消费领域已经一个个展现在人们的面前，并且人们正在追求新的消费，如数字化电视机、光子化通信、智能化家庭等。这正是科技创新带来的消费方式创新和消费文化创新。可以预见，科技进步还会创造现在预料不到的消费手段、方式和理念。对于消费来说是科技创造了新需求，在市场上新需求呼唤新供给，推动工业、农业、服务创新，这又为科技创新提供新课题。这是从物质系统形成的“双回路”运动，它同价值的“双回路”系统交互融合。

第三，消费质量上新台阶。总体来说，科技经济时代，人们的消费会进入高水平的全面科学化阶段，改变了的消费方式，具有知识化、健康化、生态化、休闲化、时尚化、个性化的特点。上述趋势现在初显端倪，应进一步深化研究，以便从两方面适应和引导：一是适时调整供给侧，优化产品和产业结构；二是创造新的供给侧引导消费，推动新的潮流。

第四，推进消费结构的高度化。消费结构既受产业、产品和就业结构的影响，又反过来影响前者，它是需求结构的基础。消费结构主要指居民各种消费支出的比例关系，它在市场上表现为需求结构。人们受教育、科技创新和其他文化日趋强大的影响，从热衷于享受走向热衷于自身的发展，致力于科技事业钻研，注重提高消费知识含量和知识比重，更全面地发展自身，而在享受中也包含越来越多的发展因素。

同时，还应领会绿色发展、生态文明也是“发展惠民”的要点，是要给人民一个更加健康的自然环境。同样，它既是我们党和国家的主观意愿，也是客观规律规定的良性循环。习近平多次强调：“我们既要绿水青山，也要金山银山。宁要绿水青山，不要金山银山，而且绿水青山就是金山银山。”① “环境是民生，青山就是美丽，蓝天也是幸福，要像保护眼睛一样保护环境，像对待生命一样对待生态环境，把不损害生态环境作为发展的底线。”② 客观上，人与自然的关系是人类社会最基本的关系。自然界是人类社会产生、存在和发展的基础和前提，人类则可以通过社会实践活动有目的地利用自然、改造自然。但人类归根到底是自然的一部分，在开发自然、利用自然中，人类不能凌驾于自然之上，人类的行为方式必须符合自然规律。人与自然是相互依存、相互联系的整体，对自然界不能只讲索取不讲投入、只讲利用不讲建设。必须把生态建设作为一个系统工程，作为重大民生实事紧紧抓在手上。要深刻认识到，保护自然环境就是保护人类，建设生态文明就是造福人类。

以人民为中心的宗旨还能够化成一种政治优势，即让群众认识共同利益，进而形成政治凝聚力。从根本上说，“发展惠民”以人民为中心，也就是坚持人民群众是创造历史的主力，使社会主义制度立于不败之地。习近平指出：“人民是创造历史的动力，我们共产党人任何时候都不要忘记这个历史唯物主义最基本的道理。”③ “只有坚持这一基本原理，才能把握历史前进的基本规律；只有按历史规律办事，才能无往而不胜。坚持以人民为中心的发展惠民思想，就要坚持人民主体地位，充分尊重人民所表达的意愿、所创造的经验、所拥有的权利、所发挥的作用。尊重人民首创精神，自觉拜人民为师，向能者求教，向智者问策，从群众中汲取无穷的智慧和力量。紧紧依靠人民，广泛动员和组织人民投身到党领导的伟大事业中来。”④ 就群众个人来讲，往往考虑自身的眼前利益较多，而政治思想工作则要让他们把个人利益与共同利益结合起来，形成合力，团结起来拧成一股绳，更

---

①《习近平总书记系列重要讲话读本》，北京：学习出版社、人民出版社2016年版，第230页。
②《习近平总书记系列重要讲话读本》，北京：学习出版社、人民出版社2016年版，第233页。
③《习近平总书记系列重要讲话读本》，北京：学习出版社、人民出版社2016年版，第128页。
④《习近平总书记系列重要讲话读本》，北京：学习出版社、人民出版社2016年版，第128—129页。

加关心“大我”，为共同目标奋斗。这就是物质变精神，精神又变物质，构建良性循环。此种政治优势，乃是社会主义制度的根本优势。

## 三、 全面实施发展惠民的“托底”社会政策

习近平作为党和国家的领导人，既立足实践实现理论创新性，又在实践中检验理论的真理性。“发展惠民”不只是一种观念，而且是正在实施的政策，在实践中拓展了它的外延和具体内容，实现主观动机与客观效果的统一。他提出的“社会政策要托底”正是理论在实践的外延，主要包括以下五个方面的内容。

### （一）推进以人民为中心的改革，使人民在改革中有获得感

“人民是历史的创造者，是推动改革的力量源泉。没有人民的支持和参与，任何改革都不可能取得成功。推进任何一项重大改革，都要坚持‘以百姓心为心’，都要站在人民立场上把握和处理好涉及改革的重大问题，都要从人民利益出发谋划改革思路、制定改革举措。要广泛听取群众意见和建议，及时总结群众创造的新鲜经验，充分调动群众推进改革的积极性、主动性、创造性，把最广大人民的智慧和力量凝聚到改革上来，共同把改革推向前进。”①

### （二）深化分配制度改革

习近平要求：“促进收入分配更合理、更有序。收入分配是民生之源，是改善民生、实现发展成果由人民共享最重要最直接的方式。”② 全面贯彻以按劳分配为主多种分配形式并存的基本分配制度，强化初次分配，扩大再分配。初次分配中坚持公平分配，主要原则是工资分配与劳动生产率同

---

①《习近平总书记系列重要讲话读本》，北京：学习出版社、人民出版社2016年版，第78页。

②《习近平总书记系列重要讲话读本》，北京：学习出版社、人民出版社2016年版，第217页。

步提高。初次分配是劳动者收入的基础，在整个劳动收入中占有很大比重。要发挥公有制经济“普照之光”的功能，推进“先富”带“后富”的进程。在社会主义初级阶段，公有制经济首要的是以榜样的力量推进民营企业真正承担起社会责任。在公有制企业内部实行按劳分配（着重解决管理者收入过高问题）、关注劳动者的收入和福利，使劳动者有完整的社会保障，高于私营企业的职工待遇，相对比较公平，起着标杆、引导作用。如果私营企业不向这种标杆看齐，那就无法留住工人（主要是农民工），乃至影响劳动力市场。再分配是政府通过财政转移支付的分配，即在初次分配的基础上进行的种种生活补贴的救助，以调节初次分配中没有解决的不公平问题。再分配占居民收入的10%—20%（美国为12.5%），即便在福利国家的分配中，再分配充其量也超不过30%。[①] 在我国，如何加大再分配的力度，是需要探索的重大问题。首先，政府要加大个人所得税的征收力度。目前西方资本主义国家早就实行财产收入累进税，最高达到70%，个税金额占税收总额的40%—60%。我们的个税过轻，力度不够，不能够发挥好“扩中（扩大中等收入阶层）、提低（提高低收入阶层的收入水平）、限高（限制高收入阶层的发展和扩张）、打非（依法打击非法收入势力）”的应有功效，应该逐步完善，拉开档次。不能害怕富人反感，实际上我国的税收比西方仍然轻得多，目前我国的个税以工资收入者为主体，仅占税收总额的7%。[②] 在这方面，还有巨大的探索和实施的空间，应当积极进取，决不能使社会主义国家成为富人的天堂。有人担心，个税过重可能使一些富人将资产向外转移。实际上，外国税收更重，关键在于我们的控制政策和思想教育的力量，决不可因少数人的抱怨而退缩。至于“打非”，那更是严于执法范围的问题。

---

① 李心源：《加快初次收入分配改革》，《中国经济时报》2013年10月9日。

②《我国共有19个税种个人所得税仅占税收总额7%》，《国际先驱导报》2011年3月16日。

（三）推进以人民为中心的新型城镇化

推进农业转移人口市民化，“促进有能力在城镇稳定就业和生活的农业转移人口居家进城落户，并与城镇居民有同等权利和义务”，[①] 同时“维护进城落户农民土地承包权、宅基地使用权、集体收益分配权，支持引导其依法自愿有偿转让上述权益”。[②] 建立多元可持续的资金保障机制，健全财政转移支付同农业转移人口市民化挂钩机制，加快改革和创新投融资体制机制，解决好城镇化的资金保障问题。要提高城镇建设用地利益效率，按照促进生产空间集约高效、生活空间宜居适度、生态空间山清水秀的总体要求，形成生产、生活、生态空间的合理结构和良性循环。提高城镇建设水平，体现尊重自然、顺应自然、天人合一的理念，让城市融入大自然，让居民望得见山、看得见水、记得住乡愁；保护和弘扬传统优秀文化，延续城市历史文脉，努力把城市建设成为人与人、人与自然和谐共处的魅力家园。加强对城镇化的管理，加快培养一批懂城市、会管理的干部，着力打造智慧城市，加强城市公共管理，全面提升市民素质，建设和谐宜居、富有活力、各具特色的现代化城市，提高新型城镇化水平。

（四）实施“学有所教”“劳有所得”“病有所医”“老有所养”“住有所居”“安有所保”的六大社会保障体系

习近平满怀深情地说：“我们的人民热爱生活，期盼有更好的教育、更稳定的工作、更满意的收入、更可靠的社会保障、更高水平的医疗卫生服务、更舒适的居住条件、更优美的环境，期盼孩子们能成长得更好、工作得更好、生活得更好。人民对美好生活的向往，就是我们的奋斗目标。”[③] “中国这么多人，教育上去了，将来人才就会像井喷一样涌现出来。这是最

---

①《中共中央关于制定国民经济和社会发展第十三个五年规划的建议》，《求是》2015 年第 22 期。

②《中共中央关于制定国民经济和社会发展第十三个五年规划的建议》，《求是》2015 年第 22 期。

③《习近平总书记系列重要讲话读本》，北京：学习出版社、人民出版社 2016 年版，第 212 页。

有竞争力的。”[①] 他要求精准发力提升就业工作，倡导全面创业带动就业，创新就是就业，构建和发展和谐劳动关系。要更好地全面参保。其中“安有所保”是一项新内容。习近平指出：“平安是老百姓解决温饱后的第一需求，是极重要的民生，也是最基本的发展环境。”[②] 从工作职责看，有的属于执法部门的事，但若发生安全事故则会殃及人民的生命和经济利益，尤其是生产事故、自然灾害等安全问题会使劳动者遭受重大损失。为此，必须对此加以密切关注，加强治安、防范事故、预报和防救自然灾害，要加强保险事业，建立救助基金制，有的还涉及科学技术设施和管理。这里要突出强调食品安全，现在市场上的食品污染、造假已成为人民群众最担心的一大祸害。习近平要求：对食品药品实施“最严谨的标准、最严格的监督、最严厉的处罚、最严肃的问责”。[③] 要从生产到加工到销售，实行全链条严格的净化监督。对于为赢利使用各类有害的添加剂、激素、农药等丧尽天良的行为，必须依法严惩。让人民吃上放心的食品，特别是高质量有机食品，保证当代和后代人的健康，这应当成为总体安全中的重点之一。

对于社会保障，习近平强调不能照抄照搬一些西方国家的做法。对西方有些国家流行的“民主社会主义”福利制度，有的做法我们可以借鉴，但决不能照搬。那种从摇篮到坟墓的高福利制度看着很好，但有致命的缺陷：一是它根本没有消除贫富两极分化，仍维护大资本家的利益；二是高税收、高支出，使财政亏空，羊毛出在羊身上，最后还是转嫁到劳动人民身上；三是影响发展后劲，很难实现可持续发展；四是助长一些人的懒惰习气，形成不好的社会风气；五是高福利许愿越来越多，主要是一些政客为拉选票开的空头支票，许多都不能兑现。正如习近平所指出的：“一些国家的教训表明，民粹主义是造成‘中等收入陷阱’的根源。由于过度福利

---

①《习近平总书记系列重要讲话读本》，北京：学习出版社、人民出版社2016年版，第215—216页。

②《习近平总书记系列重要讲话读本》，北京：学习出版社、人民出版社2016年版，第223页。

③《严防严管严控食品安全风险，保证广大人民群众吃得放心安心》，《人民日报》2017年1月4日。

化，用过度承诺讨好民众，结果导致效率低下、增长停滞、通货膨胀，收入分配最终反而恶化。要坚持从实际出发，将收入提高建立在劳动生产率提高的基础上，将福利水平提高建立在经济和财力可持续增长的基础上”。[①]“任何一项事业，都需要远近兼顾、深谋远虑，杀鸡取卵、竭泽而渔式的发展是不会长久的。”[②] 我们一定要按受国际教训，循序渐进，把社会福利建立在可持续发展的坚固基础上。应当以此教育群众，把眼前利益与长远利益结合起来，一步一步到位，不能搞平均主义，不能躺在政府身上。天上不会掉馅饼，要学会靠勤恳劳动创造财富和合理享受财富的辩证法。

### （五）精准扶贫

“消除贫困、改善民生、逐步实现共同富裕，是社会主义的本质要求，是我们党的重要使命。小康不小康，关键看老乡，关键看贫困老乡能不能脱贫。习近平指出，如果贫困地区长期贫困，面貌长期得不到改变，群众生活长期得不到明显提高，那就没有体现我国社会主义制度的优越性，那也不是社会主义。”[③]

脱贫攻坚贵在精准，重在精准，成败之举也在于精准。习近平指出：“必须在精准施策上出实招、在精准推进上下实功、在精准落地上见实效。”[④]“要解决好‘扶持谁’的问题，确保把真正的贫困人口弄清楚，把贫困程度、致贫原因等搞清楚，找对‘穷根’，明确靶向，做到扶真贫、真扶贫，做到因户施策、因人施策。要解决好‘谁来扶’的问题，进一步完善中央统筹、省（自治区、直辖市）负总责、市（地）县抓落实的扶贫开发工作机制，健全东西部协作和党政机关、部队、人民团体、国有企业定点扶贫机制，做到分工明确、责任清晰、任务到人、考核到位。要解决好

---

①《习近平总书记系列重要讲话读本》，北京：学习出版社、人民出版社2016年版，第214页。

②《习近平谈治国理政》，北京：外文出版社2014年版，第345页。

③《习近平总书记系列重要讲话读本》，北京：学习出版社、人民出版社2016年版，第219页。

④《习近平总书记系列重要讲话读本》，北京：学习出版社、人民出版社2016年版，第220页。

‘怎么扶’的问题，按照贫困地区和贫困人口的具体情况，实施‘五个一批’工程，即发展生产脱贫一批，异地搬迁脱贫一批，生态补偿脱贫一批，发展教育脱贫一批，社会保障兜底一批。要解决好‘如何退’的问题，加快建设反映客观实际的贫困县、贫困户退出机制，努力做到精准脱贫。把革命老区、民族地区、边疆地区、集中连片贫困地区作为脱贫攻坚重点，支持贫困地区加快发展。”① 授人以鱼不如授人以渔，更重要的是建立致富脱贫的制度机制，提高劳动者创造财富的技能，实现可持续的共同富裕要求。

## 四、始终坚持“发展惠民”是长治久安、永葆活力之本

问题导向是习近平运用和倡导的辩证思维。他一再强调既有现实的针对性，又有长远的谋略。目前的针对性，主要是三个问题：一是为发展而发展，忘记发展宗旨；二是党内出现脱离人民违背人民利益的腐败恶疾；三是社会上收入差距过大，“自然出现”两极分化的苗头。这种种问题都关系到生产发展目的的大方向，关系到党和国家能否永不变色的长久大计。

现实存在的第一个问题，好像关注发展，但却没有真正坚持发展为人民。这又有两种情况：一种是许多官员单纯追求 GDP，实际是政绩导向，最终是追求升官发财，根本忘记了发展惠及人民的目的，走偏方向；另一种是以自由主义为代表的逆流，千方百计引诱国家和人民在发展中迷失方向，宣扬只有模仿西方搞资本主义市场经济才能发展，实质上是让我们党和人民丢弃中国特色社会主义道路、理论、制度，实现私有化，发展为了资本家的利益。习近平对这两类思想都做了认真纠正和严厉批判，深入实际，反复论述发展惠民的观念。

第二个问题，实质上是严于治党反腐败的问题，习近平将之作为重中之重加以批判、严治。他强调“打铁还要自身硬”，就是针对有些人忘了党

①《习近平总书记系列重要讲话读本》，北京：学习出版社、人民出版社 2016 年版，第 220—221 页。

为人民服务的宗旨、严重脱离人民群众的现象。对于现实官场腐败不可低估，“做官不能不发财”的根深蒂固观点，使有些人形成盘根错节、官官相护的腐败网络。“党的十八大以来，我们党以零容忍的态度重拳反腐，坚持‘老虎’‘苍蝇’一起打，使不敢腐的震慑作用充分发挥，不能腐、不想腐的效应初步显现，反腐败斗争压倒性态势正在形成。民心是最大的政治，正义是最强的力量。反腐败增强了人民群众对党的信任和支持，人民群众给予高度评价。”① “坚持惩治这一手不放松。党的十八大以来惩治腐败的事实说明，不论什么人，不论其职务多高，只要触犯了党纪国法，都要受到严肃追究和严厉惩处，这绝不是一句空话。要牢记‘蠹众而木折，隙大而墙坏’的道理，保持惩治腐败的高压态势，坚持零容忍的态度不变、猛药去疴的决心不减、刮骨疗毒的勇气不泄、严厉惩处的尺度不松，把反腐利剑举起来，形成强大震慑。要严格依纪依法查处各类腐败案件，即坚决查处发生在领导机关和领导干部中的滥用职权、贪污贿赂、腐化堕落、失职渎职案件，又着力解决发生在群众身边的腐败问题，严肃查处损害群众利益的各类案件。坚持党纪国法面前没有例外，不管涉及到谁，都要一查到底，绝不姑息。”② 按照国家学说，在党执政后稍不注意就容易产生特殊阶层。当年毛泽东就敲起警钟：“我们一定要警惕，不要滋生官僚主义作风，不能形成一个脱离人民的贵族阶层。”③ 腐败则是这一倾向的恶性发作。历史上这是关系党和政府是否变色、生死存亡的大问题。苏联是一面镜子：自赫鲁晓夫到勃列日涅夫，特别是到戈尔巴乔夫，特权阶层迅速扩大，肆无忌惮地鲸吞国家资产。在变质后的俄罗斯总统周围的精英中，有74%—75%来自苏联的干部，发财致富的精英中，有61%也是这批干部。④

对于第三个问题，出现贫富差距和两极分化的趋势，更是与发展目的

①《习近平总书记系列重要讲话读本》，北京：学习出版社、人民出版社2016年版，第122页。

②《习近平总书记系列重要讲话读本》，北京：学习出版社、人民出版社2016年版，第123页。

③《毛泽东著作专题摘编》，北京：中央文献出版社2003年版，第2155页。

④ 资料来自《红旗文稿》2016年第11期。

直接相悖，共享发展就是要解决这一重大问题。在实际工作中正确处理做大蛋糕与切好蛋糕的关系，除了上面论述的加强分配制度改革，扩大社会保障体系以外，最根本是发展壮大公有制经济，着力规导非公有制经济。习近平指出："我国是中国共产党领导的社会主义国家，公有制经济是长期以来在国家发展历程中形成的，为国家建设、国防安全、人民生活改善做出了突出贡献，是全体人民的宝贵财富，当然要让它发展好，继续为改革开放和现代化建设作出贡献。"① "国有企业是壮大国家综合实力、保障人民共同利益的重要力量，必须理直气壮做强做优做大，不断增强活力、影响力、抗风险能力，实现国有资产保值增值。"②

对于非公有制经济他提出"亲"和"清"的要求。"对民营企业家而言，所谓'亲'，就是积极主动同各级党委和政府及部门多沟通多交流，讲真话，说实情，建诤言，满腔热情支持地方发展。所谓'清'，就是要洁身自好、走正道，做到遵纪守法办企业、光明正大搞经营。"③ 要倡导和保证企业家的社会责任，建立和谐的劳动关系，特别要注重保护劳动者的利益。这也在一定范围、一定程度上尽力引导他们贯彻"劳动惠民"的原则，尽力服务于社会主义制度，做积极的中国特色社会主义建设者。当然，这个过程也会有不同形式的博弈和斗争。

从长远看，必须有清醒的认识。以人民为中心"发展惠民"，并非一个简单的口号，而是一项系统工程。其范围之大，关乎从党和国家领导机关、各级组织、各类企业，直到每个人；时间之长，要贯彻到底，用习近平的话说，就是没有终点。他语重心长地讲："坚持和发展中国特色社会主义是一项长期的艰巨的历史任务。"邓小平同志说："我们搞社会主义才几十年，还处在初

---

① 新华社：《毫不动摇坚持我国基本经济制度 推动各种所有制经济健康发展》，《人民日报》2016年3月9日。

②《习近平对国有企业改革作出重要指示 强调理直气壮做强做优做大国有企业 尽快在国企改革重要领域和关键环节取得新成效》，《人民日报》2016年7月5日。

③ 李金河、高国升：《构建"亲"和"清"的新型政商关系》，《红旗文稿》2016年第22期。

级阶段。巩固和发展社会主义制度，还需要一个很长的历史阶段，需要我们几代人、十几代人，甚至几十代人坚持不懈地努力奋斗，决不能掉以轻心。”①

“实现伟大的理想，没有平坦的大道可走。夺取坚持和发展中国特色社会主义伟大事业新进展，夺取推进党的建设新的伟大工程新成效，夺取具有许多新的历史特点的伟大斗争新胜利，我们还有许多‘雪山’‘草地’需要跨越，还有许多‘娄山关’‘腊子口’需要征服，一切贪图安逸、不愿继续艰苦奋斗的想法都是要不得的，一切骄傲自满、不愿继续开拓前进的想法都是要不得的。”②

从历史经验考量，只要离开为人民谋利益的宗旨，就会失去人民拥护，就要遭遇重大挫折，可谓“水可载舟，亦可覆舟”。我们可以得出三个不等式：

取得政权≠社会主义制度建立

多年强盛≠社会主义永不变质

成熟社会主义≠一劳永逸、万事大吉

在社会主义成长、壮大过程中充满矛盾，要在不断克服困难中前进。其中最重要的还是“自身硬”，而“自身硬”的核心则是始终坚持以人民为中心、“发展惠民”的宗旨。苏联的解体和一系列社会主义国家的变质，其内在根本原因之一，就是脱离了人民，不能一以贯之地实现发展为人民幸福的宗旨，实际上是背离了社会主义本质，违反了客观经济规律。现在看，仅打着社会主义旗号未必发展惠民，甚至既不发展更不惠民，而是走向封建化的蜕变。从历史和现实的感受中，我们应当深刻领会、全面贯彻习近平的“发展惠民”观。这是中国特色社会主义长治久安、永葆青春的根本保证，关系到共产主义事业的命运。

（原载于《毛泽东邓小平理论研究》，2017 年第 6 期）

---

① 习近平：《在纪念红军长征胜利 80 周年大会上的讲话》，《人民日报》2016 年 10 月 22 日。

② 习近平：《在纪念红军长征胜利 80 周年大会上的讲话》，《人民日报》2016 年 10 月 22 日。

# 中国特色社会主义市场经济及其特殊规律

社会主义市场经济，是中国特色社会主义经济学中非常重要的一个基本范畴。把社会主义与市场经济结合起来的理论，不但是马克思主义经济学说的新篇章，而且是在所有经济学中所没有的。这一理论乃是我国改革开放的重要理论基础，是我国改革的方向。正如党的十六大报告中所指出的："在社会主义条件下发展市场经济，是前无古人的伟大创举，是中国共产党人对马克思主义发展做出的历史性贡献，体现了我们党坚持理论创新、与时俱进的巨大勇气。由计划经济体制向社会主义市场经济体制的转变，实现了改革开放新的历史性突破，打开了我国经济、政治和文化发展的崭新局面。"① 作为学人，我们需要在理论上回答二者为什么结合、能否结合、怎样结合得好、如何防控由此带来的特殊风险等问题。

## 一、 从社会主义发展历史中认识市场经济的活力

回顾历史，从空想社会主义开始，社会主义思想都把商品、货币、市场当作罪恶的渊薮，"一旦社会占有了生产资料，商品生产就将被消除，而商品对生产的统治也将随之消除。社会生产内部的无政府状态将为有计划的自觉的组织所代替。个体生存斗争（指市场竞争——引者）停止了"②。

---

①《江泽民文选》第3卷，北京：人民出版社2006年版，第532页。

②《马克思恩格斯选集》第3卷，北京：人民出版社1995年版，第757页、第660—661页。

我们不应苛求前人。然而，必须实事求是地承认这样的事实：马克思恩格斯关于建立公有制必须消灭商品经济的思想对后人影响甚大，以至被认为是社会主义经济学与资产阶级经济学的分水岭。在实践中，由此带来了社会主义经济曲折性：有三次取消商品和市场的失败、三次利用商品和市场挽救困难局面、两个限制商品和市场的长时期运行。

三次失败：苏联战时共产主义时期（1918—1920）、中国人民公社化之初（1958 年）、柬埔寨红色高棉消灭商品货币（1975 年彻底垮台）。三次挽救困难：苏联新经济政策（1921—1928）；中华人民共和国成立初期“四面八方”政策，利用市场三年恢复战争创伤（1949—1952）；中国暂时困难时期（1959—1962），放开市场，很快出现转机；“文化大革命”后期经济面临崩溃边缘，粉碎“四人帮”后开始放开市场，出现更大的转机。历史表明，消灭商品、市场关系，经济发展就会遇到重大挫折，乃至彻底失败；利用好商品市场关系，困难就会好转，出现繁荣景象，尤其是我国改革开放之后最为明显。不过，虽然两次出现暂时的好转，却仍有两个很长的时期实行高度集中的计划经济体制（计划分配、统收统支、统购统销等），限制商品市场经济发展：最典型的是苏联计划经济体制（1929—1991，中间有 1941—1945 年战争时期）；中国基本仿照苏联计划经济模式，长达近 30 年（1953—1978）。虽然在中华人民共和国成立初期发展突起，但较长时间内则限制了经济活力，有相当长的时间和相当多的领域处在僵化状态。中国也接受过苏联的一些教训，提出了适合自己实际的方针（如综合平衡、统筹兼顾、以农业为基础以工业为主导、地区之间平衡、集中力量办大事等等），在一定程度上发展商品生产，但始终未摆脱计划体制大框子，在很大程度上限制了社会主义优越性（虽然取得巨大成就）。

当然，在这个漫长的实践过程中，对商品经济和市场经济的认识还是有所发展的，如斯大林认为社会主义有部分商品的存在，毛泽东三次提出利用商品生产（1949、1956、1960），陈云提出“三个主体三补充”，更多地利用市场，都有根本性的突破。

邓小平最早从历史的曲折中总结了自己的经验，也借鉴了世界上资本主义国家发展的经验，上升为理论，1979 年提出“社会主义也可以搞市场经济”的论断①，肯定了社会主义利用市场经济焕发活力加快生产力发展的思想。之后至少有 12 次论述了社会主义与市场经济结合的问题，他的基本出发点是社会主义必须加快生产力发展，具体观点有以下六点。①市场和计划不是区分社会主义和资本主义的标志，市场是手段，不涉及社会主义本质，在社会主义质的规定下可以运用市场经济为之服务。②根本出发点在于市场经济有利于发展生产力和提高人民的生活水平。“我们发挥社会主义固有的特点，也采用资本主义的一些方法（是当作方法来用的），目的就是要加速发展生产力。在这个过程中出现了一些消极的东西，但更重要的是，搞这些改革，走这样的路，已经给我们带来可喜的结果。中国不走这条路，就没有别的路可走。只有这条路才是通往富裕和繁荣之路。”② ③社会主义应当吸取人类一切有益的成果，包括发达资本主义国家的经验，因为就发展社会化生产力方面两种制度的国家有共同遵循的规律。④计划和市场都是手段，都可以用，既不能用计划排斥市场，也不能用市场排斥计划。⑤国内的社会主义经济可以有条件地与国际市场经济接轨，对外开放是社会主义市场经济的一个内容。⑥社会主义市场经济的特点和优点是“四个坚持”，社会主义的经济基础和上层建筑结合，可以减少市场经济的负面影响。

大体上说，在改革开放近 40 年中，社会主义市场经济理论的发展经过了四个阶段：一是社会主义市场经济理论的提出和形成阶段（1978—1992）；二是社会主义市场经济理论与体制全面确立阶段（1992—2002）；三是社会主义市场经济理论与体制进一步完善阶段（2003—2012）；四是全

①《邓小平文选》第 2 卷，北京：人民出版社 1994 年版，第 236 页。

②《邓小平文选》第 3 卷，北京：人民出版社 1993 年版，第 149—150 页。

面深化改革阶段，习近平提出“使市场在资源配置中起决定性作用和更好地发挥政府的作用”（2013 年至今）[①]。历史表明，社会主义必须同市场经济结合。

## 二、 生产社会化规律沟通社会主义与市场经济的联系

市场经济为什么能够与社会主义制度结合？根植于生产社会化规律。照原来的逻辑说，社会化的生产关系适合社会化的生产力，正如螺丝帽扣螺丝钉，不是恰到好处吗？然而，实践表明，这个设想是偏于简单了。事实上，社会的生产关系（主要是生产资料公有制）同社会化生产力之间的结合，是一个很复杂的过程，二者之间需要有一系列的联结形式，必须有一个起联结作用的中介系统，即大的交换系统。社会化生产力愈发达，社会化所有制关系同它结合就愈要庞大而复杂的中介形式来联结，使之在运转中吻合。这三个层次，缺一不可。依照以往的观念建立起来的经济体制，其弊端主要来自于缺少这个联结层次，至少是残缺不全。改革过程中出现的新矛盾，仍然主要来源于此种组织和机制远未健全。而抽掉或者忽视这个联结形式，便自然在社会化生产力和社会化生产关系中人为地形成一个“隔离层”。现在，我们需要重新认识商品—市场经济（市场经济是发达的商品经济，在一般情况下二者可以通用）的属性和根基。

商品经济具有生产力和生产关系二重属性。往常，人们总是把商品经济视为生产关系中的一种表现形式，或者说是依赖于特定所有制关系的一种“表层”运行关系。看来，这是不全面的。

市场经济本质上是交换经济，而交换绝不只是表现生产关系。按照恩格斯的说法，“生产以及随生产而来的产品交换是一切社会制度的基础”

①《习近平谈治国理政》，北京：外文出版社 2014 年版，第 75 页。

（他认为这是唯物主义历史观的一条原理）[①]。“生产和交换是两种不同的职能”，“这两种社会职能的每一种都处于多半是特殊的外界作用的影响之下，所以都有多半是各自的特殊规律。但是另一方面，这两种职能在每一瞬间都互相制约，并且互相影响，以致它们可以叫作经济曲线的横坐标和纵坐标”。[②] 从原来一般意义上来说，社会经济或社会再生产过程由四个环节组成，即生产、交换、分配、消费，而起主导作用的是生产和交换两种社会职能相互作用的运动，其中最根本的又是生产过程（狭义的）。交换离不开生产，而生产在超出自然经济单位的范围内也离不开交换。只要生产发展到出现起码的剩余产品，出现社会分工，生产活动超出个体的狭小范围，生产过程和产品交换过程便交织在一起。而且生产力水平愈高，就愈强化自身的社会化，而生产的社会性愈强化，交换关系也就愈深广。可见，交换及其总体流通作为一种经济过程，首先是社会生产的部分，而不因生产关系的变更而被取消，它同社会化生产有着不解之缘。

什么叫社会化生产（或者生产社会化）？不是像以前所说的简单地大规模集中劳动，规模越大社会化程度越高（如古代和中世纪的许多大规模集中劳动，并非社会化）。按照恩格斯的说法：“生产本身也从一系列的个人行动变成了一系列的社会行动，而产品也从个人的产品变成了社会产品。”列宁做了更明确更详尽的论述：“资本主义生产使劳动社会化，决不在于人们在一个场所内做工（这只是过程的一小部分），而在于随着资本集中而来的是社会劳动的专业化，每个工业部门的资本家人数的减少，单独的工业部门数目的增多；就是说，在于许多分散的生产过程融合成一个社会生产过程。生产者之间的社会联系日益加强，生产者在结成一个整体。”[③] 领会经典作家论述，结合世界经济的实际，可以做这样的概括：生产社会化就

---

①《马克思恩格斯选集》第 3 卷，北京：人民出版社 1995 年版，第 307 页。

②《马克思恩格斯选集》第 3 卷，北京：人民出版社 1995 年版，第 489 页。

③《列宁全集》第 1 卷，北京：人民出版社 1984 年版，第 145 页。

是通过一定的联系形式使以往狭小的生产变成一个社会过程，其产品变为满足社会需要的产品。社会化生产包括两个方面：一个是“分”，即愈来愈精细的社会分工，专业化程度不断提高；一个是“联”，即愈来愈密切的社会联系，互相依赖性日益强化。二者互为条件，互相促进。社会分工愈深化，承担社会分工的生产者之间的联系愈密切、愈广泛，而社会联系的强化又以新的综合生产力及新的形式推动社会分工的深化。这种以科技进步为支柱的社会分工与社会联系的互动机制和趋势，是社会化生产内在的对立统一运动，是它的本质特征，也可以说是它的基本规律（简称“分联结合规律”）。

社会分工之间通过什么形式联系起来形成社会生产过程呢？主要有两种形式：一是生产单位之间的协作、联合和集中，二是产品交换及其总体流通过程。而社会分工之间联系的更大量的形式则是以产品为载体（商品）、以市场为桥梁的交换—流通过程。不仅从事专业化生产的各类劳动者实现多样化的消费要通过交换—流通过程，而且生产要素的组合和生产过程的衔接在多数场合也是通过市场来实现的。这也就成为资源配置的过程。正如列宁所说：“商品交换表现着各个生产者之间通过市场发生的联系。货币意味着这一联系愈来愈密切，把各个生产者的全部经济生活不可分割地联成一个整体。资本意味着这一联系进一步发展。”① 商品经济伴随着社会化生产的提高、扩展而发展着，同时又推进着社会化生产力的发展。从总体上，市场经济是社会化生产的构成要素，是实现社会化联系的基本形式。没有社会化生产就没有市场经济，没有市场经济也就难以构建社会化生产。二者的不解之缘，根植于生产和交换两大经济坐标交互作用构成的整体运动，这种运动本质上是一个自然过程。

概括起来说，商品经济的生产力属性（确切地说，是社会化生产力的属性）表现在以下几个方面。①产品交换实质是超出个体直接生产范围内

①《列宁全集》第23卷，北京：人民出版社1990年版，第46页。

的劳动交换的一种形式，是“在生产本身中发生的各种活动和各种能力的交换”之一种高级形式，只是物化为成品，从社会范围说也“从本质上组成生产”。②生产消费范围内的交换，“实业家之间的交换”（即生产企业之间的交换），是“用来制造供直接消费的成品的手段”，并载送生产要素的重新组合，“在这个限度内，交换本身是包含在生产之中的行为”。[①]“流通过程是总再生产过程的一个阶段”[②]，即使是消费品的交换也属于广义的社会生产过程，“交换的深度、广度和方式都是由生产的发展和结构决定的”[③]，而且是再生产的一个前提条件。这种以社会化生产为基础的中介生产和消费的实现过程，构成其总过程的一个环节，它不因生产关系变更而消失，其自身乃是一个自然的经济过程。③广义的交换—流通过程必须包括物流、人流、信息流、技术流、资金流等，其载体是交通和通讯，马克思将运输称之为“商品在空间上的流通”，“它表现为生产过程在流通过程内的继续，并且为了流通而继续”。[④]事实上，没有交通运输也就没有跨越空间的交换—流通过程。列宁早已把交通运输等划入流通领域。[⑤]而广义流通的载体和手段正是生产力的重要组成部分，也是社会化生产总体的要素。商品经济赖以运行的载体交通、信息、服务等组成网络经济，属于生产力范畴。所以，应当重新理解马克思所说的“交换当然也就作为生产的要素包含在生产之内”的观点，重新认识商品—市场经济同社会化生产的联系及其生产力属性。

关于商品经济的生产关系属性是大家熟知的，即交换中形成的利益关系。这里需要纠正一种观念，即认为市场经济的所有制基础只有私有制。这是不全面的，只能说后来以私有制为主体了。事实上，公有制或国有单

①《马克思恩格斯全集》第49卷，北京：人民出版社1982年版，第36页。

②《马克思恩格斯全集》第23卷，北京：人民出版社1972年版，第311页。

③《马克思恩格斯全集》第2卷，北京：人民出版社1995年版，第102页。

④《列宁选集》第3卷，北京：人民出版社1995年版，第507—508页。

⑤《马克思恩格斯选集》第3卷，北京：人民出版社1995年版，第490—491页。

位作为交换主体的经济行为一直存在。例如，原始社会末期首先是以公社为单位发生交换的，在以后的社会形态中都有一些国有或集体单位之间的交换关系，到资本主义则有各种类型的国家资本主义和作为社会资本形式的各类股份制企业，只是那时这种公有或社会资本单位尚未成为交换经济的主要载体；但不能因此得出必须是私有单位方可交换的结论。马克思把商品交换的基础之一视为“私人劳动”，但“私人劳动”并不等同于私有制。实质上，它的基础在于生产者劳动利益的互相尊重（企业作为独立的利益单元），即发生等价交换关系，并在复杂的市场关系中形成各色各样的利益形式和利益集团。事实表明，公有制企业作为市场经济的一个主体，完全可以参与乃至主导交换关系。而这些利益关系也同所有制关系结合在一起（包括个人所有、集团所有、国家所有），既受所有制关系的制约，又影响所有制关系，进而同分配联结起来，以至形成多种多样的分配形式和分配手段。我们认识商品—市场经济生产关系属性时，应区分三个层次：一是基础的共性层次即不同劳动单元之间等价交换原则；二是在市场关系中派生的层次（如各种利益共同体）；三是同各种所有制关系及分配关系结合、渗透中产生的特殊的分配形式和手段（市场中的再分配，如价格的功能）。事实上，市场经济并不是独立的生产关系形态，它总是在一定的生产关系形态中运行，它所表现的联系属性多半是与该形态的所有制关系及分配关系交融在一起，只是程度不同而已。在市场经济发展的初始阶段（前资本主义），它同当时的主导经济制度（奴隶制、封建制）呈现附属、并存和少量溶解的关系；在市场经济达到普遍化时，它同资本主义所有制关系则成“化合”的状态，渗透其骨髓和神经。归根到底，这种结合程度的区别，也是由生产的社会化程度及其地位所决定的。

综上所述，商品经济既有生产力的属性，又有生产关系的属性。前者是自然的属性，后者是社会的属性。两重属性的矛盾统一，构成商品经济本质，也是它的巨大活力所在。

实事求是地看，关于商品—市场经济同生产社会化（分联结合）的内在联系和由此派生的二重性的观点，符合历史和现状的实际，可以说是认识许多近现代经济范畴特别是社会主义经济运行的一把钥匙。诸如市场、计划、货币、资本、平均利润、生产价格、经济核算、信贷与银行、国际分工与国际经济合作等，都具有二重性，皆源于生产社会化的复杂运行体系，社会主义和资本主义都可以而且必须运用，它们并非资本主义制度的专利。质言之，只要存在着社会化生产和利益单元，就必然存在市场经济，这是社会主义公有制与市场经济结合的根基所在。

历史表明，交换方式（市场经济是交换关系的总和，属交换方式的高级形式），同生产方式同属于社会经济的基础，并且紧随生产方式转换，其社会属性取决于生产方式。因此，对于社会的基本矛盾应做新的概括。

现在用生产方式与交换方式相互关系的观点来观察社会主义的基本矛盾，也应当加上交换方式的内容，即为社会化生产力与社会化生产关系以及生产方式与交换方式的矛盾、经济基础和上层建筑的矛盾。生产方式与交换方式的对立统一是基本矛盾不可缺少的一个关键环节。

## 三、 市场经济的一般规律和市场原教旨主义

为把握社会主义市场经济的特点，必先认识一般市场经济的特点和规律，进而弄清二者的联系和区别。

市场经济的发育成长大体有四个阶段：①简单商品经济或市场经济雏形阶段，最早产生于原始社会末期的偶然交换关系，到奴隶社会形成初级的地方性小型市场，进入封建社会后期市场规模逐步扩大，但都附属于主体社会；②市场经济成熟阶段，即自由资本主义时期，资本主义市场经济占主导地位，并开辟了世界市场；③发达市场经济阶段，即垄断资本主义时期，乃至金融统领整个经济，形成全球化趋势；④社会主义市场经济阶

段，可谓市场经济的最高阶段。

市场经济的运行结构（从成熟阶段开始），大体有四个基本层次：①基层组织是承担一定社会分工职能与个体利益的经营体，即企业形式；②承担交换职能的中介连接体，即市场；③承担调节个体与整体相互关系的宏观调控组织，即政府；④最终端是消费者，是生产品的归宿和最终拉动力。犹如一个有机体，由器官、循环系统和中枢神经系统组成（由各类细胞组合为载体）。但有一个成长过程，其初级形态只有前两个层次，而且规模小、功能不完善；其成熟形态，由于交换中枢（市场）形成社会规模，需要政府保护与少量的调节；其发达形态，基于基层组织（企业）在市场中相互矛盾的增多，市场需要秩序和调节，也就进一步强化和完善政府功能，此一阶段是经历很长的发展过程后才渐渐完善的，即20世纪30年代的“凯恩斯革命”后形成宏观经济，但自发性仍然是最重要的特征。市场经济的“神经中枢”真正健全是社会主义市场经济的特征，是完善意义上的市场经济运行结构，所以它被视为最高形式的市场经济。

基于市场经济特点，其一般规律主要有以下几条：①价值规律为基本规律，体现最核心的关系，支配其他规律；②供求规律，反映有效生产与消费需求之间的矛盾，也表现各个经营主体之间的矛盾状态及其产生的动力；③竞争规律，表现各个经营主体之间的矛盾状态及其产生的动力；④价格规律，价格是价值的货币表现，反映价值规律、供求规律、竞争规律的交互作用，也体现市场经济再分配的功能；⑤资源配置规律，以利益为驱动力、以价格为信号，形成各种资源组合的形式，进而由各类企业组成各类产业之间的变动，并呈现优胜劣汰的动力。由于以上主要经济规律组成所谓“看不见的手”，即不以人的意志为转移的一种无形力量，推动着经济在波动起伏中发展，这种自发波动，在资本主义经济中产生了周期积累过剩的经济危机，这是它特有的规律。

商品—市场经济的活力在哪里？在于它是一个机制的集合体。一是联系的机制。以分工和社会化生产为基础的市场经济，其最基本的功能在于“联系”。如果说自然经济是封闭的孤立的经济，计划经济实为放大了的自然经济，那么，市场经济则是开放的、联系的经济。市场经济愈发达，这种经济联系愈普遍、愈密切。它的基本联系对象是供给和需求两侧。二是核算机制。商品生产面向市场，因此它的产品质量、品种和成本要受到社会的核算。首先是地方市场的核算，其次是国内市场的核算，最后是国际市场的核算。这种市场的核算作用，就是节约规律、价值规律和供求规律在社会化生产中的表现。三是激励机制。就是经济利益对生产者和经营者的激励作用和体系。市场经济的功能之一，是能够沟通经济效益与经济利益之间的联系，使经营者收入与他们创造并得以实现的价值直接挂钩，成正比关系。四是竞争机制。竞争是一种市场关系，有市场经济就一定有竞争。市场竞争对于每个企业来说，既是外在的压力，又一定会变成内在的动力，促使企业通过采用先进技术、更新设备、改善工艺和管理、发展联系等来降低消耗，提高产品质量，开发新产品，调整价格，改善服务，争得信誉。五是连动机制。这是由社会和经济联系作用所产生的连锁反应、因果互换的运动系统，特别是不断扩大的需求拉动。一个环节突破可能牵动其他一系列环节，使发达的商品经济成为扩大再生产型的经济，对技术进步不断产生拉力，形成加速反应，反过来推动市场经济更加发达。当代高新技术的飞快发展，正是市场经济推动的结果。六是资源配置机制。上述机制的合力能够合理地分配、优选、淘汰、组合各种生产要素，形成更有效率的生产、流通、消费的配置结构。资源配置机制，就是价值规律、供求规律、价格规律的交互作用，以价格为主要信号，经营者积极寻找更有效益的方式，使各种要素能够最佳组合，避免人们主观计划带来的盲目性投资和不计成本的行为。市场配置资源与计划配置资源相比较，更具有客观性，以追求高效为目标，避免僵化、停滞、封闭和大规模的社会浪费和产业结构的畸形化（计划的盲目性会造成更严重的浪费），也有利促进人民生活的多样化，促进生产和消费连接，有利于实现社会再生产的良性循环。所以，市场发挥决定性的资源配置作用，更能推动生产力的发展和新陈代谢。七是优选机制。这是指社会化生产力通过市场经济中介，促进所有制具体实现形式的优化。

同时，必须看到市场经济的严重缺陷。为弥补其重大缺陷，就需要发挥政府的宏观调控作用，又产生另一只手即“看得见的手”。从生产社会化规律考量，宏观调控是发达市场经济必备的功能，不是另外附加的东西，“两只手”缺一不可。但是在资本主义市场经济下，它仍然解决不了生产社会化和私人占有的矛盾，从而也不可能协同“两只手”，总是跛足运行，危机不断发生，也不可能克服市场经济的其他缺陷。

新自由主义正是集中反映资本主义市场经济缺陷的意识，代表大资产阶级的利益。比如，“经济人”即自利人，人性是追求私利的。这是资产阶级经济学的逻辑起点。20 世纪中叶兴起以弗里德里奇·哈耶克为代表的新自由主义种种片面性发展到极致，形成“市场原教旨主义”（约瑟夫·斯蒂格利茨），从某种意义上也是对凯恩斯“经济学革命”的反动。英美大金融资本寡头的需要却使它成为统治者意识，变成思想垄断工具和政策指针。现代国际超级垄断资本主义已经把它变为侵略和统治世界的意识工具，这可谓新帝国主义特征之一。它由于过分自由地违反经济规律却积恶成疾，导致爆发国际金融危机。2008 年始于美国殃及世界的金融危机，致使其经济至今疲软、复苏乏力，市场萧条长达七年之久，连西方经济学家都认为新自由主义惨败了，这是它的终结。

## 四、 驾驭社会主义市场经济特殊规律兴利除弊

社会主义市场经济之所以被称为最高形式的市场经济，是因为它既能够充分发挥市场经济的优势，又能有效控制、克服它的缺陷，使得社会化

生产力和社会化生产关系有机结合，发挥基本经济制度和市场经济的两种优势，并形成合力。为此，就必须在利用市场经济规律的同时，认识和驾驭社会主义市场经济的特殊规律。

探索这一特殊规律的，最早还是邓小平。经过长时间的观察、思考，邓小平晚年认为，社会主义市场经济的优越性在哪里？就在四个坚持。四个坚持集中表现在党的领导上。这实际上是对社会主义市场经济的性质做了明确的界定，也可视为社会主义市场经济特殊规律的内涵。

这可概括为四个结合。第一，市场经济必须与社会主义基本制度结合。邓小平多次强调必须坚持公有制为主体，多种经济成分并存，坚持共同富裕，不能搞两极分化。国有经济为“第一主体”。从一般意义上说，现代企业是现代市场经济的主体，即供给主体、需求主体、投资主体、利益主体、产权主体，从而也必然是交易主体、竞争主体和自我调节（微观调节）主体。在资本主义国家，资本主义私有制企业（包括以私有的大资本股为主的股份制企业）是市场经济的主体。在我们社会主义国家，在多种经济成分中公有制企业为市场经济的重要主体。而国有企业是公有制经济的主干，它应当成为社会主义市场经济的第一主体。就是说，它的主体地位高于其他公有制企业，起着主导作用。离开了公有制主体地位单纯而笼统地讲市场经济，必然走向私有化，势必改变基本经济制度，滑向资本主义经济制度。第二，市场经济必须同人民民主政权结合。一是政治方向、社会治理以及生态环境等，受人民政权的全局规导；二是经济上受人民政府的宏观调控。邓小平所说的计划与市场都得用，这就是十八届三中全会要求的“更好地发挥政府的作用”。社会主义应当把宏观调控放在导向地位，防止和克服市场经济的种种缺陷，使市场有序进行，而不能搞乱。多年来证明（特别是应对世界性经济危机），我国经济的计划性和科学的宏观调控是保证社会主义市场经济顺利发展和运行的基本条件。第三，市场经济必须和党的领导结合。党领导一切，同样也要领导市场经济，把握它的方向。邓小平在论证社会主义市场经济时，就明确地说："我们在改革开放初期就提出'四个坚持'。没有这'四个坚持'，特别是党的领导，什么事情也搞不好，会出问题。出问题就不是小问题。"① 对此，习近平做了明确的论述："坚持党的领导，发挥党总揽全局、协调各方的领导核心作用，是我国社会主义市场经济的一个重要特征。"② 这阐明了社会主义市场经济体制的政治特征，深化了社会主义市场经济理论。党的十八届四中全会强调："党的领导是中国特色社会主义最本质的特征。"从经济层面上理解，可以说党的领导也是社会主义市场经济体制"最本质的特征"。第四，市场经济和社会主义精神文明的结合。社会主义市场经济则把个人利益同社会利益、集体利益结合起来，受马克思主义、毛泽东思想、中国特色社会主义理论体系指导，形成社会主义价值观、新型的市场文明和新型伦理，必须始终反对新自由主义。

归结起来，社会主义市场经济的特殊规律可做这样的表述：在社会主义全面治理的框架内和公有制为主体的基础上，充分发挥市场配置资源的决定性作用和更好地发挥政府的作用，最大限度地利用市场正能量、抑制其负能量，使之协调、稳定地运行，并与科学技术结合，获取最大的综合效益，为发展社会主义生产力、实现共同富裕服务。如果让资源配置机制更加科学化、现代化，我们认为还应加上科技元素，构建"市场主导（方向）、市场主配（微观层面）、科技主引（引领）"的三元机制。

为更自觉地运用和驾驭好社会主义市场经济规律，需要特别认识到和防控好特有风险，即把握好它的二重性。一方面它有巨大活力；另一方面它也存在严重缺陷，主要表现为：一是由于市场经济是基于个体本位追求利益最大化，必然产生自发性、短期性、过度竞争的危害性、大起大伏的周期性，乃至同国际经济波动相联系；二是由于价格信号往往不能完全反

①《邓小平年谱》，北京：中央文献出版社2004年版，第1363页。

②《习近平谈治国理政》，北京：外文出版社2014年版，第118页。

映长期的供求关系，特别是信息不对称带来信号的虚假性，资源配置又会出现很大的盲目性，出现产能过剩、产品过剩；三是由于追求利润最大化，不能保证产品质量，常常损害资源合理利用、损害消费者利益和社会利益，特别是损害生态环境，造成综合效益的丢失和资源浪费，乃至周期性综合经济危机；四是由于商品拜物教的泛滥等伦理危机，造成一切向钱看的社会风气，助长人们为赚钱而不顾社会利益、为私利加剧信用缺失与诈骗行为泛滥，造成诸多药品、食品、环境、安全等社会问题；五是更为严重的是单靠市场自发调节必然产生和加剧两极分化，资本主义就是凭借市场经济的“风力”发展起来的。由此还必然产生破坏市场正常秩序本身的“第三只手”（相对于正常的“两只手”而言），形成黑恶势力、垄断集团，以至各种犯罪的社会团伙。对此要保持清醒的头脑。

综合上述，市场经济活力与缺陷并存，但权衡利弊，总是利大于弊。驾驭市场经济必须兴利抑弊（根除是不可能的）。然而，历史表明，资本主义制度不可能消除这一系列问题。而以共同富裕和人的全面发展为宗旨的社会主义，要正确利用市场经济，则必须从根本上形成“成套设备”，使之在完备的社会主义法制框架中运行，使之符合社会主义特性，实现整体长治久安。

（原载于《毛泽东邓小平理论研究》，2016 年第 8 期）

# 党的领导是社会主义市场经济体制的重要特征

在社会主义市场经济体制的建立、完善和运行中，要不要坚持和加强共产党的领导，是一个重大的理论和实践问题。对此，习近平做了明确的论述："坚持党的领导，发挥党总揽全局、协调各方的领导核心作用，是我国社会主义市场经济的一个重要特征。"① 这阐明了社会主义市场经济体制的政治特征，深化了社会主义市场经济理论。党的十八届四中全会强调："党的领导是中国特色社会主义最本质的特征。"从经济层面上理解，可以说党的领导也是社会主义市场经济体制"最本质的特征"。深入领会这一观点，有利于更自觉地把握和驾驭社会主义市场经济的特殊规律，正确处理加强党的领导、发挥政治优势与发挥社会主义经济活力的辩证统一关系。

## 一、 社会主义市场经济特殊规律的要义

把握和驾驭社会主义市场经济，需要认识市场经济的一般规律，更要认识它的特殊规律。对于怎样认识社会主义市场经济的特殊规律，邓小平提供了重要思路。他说："社会主义市场经济优越性在哪里？就在四个坚持。"② 四个坚持即坚持社会主义道路、坚持人民民主专政、坚持马克思列宁主义毛泽东思想指导、坚持党的领导。总体上理解，社会主义市场经济

---

①《习近平谈治国理政》，北京：外文出版社2014年版，第118页。

②《邓小平年谱〈1975—1997〉》（下），北京：中央文献出版社2004年版，第1363年。

的特殊性，就是社会主义基本制度同市场经济结合，其中坚持党的领导是个核心问题。“党的领导是个优越性。”①

历史和现实表明，市场经济总是依附并服务于一定的社会制度，它同资本主义制度相结合，曾推动生产力巨大发展，但也加剧了生产社会化与生产资料私人占有之间的矛盾，带来了不可克服的弊端。它同社会主义制度相结合，将会带来生产力更高的发展，并能克服资本主义市场经济的根本性缺陷。之所以会有这个优势，最根本的就是因为有中国共产党的领导，中国共产党不仅是社会主义最坚强的领导核心，而且是掌握马克思主义科学理论的、有坚强组织系统的工人阶级先锋队。没有中国共产党的坚强领导，就没有社会主义制度的建立、巩固、完善，就没有社会主义市场经济体制的构建、完善及其优越性的发挥。

完整地说，社会主义市场经济的特殊规律，就是在中国共产党领导的社会主义制度框架内运行的市场经济机制。这一机制能够充分发挥市场在配置资源中的决定性作用和更好地发挥政府作用，克服市场经济的弊端，为发展社会生产力和实现共同富裕服务。其中坚持党的领导是一个要义。

总结历史，没有中国共产党的坚强领导就没有新中国，就没有中国社会主义的发展，就没有改革开放，当然就不可能有社会主义市场经济。坚持共产党的领导是包括社会主义市场经济体制在内的中国特色社会主义最本质的特征。我们必须紧紧抓住这一决定社会主义制度本质的特殊要素。

## 二、社会主义市场经济必定受政治方向的规导

社会主义社会是一个整体，包括经济、政治、文化、社会乃至生态等各个方面，有其特有的经济基础。如在社会主义初级阶段，有公有制为主

---

①《邓小平年谱〈1975—1997〉》（下），北京：中央文献出版社2004年版，第1363页。

体、多种所有制经济共同发展的基本经济制度，也有适应经济基础并为之服务的上层建筑。邓小平说："四个坚持是'成套设备'。""我们在改革开放初期就提出'四个坚持'，没有这'四个坚持'，特别是党的领导，什么事情也搞不好，会出问题。出问题就不是小问题。"[①] 没有党的领导，就没有社会主义事业的整体发展和巩固，也就没有改革开放和社会主义市场经济体制的发展和完善。

社会主义市场经济体制与"四个坚持"包括党的领导是部分与整体的关系，它属于经济基础的一部分，属于交换方式和资源配置方式，必须服从、服务于中国特色社会主义整体要求，体现社会主义基本制度和市场经济的结合，服务于以先富带共富的宗旨。若是离开了整体要求，离开了党的领导，离开了社会主义基本制度，就必然改变自身的性质，就不是社会主义市场经济了。

有人说，市场经济是纯经济问题，怎么与政治扯在一起？有的学者称市场经济就是市场经济，没有什么社会主义与资本主义的区别。这是违背常理的。马克思在《资本论》中讲过，商品经济都依附于一定的社会制度。列宁在20世纪初就指出，商品经济的领导者……是资产阶级。市场经济也是有领导者的，属于阶级利益的政治是决定其性质的重要因素。美国参议员伯尔·桑德斯说过："有人认为国会控制着华尔街，然而真相是华尔街控制着国会。"[②] 大金融资本家及其政治代表控制着美国的市场。而且凡是实行"纯"市场经济的都是资本主义国家，一旦发达国家陷入经济危机特别是金融危机，发展中国家也会受到很大牵连，有的陷入所谓"中等收入陷阱"，有的一年到头陷入竞选争票的循环圈中，动乱不休，冲击了国家的经济发展。

事实上，资本主义市场有固有的政治性和阶级性，对内保护大垄断资

---

①《邓小平年谱〈1975—1997〉》（下），北京：中央文献出版社2004年版，第1363页。

② 引自《人民日报》2015年7月26日。

本的利益，形成两极分化；对外实行贸易保护主义和技术垄断，同时动辄对其他国家和地区实行经济制裁（可谓经济领域中的政治战争），很多发展中国家深受其害。现在已经有越来越多的国家在研究“中国模式”，却不得“坚持共产党领导”这个要领；只感悟种种现象，很难有经济与政治相统一的整体自觉。

我们搞的是社会主义市场经济体制，是在中国共产党领导下并坚持社会主义制度的，这样做符合社会主义制度不可能自发产生和完善的客观规律，必须依靠理论自觉、制度自觉、党的领导来完成这一伟大进程。而运用好市场这一“手段”，正是为实现人民共同富裕服务的。所以，坚持党的领导已经成为社会主义市场经济一个重要特征，是社会主义经济的整体性规律所决定的。

## 三、“两只手”协同必须坚持党的正确领导

市场经济并非只有市场机制一只“无形的手”自发调节，它必须与“有形的手”即政府作用相配合。这就是“两只手”的协同。而只有社会主义市场经济体制方能使之协同得好，这就要靠共产党的坚强领导。新自由主义鼓吹市场万能论（市场原教旨主义），只要一只“无形的手”，认为它具有解决经济发展、资源配置中一切问题的“自组织”功能，其结果造成一次又一次周期性经济波动，甚至造成震撼世界的经济危机。20 世纪 30 年代中期，有了罗斯福新政的经验和凯恩斯的“经济学革命”，产生了宏观经济学，主要是利用财政、金融改革，增加有效需求，熨平经济波动，就是利用政府这只“看得见的手”调节。但因不能解决资本主义社会固有矛盾（特别是金融垄断资本扭曲市场），在实践中有碍市场配置资源的有效性，结果 20 世纪 70 年代美国等发达资本主义国家又出现了滞胀并发症（即经济停滞与通货膨胀同时发生、互相作用）。于是新自由主义粉墨登场，并成为

统治世界的政治性“意识形态”。20 世纪 90 年代的“华盛顿共识”，使得一系列发展中国家形成经济灾难，直到新自由主义始作俑者的美英等国发生国际金融风暴。这表明，市场经济的健康运转必须用好“两只手”，但金融垄断资本主义国家不可能真正使“两只手”协同。

在一段历史时期内，社会主义国家苏联曾走向另一个极端，取消、削弱市场配置资源的积极作用，长期实行高度集中的计划经济体制。这一举措虽然在特定的时期产生了很大的激发潜力的功能，但由于体制的僵化，使得经济关系不协调，甚至畸形化，缺少活力，阻碍了经济可持续发展。其虽然有共产党的领导，却由于还不能够驾驭经济发展的客观规律，违背了生产社会化运行的要求。中国共产党总结了以往的经验教训，借鉴了资本主义国家有益的做法，建立和逐步完善社会主义市场经济体制，形成了市场和政府“两只手”协同运用的有效机制。经过 30 多年的探索，使之日臻完善，将社会主义中国的经济带到世界经济第二的位置。这就是坚持中国共产党的正确领导的功效。可见，没有党的正确领导，社会主义就会走上僵化的老路。

那么，市场经济体制在运行中如何才能坚持共产党的正确领导？习近平指出：“在市场作用和政府作用的问题上，要讲辩证法、两点论，‘看不见的手’和‘看得见的手’都要用好，努力形成市场作用和政府作用有机统一、相互补充、相互协调、相互促进的格局，推动经济社会持续、健康发展。”“在我国，党的坚强有力领导是政府发挥作用的根本保证。”[①] 党能够统揽全局、协调各方面力量。这些论述进一步发挥和深化了邓小平“关于党的领导是个优越性”的重要观点。

党的领导的优越性在哪里？就在于它的先进性和统一性，集政治、思想、组织等一系列优势于一身。在领导社会主义市场经济方面，主要是通过政府发挥指导、协同功能。党统揽全局，协调各方，既能充分发挥市场

---

①《习近平谈治国理政》，北京：外文出版社 2014 年版，第 116、118 页。

机制的积极作用，又能矫正、弥补它的缺陷。科学的宏观调控，有效的政府治理，是社会主义市场经济体制的内在要求。政府宏观调控，对市场依法管理，加强和优化公共服务，促进公平正义和社会稳定，实现共同富裕，都是政府职能。即使是微观层次，有些方面的资源配置也不能主要依靠市场，如生态文明建设、农业生产力的提升，最重要的也得靠政府职能。市场中的风险，也必须运用政府的力量来规避和弥补。前一段时间，政府采用得当措施，有效化解了股市的风险，就是明显的例证。

## 四、 唯有坚持党的领导方可深化改革， 不断进取

社会主义市场经济改革的进程不可能一蹴而就，更不可能一劳永逸，而是一个不断深化、逐步完善的进程。在中国，整个改革进程，必须始终坚持中国共产党的领导，离开了党的领导，深化改革这一历史性系统工程便会停滞，或者走上邪路。这里可以举出以下几个方面的例子。

1. 实现市场、政府职能及其运行的法制化。这是全面依法治国的重要方面。社会主义市场经济本质上是法治经济，法制的完善是其日臻成熟的标志。党的领导则是依法治国的根本保证。完善社会主义市场经济必须加强党的领导。这是治理现代化的需要。

2. 深化市场主体的改革。简政放权，何度为宜，要探索。国有企业和其他公有制形式的企业，都面临着通过深化改革，它们是社会主义经济制度的主体，也是社会主义市场经济的主要基础。如何通过内部的改革和外部环境的创造，增强活力、控制力、影响力，如何加强和改善党的正确领导需要继续探索。而新自由主义也是在此事上大做文章，以深化改革为名把公有制经济，特别是国有经济同市场经济对立起来，鼓吹私有化，借发展混合所有制为名，企图吞食、削弱、取消公有制经济，这也从反面说明了加强党的领导的重要性。对大量的民营企业，怎样把支持与规导有机结

合起来，在许多方面可以说是刚刚破题，实际上这也是进一步深化改革的重要内容，需要在党的正确而坚强的领导下积极探索。

3. 完善宏观调控和资源配置方式。以习近平为核心的党中央总结历史经验，从实际出发，提出“使市场在资源配置中发挥决定性作用和更好地发挥政府作用”的论断，丰富了社会主义市场经济理论，正在实践中加以贯彻并继续深化。事实表明，这个结合释放了巨大活力，尤其进入新常态“三叠加”时期，使国民经济保持稳定增长；也遇到新的挑战，需要党运用马克思主义从实际出发创新领导方式。

4. 完善参与国际市场竞争的机制。市场经济的一个特点是开放性，因为市场与国际市场互相沟通、彼此影响交易，竞争领域十分广阔。国际市场仍然是西方垄断资本主义主导的。一方面国际市场变数很多，另一方面垄断资本有意作祟，有很多风险和陷阱。我国社会主义市场经济要想保持稳定发展、竞争制胜，就必须在扩大开放中有防风险、化冲击的机制和能力，把握开放的限度和方式，适应国际交易规则。面对复杂的国际市场和经济全球化的趋势，必须加强和提高党对社会主义市场经济的驾驭能力，进一步引导改革的深化。

5. 加强社会主义市场经济中的思想道德建设。辩证地看待市场经济，它存在鲜明的两重性，社会主义市场经济也不例外。突出地表现在思想道德领域，它一方面激发了人们参与竞争、敢于进取的积极因素，另一方面也必然使一些不良的思想和行为有所泛滥。因为市场经济是逐利的经济，个人主义必然肆行，财富占有欲的驱使，“一切向钱看”“一夜暴富”的念头和功利意识日益强盛；奉献、牺牲精神受到极大的冲击和压抑，一些违背道德的不良风气趁机流行，乃至引发诸多社会问题，以致多年被消灭的东西死灰复燃。邓小平同志早就警示，开放之后“蚊子”“苍蝇”也会趁机进来，必须解决“一手硬一手软”的问题。党中央一直强调加强意识形态建设。现在看来，这项工作任重道远，尤其要警惕西方国家向我国推行的

“街头政治”“颜色革命”。这个领域尤其要加强党的领导，以更大的力度和更新的形式发挥好我国的政治优势，而教育青年人树立正确价值观则更为重要。

## 五、 在社会主义市场经济中构建从严治党和加强领导的互动机制

中国共产党的活力之一，在于它本身有一种自我净化、自我完善、自我革新、自我提高的机制。这是我们党在马克思主义指导下，在长期艰苦磨砺中形成的优良传统和免疫系统，是其他政党所不具备的，也是我们党的一大优势。能否超越兴亡更替的“历史周期律”，如何驾驭社会主义市场经济对于我们党是一大考验。从现实分析，市场经济中的趋利冲动，资本势力对权力的诉求，西方国家意识形态的渗透，加上执政党许多新成员缺乏战争、劳动和艰苦环境的锻炼（很多人从校门到校门），为人民服务意识薄弱，就很容易在执政过程中被腐朽思想潜移默化地影响，从而悄然变质，乃至形成某些利益集团。面对新的执政任务，全面从严治党与加强党的领导就显得尤为重要。对自身建设的强化是加强党的领导的重要职能，也是加强和改善党对社会主义市场经济体制整体领导的必备前提。所以，二者是辩证的统一。从这一辩证关系出发，理解坚持党的领导是社会主义市场经济体制的一个重要特征，也就成为合乎逻辑、顺理成章的事情了。

综上所述，贯穿着一个基本逻辑：面对社会主义市场经济的两重性，必须坚持党领导社会主义市场经济体制的建设、完善、运行，这是进一步增强社会主义制度活力且保证其不变质的决定因素。这一政治特征和政治优势正是“坚持党的领导是中国特色社会主义最本质的特征”之具体体现。没有党的领导，市场经济的消极面就会吞蚀掉它的积极面，使得“浊水横流”，产生严重问题，乃至冲垮整个社会主义制度。新自由主义者将市场经

济抽象化、片面化、孤立化，进而泛化到政治思想领域，故意掩盖它的两重性，企图实现从“自由化”到私有化再到政治制度的变质。对此，我们应当时刻保持清醒，并用中国化的马克思主义加以批驳、澄清，用中国特色社会主义理论统一全党和全体人民的认识。

（原载于《红旗文稿》，2015 年第 16 期）

下卷

# 中国特色社会主义政治经济学若干专题论述

# 试论社会主义治理现代化的规律性

以习近平同志为核心的党中央提出："全面深化改革的总目标是完善和发展中国特色社会主义制度，推进国家治理体系和治理能力现代化。"① 这一历史任务和理论命题，是社会主义制度建设的新境界，是中国化马克思主义的重大理论创新。正如习近平同志所说："怎样治理社会主义社会这样全新的社会，在以往的世界社会主义中没有解决得很好。"② 自改革开放以来，我们党曾提出和回答了一系列重大理论问题：什么是社会主义、怎样建设社会主义；建设什么样的党、怎样建设党；中国需要什么样的发展、怎样发展。现在进入一个新的历史阶段，新的中央领导集体又提出中国特色社会主义制度为什么需要治理、怎样系统治理的问题，可以简称为"系统治理论"或"治理现代化论"。我们应当全面领会、深入研究、科学阐述它的科学内涵，揭示它所依据的客观规律性。

## 一、 社会主义社会矛盾的深化演进需要系统治理

对于"治理"，曾有多种解释。简言之，它对中国特色社会主义制度来说，就是正确地系统解决矛盾，使之有序运行、长治久安，持续焕发巨大活力，其治理制度和能力、方法都超越西方资本主义国家，引领世界历史

① 《中共中央关于全面深化改革若干重大问题的决定》，《人民日报》2013 年 11 月 16 日。

② 新华社：《切实把思想统一到党的十八届三中全会精神上来》，《人民日报》2014 年 1 月 1 日。

潮流。从实质上，就是系统认识和正确化解日益深化的社会主义社会的诸多矛盾，破与立并重，从而形成巨大合力。形象地说，就是社会主义建立一个持续充满活力的“不倒翁”机制。

马克思主义辩证法认为，矛盾普遍存在，并且是事物发展的动力源泉，只是各种矛盾的性质不同而已。社会主义社会也存在着诸多矛盾，这些矛盾同样是发展的动力。恩格斯曾经预言：社会主义社会也是不断变化和改革的社会。列宁认为，在社会主义社会对抗可能消失，矛盾仍然存在。毛泽东发展了这一思想，系统论述了社会主义社会的矛盾，指出它是社会主义社会发展的动力，基本矛盾仍然是生产关系与生产力、上层建筑与经济基础的矛盾，但可依靠自身的优势加以解决。这正是作为“社会主义自我完善和发展”的改革不断深化的理论基础。社会主义内在矛盾的发展与深化及其系统化解，也是系统治理的客观规律之依据。

以往不少人认为社会主义社会没有矛盾了，之后渐渐认识到有矛盾，但认为矛盾会越来越简化，越来越少，最后可能变有为无。这是一种直线认识，把复杂事物简单化了。从实际情况看，社会主义矛盾并非一时的现象，并非单是浅层的因素直线演进，同样是不断展开、日益深化的。但它不是资本主义危机，而是一种可以靠自身运动加以解决的矛盾。这些矛盾的解决最主要靠改革和治理，而改革和治理的深化又是分阶段进行的。现在进入“深水区”，迈进新阶段，就不能仅靠单项改革而必须综合配套、全面深入，建立完善系统的各种制度。这就是系统治理所凭借的客观规律性。

我们对这些客观存在的矛盾的复杂深化进程可做分层次分析。

### （一）社会主义制度胜利必然性与道路曲折风险性的矛盾贯穿始终

社会主义的产生、发展和最终胜利，决定于生产社会化与生产关系社会化的对立统一，正如恩格斯所说：资本主义的根本矛盾的解决“只能在事实上承认现代生产力的社会本性，因而也就使生产、占有和交换的方式同生产资料的社会性相适应"[1]。社会经济发展的必然，不以人们的意志为转移。然而，这不是一个自发的一帆风顺的过程，需要经过艰苦的努力。由于它不能在母体中自然成熟（如剥削制度那样），比之其他社会形态发育更艰难，而且缺乏历史经验，必定要经过曲折的过程。苏联、中国以及其他国家的历史表明，社会主义越是高度成长，它的矛盾就愈复杂愈深化（尽管与资本主义矛盾的性质不同），其阻力会来自许多方面，有的是潜在的无形的。例如，公有制经济如何实现人格化，便是一个很复杂的问题。尤其是领导党处于执政地位，权力也可能异化出一个特权贵族阶层（如苏联后期）。因此，在整个社会主义发展的漫长历史过程中，都必须防穷、防僵、反变（质）、反腐、反异（如异化为封建专制）、反侵（外国势力）等。通过治理达到长治久安，构建系统完备、科学规范、运行有效的体制，远远超越资本主义制度，永葆活力而又不变质。

（二）社会主义初级阶段的长期性与二重性并存

世界经济政治发展不平衡规律决定，社会主义首先在经济比较落后的国家胜利，就产生一个社会主义初级阶段（将来经济发达国家是否有此阶段，尚需研究），使生产力发展水平（“硬件”）以及其他“软件”和“湿件”（人的操作能力）超过发达资本主义国家。这需要一个很长的历史阶段。如此漫长，本身是对制度的一个持续、严峻的考验。更重要的是社会主义初级阶段是一个具有两重性的社会形态：主体是社会主义，但很多方面要用资本主义的东西，社会主义规律（主导）与资本主义规律都起作用，它们之间争夺主导权的斗争从各方面长期展开，有时是很激烈的，涉及政治、文化、社会各方面，如两极分化问题便是一个突出的矛盾。正如《党章》所指出的，现在虽然不再是阶级斗争为纲，但在一些领域还存在阶级斗争，有时还是很激烈的。一部分敌我矛盾与大量的人民内部矛盾互相交

---

①《马克思恩格斯选集》第3卷，北京：人民出版社1995年版，第753页。

织，而人民内部的矛盾又有不同的原因与表现形式。对此类复杂情形，应当保持清醒头脑。

（三）经济社会转型阶段强大动力与各种阻力的深层性与复杂性相互交错

国际金融危机之后，我国生产力进入一个转型期，世界也进入一个调整期，人称经济发展换档期与调整阵痛期交错，经济社会各种关系呈现比较复杂的情形。比如化解产能过剩，促进科技创新，会涉及许多人的利益；市场与政府的关系也比较复杂；解决利益固化、分配不公的趋势，会遇到多方面的阻力；转变干部作风，完善干部制度，要扫除遇到的习惯势力梗阻；社会矛盾也日益多样化。这也是一个解决深层矛盾的改革过程，今后的解放和发展生产力还会有许多新的矛盾，构成将阻力转化为动力、倒逼转化为主动有一个持续治理的进程。

（四）国际环境的机遇性与挑战性的矛盾层层迭起

现时期国际的经济政治形势总体上还未走出帝国主义时代，即以美国为首的国际金融超级垄断资本主义还称霸世界，全球的基本矛盾仍然存在。由于我国的外交方针正确，利用各种矛盾，争取了国际间长期的和平环境。这对我国社会发展十分有利。我们实行开放政策，有利于充分利用国际资源和国际市场。不过，各式各样的斗争不断，敌对势力亡我之心不死，总是利用各种手段威胁、侵犯我国，西化、分化无所不用其极。这种矛盾使得我们不能不拥有强大的武装力量，防止各种渗透和扼制。当前，首当其冲的要警惕和抵御日本军国主义复活。这是客观存在的一个错综复杂的矛盾环境。

（五）执政党内的主流优势的强劲性与消极因素的扭曲性矛盾日趋凸显

毫无疑问，我们党是坚强的，有能力克服各种矛盾。然而，消极因素也不可忽视。由社会“公仆”向社会“主人”的嬗变，“兴也勃焉”“亡也忽焉”的周期律惯性，构成长期的极其严峻的考验。正如邓小平所说：中国如果出问题，会发生在党内，要出问题就是大问题。苏联的垮台，最重要的因素就是党内。我们党内出现的作风问题和腐败问题也不可忽视。客观矛盾的规律性需要从严治党，以永葆党的肌体健康。

上述五种情况都是社会基本矛盾的表现形式和显现过程，且带有日益深化的趋势，是客观存在的规律性的东西。如何解决？须靠系统治理，建立和完善各种机制，实施全面治理措施，尤其是进入新阶段。以往表层的矛盾大部分已经解决，需要不断深化防治，全面实现现代化。

## 二、 系统整合制度的客观优势使之形成良性循环

恩格斯曾在研究社会历史客观进程之后，科学地指出“整个的发展过程是在互相作用的形式中形成的（虽然相互作用的力量很大相等：其中经济运动的力量是最强有力的、最本原的、最有决定性的）”①，政治、法律、文化、宗教等其他因素也都是互相作用并对经济基础发生作用。毛泽东进一步指出，在一定条件下，生产关系对生产力、上层建筑对经济基础还可能起决定作用。这是社会发展的客观辩证法。社会主义的系统治理也是如此。

客观上社会主义制度比之资本主义制度有许多优势，例如经济上消灭（或部分消灭）剥削，人民的共同利益主导经济发展，政治上发挥广大群众的民主平等权利，社会环境和谐稳定等等。然而，这些分散的优势还不足以胜过资本主义，而需要加以自觉地整合，克服各种矛盾，形成合力优势。这个过程就要求按照客观规律系统整合。

经济、政治、文化、社会、生态“五位一体”的总布局，实质上就是

---

①《马克思恩格斯选集》第4卷，北京：人民出版社1995年版，第705页、第732页。

形成社会经济的整体良性循环。这是社会主义的总体优势。就人类的社会制度而言，由各种要素相互作用形成两种不同的整体循环：良性循环和恶性循环。前者是“相互作用”造成正能量的循环，其综合作用在循环中越转越大，表现强大的生命力，它是新社会制度的生命力。后者各种因素互为掣肘，造成越转越大的负能量，这是没落社会的发展趋势。然而在实际运行中，两种循环又是互相交错的，有的以良性循环为主，削减恶性循环的负能量；有的是恶性循环为主，抵消良性循环的正效应。社会主义社会客观上是为良性循环奠定基础，但也经常有某种恶性循环掺杂其中，如果治理不好，便会使恶性循环占上风，使社会经济变恶，乃至衰败，苏联的毁灭即为实例。欲使良性循环始终处于主导地位，必须通过系统治理处理好以下五个子循环系统。

（一）经济内部的循环

经济本身是一个十分复杂的有机体，其中主要的循环是生产、分配、交换、消费。如果加上科学技术，就是“五环”，即科技、生产、分配、交换、消费。同时，还有实体经济与虚拟经济之间的循环。在信息技术发展越来越迅速的条件下，这些循环就会更加复杂。本文对此不详细论述，下面着重谈两点。一是所有制关系与市场经济之间的循环，也可以说是生产方式与交换方式之间的循环。这里，所有制是经济制度的基础，而市场是经济总体组成的经济单元之间的交换关系，所有制决定市场的性质。在社会主义条件下，公有制是社会主义市场经济的根基。如何利用市场经济巩固和发展基本经济制度，是一个重大问题。唯有二者实现良性循环，社会主义市场经济才能够不变质，否则，公有制主体日益削弱，甚至由此造成全盘私有化和两极分化，那就会蜕变为资本主义市场经济。二是在市场经济中放活与有序的关系。习近平总书记指出：在经济活动中，“要处理好活力和有序的关系，社会发展需要充满活力，但这种活力又必须是有序活动的。死水一潭不行，暗流汹涌也不行”[①]。这样，就需要既发挥市场在配置资源中的决定性作用，又发挥好政府有效治理市场的主导功能，而不能偏废一方。唯有二者耦合，经济运行才能呈良性循环态势。当然，这是一个复杂多变的过程，处理好它，需要高超的艺术。

（二）经济基础与上层建筑之间的循环

经济基础是根本，上层建筑是为它服务的。它可以起正作用，也可以起反作用。如何使上层建筑服务好经济基础，这就需要政治体制改革。正如邓小平所说：“从政治上讲，我们的国家机器是社会主义性质的，它有能力保障社会主义制度。”[②] 为此，他提出评价一个政治体制改革的标准：“我们评价一个国家的政治体制、政治结构和政策是否正确，关键看三条：第一是看国家的政局是否稳定；第二是看能否增进人民的团结，改善人民的生活；第三是看生产力能否得到持续发展。”[③] 现在的政治体制，总体上是要优化，有的要精简，有的转换职能，有的还要加强。主要问题是如何为巩固经济基础、发展生产力服务好。此外，上层建筑还包括意识形态，关键是坚持马克思列宁主义、毛泽东思想和中国特色社会主义理论体系的指导地位。应该看到，意识形态对经济发展影响很大。现在流行的“一切为自己”“一切向钱看”和奢靡浮华等风气以及种种封建迷信的影响，对社会主义市场经济和人民的生活有严重的消极作用。确保马克思主义主导地位，提倡社会主义价值观体系，才能保证人们自觉遵守道德规范，促进经济生活健康发展。所以，应当大力扫除新自由主义等影响和奢靡之风的腐蚀，使意识形态、道德伦理与经济发展呈现良性循环，这需要下很大的力气。

（三）经济政治与社会生活的循环

社会生活和社会事业建设是整个运行大系统中的重要方面，它包括的

---

① 新华社：《切实把思想统一到党的十八届三中全会精神上来》，《人民日报》2014 年 1 月 1 日。

②《邓小平文选》第 3 卷，北京：人民出版社 1993 年版，第 135 页。

③《邓小平文选》第 3 卷，北京：人民出版社 1993 年版，第 213 页。

内容很多，如教育、文化、医疗、人口、收入分配、社会救济、社会自治等等，需要多方面开展建设。然而，其中最重要的是需要研究改革、发展、和谐稳定之间的关系。改革是动力，发展是目的，和谐稳定是前提（社会环境和保证条件）。三者处理得当，就能总揽全局，保证社会经济顺利发展；处理不当就会吃苦头，付出重大代价（许多国家动乱不断就是严重教训）。改革开放以来，我们取得一条重要经验，可概括为“三度一点”，即把改革的力度、发展的速度和社会可承受的程度统一起来，把不断改善人民生活当作处理改革发展稳定关系的重要结合点，并用发展的办法解决前进中的问题。这可视为发展经济学中的一个新亮点。比如，由于人口众多，就业问题是我国一大社会问题，解决不好就会影响社会稳定和经济发展。目前突出问题是一方面经济增长，一方面就业形势严峻。实际失业率要比登记失业率大得多，如果加上农村劳动力，失业率可能还高。这就势必影响经济发展与社会进步的良性循环，所以要致力解决。经济发展是中心，但各类社会事业都不可少，关键在于优化整合，互相促进。比如教育事业的发展，能够进一步提高人口素质，开发人力资源，提高各类劳动者就业、创新和创新的能力。对我们这样一个人口大国来说，特别需要将人口压力转化为人力资源和人才资源的优势，千方百计扩大就业空间。同时加快构建社会保障体系，解决困难群众的生产生活问题。正确处理各类矛盾，才能尽快建立和谐社会。再如，大力营造科技文明，能够为物质文明、精神文明、政治文明提供科技支持。如果让干部、农民、职工、学生等广大群众掌握一定的技术，就有利于就业和创业，增加社会财富和个人收入，可以大大化解许多社会矛盾，有助于构建和谐社会。此外，还要发展各类文化事业和产业，以满足广大群众日益增长的文化需求，进而促进经济的发展（如信息消费渐成为扩大内需的亮点）。

（四）国内外经济政治的循环

世界是开放的。一个国家实现内部经济社会良性循环，必须同国际经济政治联系起来。现在，日益强劲的经济全球化已成为不可阻挡的趋势，世界经济正在趋向于某种程度的一体化，跨国公司日益成为主导，它拥有80%的新技术和70%的国际技术。科学技术的飞速发展一方面给人带来许多前所未有的机遇和恩惠，一方面由于资本主义世界占主导地位也同时带来许多挑战和风险。近几年来，虽然世界经济出现转机，但是不确定因素也在增多（国际金融危机的后果还在发酵）。为了实现这一良性循环，我们必须坚定地实行独立自主、和平互利的外交政策，在WTO框架内把“引进来”与“走出去”很好地结合起来，加以放大，进一步优化外贸结构，对应各种贸易壁垒，广泛开辟多元化的市场，建立和扩展自己的跨国公司，有效地扩大与各国的经济技术合作。特别重要的一点是增强自身的力量，立足于扩大内需为主和依靠科技自主创新，提高国际竞争力。同时要预测和防范各类经济政治安全问题，应对不确定因素的冲击，在各类变故中处于主动地位。在这方面，一定要保持清醒的头脑：现在还处于发达资本主义国家占优势的世界里，西方敌对势力时时想阻挠社会主义的发展。我们要接受拉美和许多国家受制于人的教训，警惕新自由主义之类的暗算，善于运用既联合又斗争的策略，而着重点在于壮大自身力量，推动世界经济发展（在近10年内全球经济增长部分的1/3是由我国完成的）。

### （五）人与自然的循环

社会主义要求实现共同富裕和人的全面发展，提高生活质量和健康水平。这不但要有富裕的经济条件与社会多方面发展，还要同自然界保持和谐关系，维系生态平衡，使人的生活与自然界实现良性循环。人是自然界的一部分，又依托于自然界而生存发展。马克思说：“劳动首先是人和自然之间的过程，是以自身的活动来中介、调整和控制人和自然的物质变换的关系”，劳动过程“是人和自然之间的物质转换的一般条件”[①]。作为人类社

① 马克思：《资本论》第1卷，北京：人民出版社2004年版，第207页、208页、215页。

会和每个人的生活，什么时候也不可能脱离自然界，一方面要利用自然资源，一方面依托自然环境。但进入工业社会之后，人类不但对大自然过度索取，而且造成严重的环境污染，受到了大自然的报复，危及人的生活和健康。目前我国的生态环境形势，还是相当严峻的。从成本视角考察，应当遵循下述公式：

经济成本＋（－）自然成本＝人类发展总成本

我国是一个人均资源相对贫乏的国家，但是由于粗放经营造成巨大的浪费。2010年，我国GDP约占世界总额的7%，但消耗占世界总消耗的比重却相对更大，石油为9%，原煤为31%，钢铁为27%，氧化铝为25%，水泥为40%。同时造成严重的环境污染，每年的环境成本大体为GDP的3.9%。现在存在着经济增长的资源和环境瓶颈的严重制约，今后还会危及后代。所以，实现人的生活与自然界的良性循环带有根本的意义。首要的一条是坚持可持续发展原则。现在看来，可持续发展是一条客观规律，体现人与自然间良性循环的要求，是人类在20世纪90年代总结了工业革命以来的经验教训之后取得的共识。在我们这样人口众多、人均资源相对贫乏、工业化进程刚步入中期阶段的发展中的大国，人口、资源（特别是能源、水资源）、环境等问题显得格外严峻。据专家测算，我国发展的自然成本高于世界的平均水平（1.25∶1）。而在经济增长、创造社会财富的同时，会带来许多负面影响（负价值）和经济风险，还有自然灾害和疫病的侵袭等不确定的因素。如果不转变经济增长方式，不尊重自然规律，那就不仅危害子孙后代，而且会殃及当代生活着的人们。系统治理，要求发展社会生产力一定与自然规律相协调，坚持可持续发展，改变经济增长的价值观念和增长方式。既要尊重经济规律，又要尊重自然规律；既重视GDP，又跳出GDP的局限，树立绿色GDP的理念，更加自觉地发展生态生产力。

这五个子循环系统是互相交叉、互相影响的，其中一个呈现恶性循环便会影响整体，乃至成为主导因素。为此，必须系统治理形成合力。而且社会经济越发展，越要注重它们之间的协同。这可视为系统治理的客观规律要求，需要依此建立起完备的治理制度体系。

## 三、 新时代要求中国治理能力与方式现代化

治理能力与治理方式看似主观因素，但实际上是客观规律见之于主观能动性的体现，它并非可以随意乱选的。从哲学视角上说，方法论是世界观的体现与在实践中的运用，受客观规律的制约。马克思说过，人的需要是同满足需要的手段一同发展的，并且是依靠这些手段发展的。毛泽东形象地比喻任务与方法的关系："我们的任务是过河，但是没有桥或没有船就不能过。不解决桥或船的问题，过河就是一句空话。"① 如果说建立完备的治理体系是完善社会主义制度在我国新时期的要求，那么实现治理能力和方式的现代化又是世界时代潮流的要求，也是治理体系现代化的保证。

治理能力、治理方法如何实现现代化？必须在继承中国和世界治理文明基础上适应中国特色社会主义发展的新要求，必须顺应世界新时代的趋势，必须超越西方发达资本主义治理模式。现代化是一个动态的概念，是指当时所处的历史潮流的先进水平，包括先进的工具、手段及其应用者具备的素质。治理能力现代化，是指人类文明最先进的最科学的才能与方式，既包括科技手段，也包括社会管理能力与方法，既吸取人类文明的一切治理成果，也创造适应自身社会制度的实际需要。本文仅谈以下几点。

### （一）政治治理能力和方法

政治是经济的集中表现，政治治理是整个治理的核心，是管方向的。政治治理能力现代化最根本的就是靠马克思主义指导，促进马克思主义时代化、中国化，能够运用马克思主义分析形势、科学决策。我们党已实现

---

①《毛泽东选集》第2卷，北京：人民出版社1991年版，第139页。

马克思主义与中国实际结合中的两次飞跃，今后还要继续随着时代发展而发展。同时，与决策能力配套，还要提升执行能力。从一定程度上说，目前我国政府的一些地方与部门的执行能力还存在不少弱点，需要大幅度提高，特别需要完善执行机制和执行能力。此处不再展开论述。

### （二）运用科学技术提升宏观调控与引导资源配置的能力

尤其是信息智能方式和信息技术最为重要。信息技术的发展，是人类感知官能的延伸、自然智能的扩张，信息化也是全社会实施节约的最新和最佳的手段之一，它涉及整个经济发展方式转变。特别是当今时代，大数据已成为国家战略资源。信息具有共享性、贡献性、无消耗性、可储存、可传输性的特点，可以说是物质世界的“映像”，是“失重”“超导”的资源，其本性就是“最节约”的。信息和信息化对经济、社会的功能主要有：①预知功效，它可以预先发现和警示各种变故、灾害的发生、发展，使人们事先采取防御；②探测功能，它从深层次上发现新的资源、新的路径，可以使人们用最少的投入获取最大的收益；③先导性、计划功能，可以使人们预知事物的发展过程、路线、走势和结果，帮助资源的配置更合理，采用最佳路径及措施，防止盲目性，增加计划性，提高智能性；④模拟功能，能够离开实物的运作，模拟出事物的各种过程和结果，为人们提供最佳选择和决策；⑤反馈功效，能够及时把实施的情况和问题反馈于指挥机关及有关人员，对其效应进行评估和监管，发现问题及时化解。电力企业中有一种消缺管理，就是利用信息系统发现薄弱环节和各种设施运行中的缺陷并及时解决。同样信息系统可以应用于各个领域，用以防止各种浪费现象、安全隐患和诸多风险，变后知后觉为先知先觉，少走弯路，节省大量的人力、物力、财力。当然，信息也是一把双刃剑，垃圾信息、虚假信息、恶性信息也能造成损失和祸害（如“世界末日”信息就误导部分人做出愚蠢举动），所以信息的质量与法制管理格外重要。

比如，在治理体系中用什么方式使调节经济运动的“两只手”持续协同，还有进一步深化认识的空间。马克思、恩格斯曾经设想在社会主义社会人类更加“自觉”，这条路子需要进一步探索。我们不会停止，资源配置与宏观调控可能不应当停留在“两只手”局限内，还要从客观经济发展的实际出发不断前进、不断创新。从生产力发展的趋势看，应当进一步开拓思路，这就是马克思恩格斯所说的人类更加“自觉”。从历史和现实来看，市场配置资源固然有活力，但其缺陷也相当大，用得不好会造成巨大浪费和两极分化。这就要靠政府弥补矫正。但政府也会产生缺陷，客观上组成政府的官员受整个人类认识水平的限制，容易走向另一个极端，如由于不了解实际情况和发展趋势易于形成主观片面决断；主观上官员自身感知能力有限，又往往受市场影响产生这样那样的利益欲望（如奢靡、腐败）。如克服“一把手”一言堂，不仅需要制度约束，而且需要拓展智能和知识。再如，城市地下管网问题已经到了十分严峻的程度，有人把它比作“定时炸弹”，但市场反应不出来，政府也看不见，这就需要用高端智能加勘察和设计。看来，宏观调控和资源配置单靠“人治”和“市治”没有把握，必须有一种新的元素，使它更接近实际，更有渗透力和前瞻性，更能预知深层次矛盾，更可以避免大的起伏及其灾难性安全问题。这一元素就是作为“第一生产力”的科学技术。应当把科学技术吸纳到宏观调控和资源配置的系统中来，在更高更大程度上延长人们的感官，扩展官员的智慧，更早更深更广地探知客观经济社会与自然变化的走势，增强决策的预见性。这就需要组成“市场主配（置）、政府主导（方向）、科技主引（领）”的三元机制。科技在这里既可做宏观调控的参谋，又可做微观配置的向导。这种三元机制符合市场经济发育的历史行程。恩格斯曾经指出，市场运行缺少的是“神经器官”，科学技术及其专家便是最好的现代“神经器官”。

### （三）社会主义民主、法制手段

就是依靠群众与组织解决自由与强制、自律与他律、充分发扬民主与认真运用法制的关系。这是一个辩证关系，而不是片面化、绝对化，只要民主而不要法制，或完全靠法制强制而不要有序的民主。我们所讲的民主、法制现代化，实质上是民主集中制的提升，充分发挥、依靠群众的积极性而又有科学的权威。正如恩格斯所说："一方面是一定的权威，不管它是怎样形成的，另一方面是一定的服从，这两者都是我们所必需的，而不管社会组织以及生产和产品流通赖以进行的物质条件是怎样的。"① "要想消灭大工业中的权威，就等于想消灭工业本身，即想消灭蒸汽纺纱机而恢复手纺车。"② 这也是客观规律所决定的。毛泽东就曾经勾画出我国治理的理想境界，指出我们的目标，是造成一个又有纪律又有自由，又有统一意志又有个人心情舒畅、生动活泼那样一种政治局面，以利于充分调动人民积极性，能够经受各种风险，巩固和优化社会主义。我国需要构建和完善超越西方、优于西方的民主及法制制度，运用更科学的方法加以贯彻执行。

（四）大幅度提升干部与群众的素质

包括政治、道德、科技、管理、文明等各方面的素质。我们党提出，建立学习型政党、学习型企业、学习型社会，是一个十分重要的战略性举措。时代在前进，管理人员与广大群众都要不断学习。人们常说，我国人口素质低，文明程度低，如何提高？就是靠学习，包括有计划的各种训练、系统学习，并在管理中提高。人的素质是"学"和"管"出来的。比如，最简单的，在公共场所禁烟、禁止随地吐痰等，只号召不行，必须同时管，管也是一种训练。社会的道德水平提高同样如此，必须自律与他律紧密结合。人才队伍是第一资源，是提高治理能力的骨干和领头羊。要通过学习培养和实践锻炼出一支高素质的人才队伍，特别是优秀的干部队伍，不断培养大批合格的接班人。有了这支队伍在各方面的有力支撑，治理能力与方式的现代化就有了保证。

①《马克思恩格斯选集》第1卷，北京：人民出版社1995年版，第226页。
②《马克思恩格斯选集》第3卷，北京：人民出版社1995年版，第225页。

最后要说，中国特色社会主义治理体系和治理能力现代化是一个崭新的历史课题，需要在实践中深化探索，逐步成熟。还有许多问题有待进一步研究它的规律性。这也是一个实践、认识、再实践、再认识的过程。我们应当力求对中国特色社会主义治理现代化的规律、党的执政规律认识更深化，驾驭更娴熟。

（原载于《马克思主义研究》，2015 年第 4 期）

# 用当代马克思主义把握中国和世界治理的大逻辑

马克思主义给予革命家的一大智慧在于对于历史发展的科学洞察力。习近平同志运用和创新当代马克思主义理论和方法，多次要求全党把握中国治理、世界治理和我国新常态的大逻辑，要号准历史的脉搏、开出对症的药方，战略上掌握主动权，策略上用好系统治理的艺术。在面临许多不确定性的今天，我们更应提升科学洞察力，运用治国理政新理论、新思想、新战略的大逻辑，从理论上廓清种种迷雾，昭示正确方向，推进全党更自觉地确立政治意识、大局意识、核心意识、看齐意识。为此，应从纵向认准历史发展及其发展阶段的主线，从横向上必须在五大发展理念的引领下处理好各类复杂的关系，又要善于抓住重点，攻克难点，排除各种思潮与势力的干扰。

## 一、从纷繁复杂的现象和偶然性中把握历史发展的主线

历史是一面镜子。习近平同志站在历史的潮头高屋建瓴地向我们提示："时代是思想之母，实践是理论之源。""历史总是要前进的，历史从不等待一切犹豫者、观望者、懈怠者。只有与历史同步伐，与时代共命运的人才能赢得光明的未来。"① 从历史视域看，2017 年正是《共产党宣言》发表

① 习近平：《在庆祝中国共产党成立 95 周年大会上的讲话》，北京：人民出版社 2016 年版。

170 年、十月革命 100 周年，中国共产党开辟农村包围城市革命道路 90 周年、中国改革开放 39 周年，也是胜利召开党的十九大之年。作为当代中国的马克思主义者，必须领会以习近平为核心的党中央的一系列指示精神，从理论上揭示时代特点、发展趋势、行进规律这一客观逻辑，建构中国特色社会主义的理论逻辑，深刻阐明中国特色社会主义道路、理论、制度和实施方略，唱响当代中国马克思主义理论的主旋律。

170 年的国际共产主义运动发展表明，历史前进的大方向不会改变，但道路是曲折的、非线性的，是起伏跌宕的，充满风险的。曾经蒸蒸日上发展了 74 年的世界上第一个社会主义国家——苏联变质，一度影响力强大的世界社会主义阵营溃散，世界社会主义运动出现低潮。西方资产阶级代表人物为此欢呼雀跃，认为这是社会主义的“历史终结”。然而，正是在此后不久，社会主义中国却出乎他们意料地跃然崛起，经过 30 多年的改革开放，中国成为世界第二大经济体，进入高水平中等收入国家行列，探索了一条具有中国特色社会主义的成功道路。而一些资本主义发达国家由于发生了国际金融危机，至今 9 年仍复苏乏力，陷于多种矛盾的困境之中。回顾这 170 年，历史经历了一个否定之否定的过程，这一历史进程，再次证明了马克思主义的科学洞察力。

在新的形势下，习近平同志又进一步指出：“今天，时代变化和我国发展的广度和深度远远超出了马克思主义经典作家当时的想象”，“坚持和发展中国特色社会主义是一项长期而艰巨的历史任务，必须准备进行具有许多新的历史特点的伟大斗争”。[①] 从现象层面看，矛盾的复杂性、道路的曲折性、偶然事件的多发性、正负效应的交错性，纷繁杂乱，往往会使人茫然失措，加上多种思潮林林总总，这就给当代马克思主义者不断提出新问题、新挑战与新任务。坚持马克思主义的基本原理和方法论这一重要法宝，则能够在扑朔迷离的乱象中抓住事物发展的本质与主流脉络，坚定信仰与

---

① 习近平：《在庆祝中国共产党成立 95 周年大会上的讲话》，《人民日报》2016 年 7 月 2 日。

方向，保持勇往直前的自信和定力。从现实世界看，许多新现象值得注意：美国由大商人大资本家集团直接执掌政权，矛头直指社会主义中国，军事上从后台走向前台，公然要分裂中国；日本军国主义有复活之势（大的军火工业资本集团是其阶级基础），成为美国遏制中国的马前卒。美国经济上大搞种种保护主义，企图阻挡中国社会主义的不断壮大，由大肆推销新自由主义变为反全球化的急先锋，更加暴露了其逆潮流而动的本质，这些都是不确定因素丛生的根源所在。对此必须进行科学分析，把准脉象，冷静对待，系统回应。

马克思主义的科学洞察力体现在引导人们在处于错综复杂、扑朔迷离的现象中能够抓住一条主线，这就是阶级分析的方法。历史告诉我们，170多年来资本主义同工人阶级和劳苦大众的根本矛盾没有改变，只是它的形态改变了，从自由资本主义变为垄断资本主义，第二次世界大战后又演变为国际金融垄断资本主义。现在资本主义仍然称霸于世界，但是力量对比已发生巨大变化，在现在的世界经济中，新兴经济体已占80%，社会主义中国对世界经济增长的年均贡献率达到30.5%，跃居全球第一。在世界经济低迷的形势下，2016年中国经济的增长率居全球前列，达到6.7%，美国为1.6%，日本为0.6%。当然，美国垄断资产阶级不会甘于失去世界霸权地位，仍会千方百计地遏制中国发展。面对复杂的国内国际局面，社会主义中国的发展与繁荣，要像习近平同志最近提出的那样，必须坚持斗争，针锋相对，始终维护好国家的核心利益。要把握历史的大逻辑，把防范风险放在突出位置，敢于斗争，善于斗争，在充满不确定性的环境中更稳健地发展自己。

## 二、 中国治理和全球治理的大逻辑

中国治理和全球治理必须遵循发展的大逻辑。在我国革命时期，进步力量曾经走过一条斗争、失败、再斗争直到胜利的逻辑；现在我们壮大了，仍必须坚持改革开放的大逻辑，核心是发展，实现长治久安，为全球贡献可借鉴的制度建设方案，在世界范围发挥正能量，使世界人民看到希望，壮大进步势力。

从19世纪至今，世界的基本矛盾没有变，人类实现共产主义理想的必然趋势没有变，但矛盾的形式更复杂了，进步与实现胜利的时间要比马克思主义经典作家所设想的长得多，道路也曲折得多。有一些国家的无产阶级和劳动人民夺取和执掌着国家政权，社会主义建设与发展仍将有特别漫长的路要走。所以，建设新制度不能操之过急，必须扎扎实实地推进。1949年1月8日，在中共中央政治局会议上，毛泽东做过这样的比喻："如果完成了全国革命的任务，这是铲地基，花了三十年。但是起房子，这个任务要几十年工夫。"[①] 不久，他在中共中央七届二中全会上又说：夺取政权是万里长征走完第一步，以后路子更长。20世纪60年代，他估计我国社会主义现代化建设可能要100多年的时间。苏联的教训和我国建设的经验都表明，社会主义制度的发展路程比以往设想的更漫长和曲折，其中的矛盾不是越来越少、越来越简单，而是愈来愈多、愈来愈复杂，一步走错就可能酿成大的历史悲剧，苏东的变质和垮台就是一面镜子。

按照马克思当年的设想，实现共产主义分低级和高级两个阶段。从我国社会主义实践来看，其低级阶段还要划分为初级阶段、中级阶段和相对成熟阶段，仅初级阶段就需要上百年的努力，而其发展过程中仍有若干小的阶段组成。我国实现"两个一百年"目标的进程已经取得了举世瞩目的成就，而从历史的维度看，也还是阶段性的一个飞跃，新的长征仍是"路漫漫其修远兮"。从世界范围看，两种不同的制度是在竞跑中，社会主义制度的建立与完善大体有四个阶段。①打基础。在夺取政权后，用几十年的时间建立经济与政治基础，大体相当于苏联卫国战争之前和我国改革开放

① 引自《光明日报》2016年6月17日。

之前。②发展与崛起。追赶发达国家，大体相当于20世纪苏联最后的40年和我国改革开放后的30多年。③冲刺阶段。一些领域实现超越，大体相当于我国进入新常态到21世纪中期40多年的时间。④优势凸显，影响世界。可能再用50年上下的时间。苏联没有走完第二步，内部出问题，外部遭围堵，结果垮了。苏联的历史证明，在第一、第二步，世界资本主义势力靠武力不能消灭社会主义国家（包括希特勒那种疯狂的战争），但却能通过内部演变和外部遏制两手使之变质。刚成立的中华人民共和国在敌强我弱的情况下，在朝鲜战场上打败了世界上头号帝国主义国家为首的所谓联军。现在资本主义总体上仍处在优势地位，新困难与新风险需要清醒认识与有效应对。我国处在第二步和第三步之交的节点上（大体上，我国现时的经济总量、科技水平、综合国力相当于美国的三分之二）。内外矛盾交织，有的还相当尖锐，霸权主义国家还会以多种口实和手段实施干扰、拖垮、遏制中国发展的图谋，国内也存在诸多挑战，面临着种种严峻考验。正如习近平同志告诫全党的："要时刻准备应对重大挑战、抵御重大风险、克服重大阻力、解决重大矛盾。"① 对此，要保持清醒的头脑。

历史的大逻辑是：只有社会主义能够救中国，只有改革开放能够发展中国。只要善于运用唯物辩证法，坚持中国特色社会主义道路自信、制度自信、理论自信，坚持辩证唯物主义和历史唯物主义，便可以化危为机。习近平同志用当代马克思主义治国理政新理念、新思想、新战略，完善国家治理体系和提升国家治理能力的现代化，包括统筹"五位一体"的整体部署、协调推进"四个全面"的战略布局、全面实施"五大发展理念"，强化依法治国，积极应对国际斗争，确保国家总体安全。不仅要强化经济发展在这一大盘棋中的基础作用，还要全面系统地完善治国理政的"成套设备"。

系统的治国理政理论和方略，是以习近平同志为核心的中国共产党对

① 习近平：《在庆祝中国共产党成立95周年大会上的讲话》，北京：人民出版社2016年版。

马克思主义的又一大创新。理论上，应该全面深入理解国家治理体系和治理能力是一个国家制度和制度执行能力的集中体现。国家治理体系是在党领导下管理国家的制度体系，包括基于我国国体和政体的经济、政治、文化、社会、生态文明和党的建设等各领域的体制机制、法律法规安排，它是一整套紧密相连、相互协调的国家制度；国家治理能力则是运用国家制度管理社会各方面事务的能力，包括改革发展稳定、内政外交国防、治党治国治军等各个方面。国家治理体系和治理能力是一个有机整体，相辅相成，有了好的国家治理体系才能提高治理能力，提高国家治理能力才能充分发挥国家治理体系的效能。这是社会主义发展创新阶段的一个关键战略。怎样治理社会主义中国这样全新的社会，在以往的世界社会主义中没有得到很好解决。习近平同志阐释了这一过程："马克思、恩格斯没有遇到全面治理一个社会主义国家的实践，他们关于未来社会的原理很多是预测性的；列宁在俄国十月革命后不久就过世了，没来得及深入探索这个问题；苏联在这个问题上进行了探索，取得了一些实践经验，但也犯下了严重错误，没有能解决这个问题。我们党在全国执政以后，不断探索这个问题，虽然也发生了严重曲折，但在国家治理体系和治理能力上积累了丰富经验、取得了重大成果，改革开放以来的进展尤为显著。我国政治稳定、经济发展、社会和谐、民族团结，同世界上一些地区和国家不断出现乱局形成了鲜明对照。这说明，我们的国家治理体系和治理能力总体上是好的，是适应我国国情和发展要求的。"①

习近平同志还指出，我们也要看到，相比我国经济社会发展要求，相比人民群众的期待，相比当今世界日趋激烈的国际竞争，我们在国家治理体系和治理能力方面还有许多不足与薄弱环节，仍有许多亟待改进的地方。真正实现社会和谐稳定、国家长治久安，还是要靠法治，靠制度，靠我们党在国家治理上的能力，靠高素质的"关键少数"。我们要更好地发挥中国

①《习近平谈治国理政》，北京：外文出版社2014年版，第91页。

特色社会主义制度的优越性，必须从各个领域推进国家治理体系和治理能力现代化，“坚持把完善和发展中国特色社会主义制度、推进国家治理体系和治理能力现代化作为全面深化改革的总目标”①。

我国要积极参与全球治理。国际政策往往是国内政策的继续。我们要全面“推动改革全球治理体系中不公正不合理的安排”②。我们向全世界全面阐释我国的全球经济治理观，把创新作为核心成果，把发展议题置于全球宏观政策协调的突出位置，形成全球多边投资规则框架，把绿色金融列入国际议程。随着时代发展，现行全球治理体系不合理、不适应的地方越来越多，国际社会对变革全球治理体系的呼声越来越高。要继续向国际社会阐释我们关于推动全球治理体系变革的理念，坚持要合作而不要对抗，要双赢、多赢、共赢而不要单赢，不断寻求最大公约数、扩大合作面，引导各方达成共识，加强协调合作，共同推动全球治理体系变革。要提高我国参与全球治理的能力，着力增强规则制定能力、议程设置能力、舆论宣传能力、统筹协调能力。中国处于世界社会主义运动探索前列，中国要引导未来世界发展的方向，同各种逆流进行博弈。现在已经有越来越多的国家响应中国关于世界治理的倡议，并形成越来越大的影响力。

## 三、 新常态是中国治国理政的阶段性逻辑

实现远大目标，必须从现阶段一步一步做起。历史发展是分阶段进行的。中国进入新常态时期，习近平同志提出：“要把适应新常态、把握新常态、引领新常态作为贯穿发展全局和全过程的大逻辑。”③ 正如恩格斯所说：“在历史过程中，在每一个阶段上都有不同的规律，即同一普遍运动的不同

---

①《习近平关于全面深化改革论述摘编》，北京：中央文献出版社2014年版，第23页。

② 参见《人民日报》2016年9月28日。

③《习近平总书记系列重要讲话读本》，北京：学习出版社、人民出版社2016年版，第141页。

的表现形式起支配作用。”① 如果说治国理政是立足于社会主义长远历史发展的大逻辑，那么新常态理论判断则是立足于我国经济发展阶段性特征的大逻辑。新常态突显我国近期社会主义生产力发展的部分质变，也是治国理政的重要阶段，有它的特殊规律。这一判断和分析是马克思主义经济学基于纵向思维的理论创新。

我国经济发展的新常态主要特点是：增长速度要从高速转向中高速，发展方式要从规模速度型转向质量效益型，经济结构调整要从存量扩能为主转向调整存量、做优增量并举，经济发展要从主要依靠资源和低成本劳动力等要素投入转向创新驱动。这些变化，是我国经济向形态更高级、分工更优化、结构更合理的阶段演进的必经过程。实现这样广泛而深刻的变化并不容易，对我们是一个新的巨大挑战。可以说，我国同资本主义大国的竞赛进入了“冲刺阶段”。

新常态阶段的核心是提升经济质量，以质量带速度。从生产力发展的历史过程看，数量扩张与质量提升总是连在一起的，是一个事物的两个方面。但有时侧重于数量扩张，主要是同一质下存量的增长；有时侧重于质的提高，主要是一定同质的量达到饱和程度后需要新的突破，新的先进生产力促进经济跃升；有时质的提升与量的扩张同时进行，又好又快发展。这几种状态的转换，呈现出阶段性进展。客观态势转换是不以人的意志为转移的。在社会主义制度产生以前，生产力质与量的形态转换带有自发性，经济危机就是在资本主义制度下呈现出来的转换形式。在社会主义经济制度下同样存在自发性，尤其是不能主观随意取代客观的转换趋势，如果主观地强势去改变客观行程，像计划经济体制下有时出现的“唯意志论”那样，同样会造成严重恶果，苏联和我国发展史上都有过这类教训。近几年我国出现了部分产业产能过剩，不平衡性凸显等问题，面临调整的艰巨任务。解决矛盾的正确方法是顺势而行，在“号准脉”的前提下发挥主观能

①《马克思恩格斯选集》第4卷，北京：人民出版社1995年版，第338—339页。

动性，即在尊重市场在配置资源起决定作用的前提下，正确发挥政府宏观调控的作用。现在必须把客观与主观统一起来，准确地把握新阶段的发展趋势。

“十三五”时期，最重要的是根据新的发展理念，推进供给侧结构性改革。供给和需求是市场经济内在关系的两个基本方面，供给侧和需求侧是管理和调控宏观经济的两个基本方面。目前，供给侧结构性问题是矛盾的主要方面，要用好需求侧管理这个重要工具，使供给侧改革和需求侧管理相辅相成、相得益彰，为供给侧结构性改革提供良好环境和条件。为贯彻供给侧结构性改革方案，我们采取了一系列措施，就是去产能、去库存、去杠杆、降成本、去短板，并且要求做好加减法；宏观政策要稳、产业政策要准、微观政策要活、改革政策要实、社会政策要托底。2016 年我们克服前进中的困难，取得了举世瞩目的发展成就，充分证明这一系列观点和政策已初见成效，应该继续在战略上打持久战，在战术上打歼灭战，遵循新常态的大逻辑，不断推进改革。

然而，“树欲静而风不止”。同以习近平同志为核心的党中央提出的大逻辑——当今中国马克思主义主旋律相对立，出现了另一种“逻辑”，即所谓“在万马齐喑的环境下，不可能有真正的改革”，质疑当前的社会主义改革的论调。这一论调的“历史逻辑”是否定社会主义的改革，他们的逻辑要旨是混淆改革的性质，说中国的“改革”从晚清就开始了，但受到中国共产党领导的革命和建设的多种“阻碍”，直到从西方传来“市场经济”，才开始有了点“真正的改革”，接着又停停续续，而十八届六中全会后的全面深化改革，也将会受“万马齐喑”羁绊，必须按他们的“明道”才能有“真正的改革”。这种“真正的改革”是什么呢？乃是他们一贯主张的“自由化”“私有化”“无为而治”等，取消共产党领导的政府发挥作用，最后全面实行西化。他们攻击、削弱、取消国有企业，恰好是为国外垄断资本服务的，因为在国际市场上我国只有依靠国企才能与国际垄断大企业抗衡，才能打破西方少数大国对世界的经济垄断。而如果按照他们的主张搞所谓的“真正的改革”，则会摧毁社会主义中国的经济支柱，中国将陷入灾难。

历史事实一再表明，中国的改革是在共产党领导下的社会主义自我完善和发展。近40年来经过一个渐进的深化过程，它同晚清的“改革”、西方的“改革”、苏东20世纪八九十年代的“改革”的本质不同。习近平同志讲治国理政的全面改革、新常态下啃硬骨头的改革，都要坚持马克思主义指导、社会主义方向。我们要始终坚持社会主义基本制度和共产党的领导，而且还要把“一个中心、两个基本点”的基本路线视为“生命线”“人民的幸福线”。离开这个基本方向的改革，就会误导我国社会主义走上变质的邪路。这两种逻辑的对立，才是“中国向何处去”——两种国家命运的根本分歧。我们必须坚持用当代中国马克思主义主旋律——大逻辑指导中国经济社会全面深化改革，坚定不移地走中国特色社会主义的改革之路、发展之路。

## 四、 把握发展的横向逻辑， 弥补绿色短板

以立体视域观察中国治国理政的大逻辑，既包括历史发展的纵向主脉，也包括经济维度的横向系统。习近平同志依据新常态的纵向关系提出五大发展理念，勾勒横向逻辑，努力揭示和运用经济发展的客观规律。

问题导向是辩证的思维方式。创新发展、协调发展、绿色发展、开放发展、共享发展，是习近平同志针对经济新常态的新形势提出的新理念，既是针对我国面临的发展问题提出来的，又是对国内外社会主义建设经验的科学总结，符合社会主义发展规律和时代要求，不仅具有整体性、系统性，而且富有可操作性。从发展的进程看，发展理念决定发展道路，五大发展理念为我国今后的现代化建设指明了方向。为了明确五大发展理念的地位和贯彻要求，习近平同志又特别指出了各个要领和实施方向，即崇尚

创新、注重协调、倡导绿色、厚植开放、推进共享。它涵盖了生产力与生产关系的统一、经济基础与上层建筑的互动、人与自然的和谐，体现了遵循和驾驭经济规律、自然规律和社会规律的辩证统一。

深刻领会五大发展理念，应当弄清三个问题。第一，发展什么样的生产力？当然是先进生产力，用以往的观念理解，主要是技术水平高，生产效率高的生产工具、高素质的劳动力和畅销的产品。现在看这是不够的，还必须突出绿色，即生态化，并同相关的经济活动、产业配置相协调，以不断创新为支撑和新动力源，坚持可持续发展，占领国际竞争制高点。就是说，发展的标准与内涵在提升，这样才能体现“硬道理”。第二，依靠谁发展？与为谁发展相联系，既要全心全意为人民，又要依靠和充分调动人民群众的积极性。但也不是简单地粗放式发展，仅仅扩大劳动密集型产业，而是在依靠人民群众的同时，大力提高他们的科技素养、生态意识，包括培养、发现、依靠科技人才，提高生产力要素中的主要动力，也即劳动者的质量，把调动积极性与造就高素质劳动者的创新能力结合起来，尤其要突出激发科技人才的创新智慧。第三，通过什么途径发展先进生产力？不是再重复以往主要靠要素的高投入，而是在高水平上综合发展生产力，或称立体式发展生产力。这标志着生产发展方式进入高质量、综合性创新阶段。简括起来说，现代生产力的全面整体提升、综合发展应当有以下七个方面：

（1）扩展生产力存量，增加市场现在需求的产品数量，提高质量，淘汰落后产业和产品。

（2）解放生产力，通过深化改革，扫除发展生产力的障碍，不断增强发展的新动力（已论述），这是邓小平的创新，即“发展”生产力与“解放”生产力并提。

（3）创新生产力，主要是利用科技创新更先进的生产力，引领经济高质量整体发展。这是发展动力途径的转换，是时代的特殊要求。

（4）协调生产力，使产业间的平衡互动，促进生产力的布局合理，重要的是消除城乡二元结构，实现城镇化，优化生产力的空间结构，还要优化微观经济与宏观经济的整体协同。

（5）绿色生产力，即保持和优化生态环境，发展生态生产力，这是可持续发展的重要保证。这是社会发展理论中的最新要求，体现人与自然的和谐发展。

（6）保护生产力，主要是实现安全发展，并且要使这种保护机制系统化，这是现代经济生活中一个越来越突出的新问题。

（7）开放发展生产力，即面向世界，参与全球生产力发展，吸收国外最先进的要素，逐渐走向全球发展前列。在实际运行中，这七个方面互相渗透交叉、融合，全面体现了时代的特点和客观趋势。这种全方位多维度发展生产力，是对发展经济学和生产力学说的丰富，也是大国经济的特殊需求。

从实际情况看，创新、协调、开放、共享四个方面的发展思路清晰，成效显著，而绿色发展因难度大，又受制于自然规律，目前仍是发展的一大短板，需要下更大的力气研究和实施，有的难题（如空气、水、土壤污染，基本生活必需品的安全等）都需要科技攻关。绿色发展不是凭空突然提出的，而是在总结大量历史经验教训的基础上对自然规律的深化认识和自觉顺应、驾驭，是对人类历史上的生态问题的系统总结。

在对待自然问题上，恩格斯曾深刻指出："我们不要过分陶醉于我们人类对自然界的胜利。对于每一次这样的胜利，自然界都对我们进行报复。每一次胜利，起初确实取得了我们预期的结果，但是往后和再往后却发生完全不同的、出乎预料的影响，常常把最初的结果又消除了。"① 人因自然而生，人与自然是一种共生关系，对自然的伤害最终会伤及人类自身。只有尊重自然规律，才能有效防止在开发利用自然上走弯路。这个道理要铭记于心、落实于行。习近平同志总结历史教训指出："据史料记载，现在植被稀少的黄土高原、渭河流域、太行山脉也曾是森林遍布、山清水秀，地

①《马克思恩格斯选集》第3卷，北京：人民出版社2012年版，第998页。

宜耕植、水草便畜。由于毁林开荒、乱砍滥伐，这些地方生态环境遭到严重破坏。塔克拉玛干沙漠的蔓延，湮没了盛极一时的丝绸之路。河西走廊沙漠的扩展，毁坏了敦煌古城。科尔沁、毛乌素沙地和乌兰布和沙漠的蚕食，侵占了富饶美丽的蒙古草原。楼兰古城因屯垦开荒、盲目灌溉，导致孔雀河改道而衰落。河北北部的围场，早年树海茫茫、水草丰美，但从同治年间开围放垦，致使千里松林几乎荡然无存，出现了几十万亩的荒山秃岭。这些深刻教训，我们一定要认真吸取。”① 习近平同志强调指出：“改革开放以来，我国经济发展取得历史性成就，这是值得我们自豪和骄傲的，也是世界上很多国家羡慕我们的地方。同时必须看到，我们也积累了大量生态环境问题，成为明显的短板，成为人民群众反映强烈的突出问题。比如，各类环境污染呈高发态势，成为民生之患、民心之痛。这样的状况，必须下大气力扭转。”②

中国人口占世界的20%以上，除煤炭和个别金属元素外，其他资源均存在不同程度的短缺。石油和天然气人均占有量是世界平均水平的9%，耕地、淡水、森林只有世界平均水平的40%、27%，26%。石油净进口量为3.28亿吨，对外依存度达到60%，天然气净进口量为624亿立方米，对外依存度为32.7%③。我国人多资源少，不转变经济发展方式，将无法持续发展，而许多技术又为西方垄断资本所垄断。现在我国生产、生活的大生态环境几近面临灾难，严重的大气污染使人们很少见到蓝天，PM2.5高浓度等直接威胁到人民的健康，由此造成的发病率大大升高，这不能不说是大自然的报复。

从问题出发，自觉认识倒逼机制。必须遵循自然规律，大力建设生态文明，进而实现人与自然的和谐共生。这不仅关系当代人的生存环境、健

---

①《习近平总书记系列重要讲话读本》，北京：学习出版社、人民出版社2016年版，第231—232页。

② 习近平：《在省部级主要领导干部学习贯彻党的十八届五中全会精神专题研讨班上的讲话》，《人民日报》2016年5月10日。

③ 钱兴坤、姜学峰：《2015年国内外油气行业发展概述及2016年展望》，《国际石油经济》2016年第1期。

康需求，而且关系子孙后代的生存利益和可持续对自然的合理利用，关系全人类的利益，如大气污染、水污染、土壤污染、自然灾害的频发等等，也成为全国人民乃至世界人民最关心的问题。

为使绿色发展尽快落地生根，让人们尽快吸上新鲜空气、喝上清洁水、吃上有机食品、享受优美的环境，确保健康生活，首先应当遵循自然规律，并使经济规律与社会规律与之协调。为实现绿色发展，必须彻底转换我国传统的经济增长方式，建立低碳、循环发展的绿色生产方式。我国传统经济增长方式是一种粗放的线型经济模式，呈现“高投入、高消耗、高污染、高速度”与“低产出、低效率、低效益、低科技含量”的“四高四低”的突出特征。循环经济是绿色经济的现实载体，一种新的生产方式，它以生态学为基础，以“减量化、再利用、资源化”的“3R”为原则，形成大中小循环层次，构建了经济—生态—社会诸关系协调发展的链条，在客观上形成了与传统经济增长方式不同的经济关系和社会关系，这是当前和今后一个时期，我国走绿色发展道路的必然选择。绿色发展理念也是提升现实生活质量的迫切诉求，在理论上，也是经济学领域的一大创新，应该深化研究。“绿色”理念拓宽了生产力结构内涵和科学运用理论，开拓了广阔的资源利用空间，确立了长远与短期相结合的维度，创新了产业结构理论等。我们必须勇于从历史和现实的社会实际出发，遵循自然规律、经济规律、社会规律三大规律的辩证统一，实现中国特色社会主义政治经济学的理论创新。

最后，应当强调，领会习近平同志关于治国理政大逻辑的思维和方略，需要掌握科学的方法论，在普遍联系的复杂多变的现象中，抓住主要矛盾和矛盾的主要方面，既立体地统揽“纵”“横”“深”三个维度，注重整体性，又突出重点，主攻难点，积极地、有条不紊地推进中国特色社会主义伟大事业不断进步。

（原载于《马克思主义研究》，2017 年第 7 期；杨承训、乔法容）

# “第一动力”论的重大意义

习近平同志在2015年两会期间参加上海代表团审议时提出，“创新是引领发展的第一动力”。这一论述抓住了当今世界发展的重要特征，切合我国经济社会发展现实需要，是对科技创新作用的新概括、新总结，对于建设创新型国家、加快实施创新驱动发展战略具有重要指导意义，对于全面深化改革、适应和引领经济发展新常态具有重大推动作用。

## 一、 马克思主义经济理论的深化

关于科学技术的革命性作用及其发展规律，马克思和恩格斯曾做过精辟论述。邓小平同志根据时代发展变化，又做了进一步提升：“马克思讲过科学技术是生产力，这是非常正确的，现在看来这样说可能不够，恐怕是第一生产力。”这就把科学技术提到整个生产力体系中的首位，创新了生产力结构理论，为马克思主义经济理论注入了新鲜内容。习近平同志根据中国和世界发展新的实际指出：“创新是引领发展的第一动力。抓创新就是抓发展，谋创新就是谋未来。适应和引领我国经济发展新常态，关键是要依靠科技创新转换发展动力。”这就进一步将生产力结构排序引入现实经济发展动力系统，在理论上使“第一生产力”进一步嵌入经济运行，成为经济发展的“第一动力”。这一论述是对马克思主义经济理论的深化发展，为我国新阶段的经济发展提供了重要理论支撑。

“第一动力”论突破了“发展极限论”等绝对化观点。西方有一种观点认为，人类所能利用的自然资源越来越少，终将枯竭。这种观点具有促使人们节约资源的积极作用，但它静止地看待事物，过于悲观，有绝对化倾向。按照这种观点，广大发展中国家实现现代化、达到发达国家生活水平是世界上的资源难以支撑的，就会推导出发展中国家不要发展了的谬论。这也是西方有人制造所谓中国“发展极限论”的一个思想根源。显然，这种观点是站不住脚的。尽管在特定条件下，人类可以利用的资源是有限的，但科技创新可以突破此类限制。“第一动力”论引导人们向前看，通过科技创新，不断开发新的资源和提高资源利用效率，向生产的深度和广度进军。正如习近平同志指出的：“自古以来，科学技术就以一种不可逆转、不可抗拒的力量推动着人类社会向前发展。”

“第一动力”论突破了以供给或需求拉动增长的发展路径。西方经济学中的供给学派认为，供给本身可以创造需求，增加投资就可增加利润、开拓市场。但现实中，在资本积累规律作用下，消费需求严重不足导致供求矛盾不断激化，最终引发经济危机。对此，又有西方经济学家主张以扩张性财政政策等措施增加有效需求。这虽然可以一时缓解矛盾，却导致政府财政赤字过高，并向劳动人民转嫁负担，饮鸩止渴，引发滞胀。相比之下，发挥创新引领发展的第一动力作用，推动大众创业、万众创新，科学发展生产力，促进消费、扩大就业，提升广大劳动者满足需求的能力，使供给与需求联动，形成良性循环，能够为经济发展提供长期动力。而且，依靠科技创新可以提高劳动生产率，提高经济发展的质量和效益。

“第一动力”论将社会经济循环的“四环节”丰富为“五环节”。人类社会经济循环包括生产、分配、交换、消费四个环节，其中生产是第一环节。提出“第一动力”论，表明随着人类社会发展进步，原来蕴含在生产之中的科学技术独立出来，成为推动生产发展以及其他环节发展的第一动力。正如马克思所说：“劳动生产力是随着科学和技术的不断进步而不断发展的。”这就形成了社会经济运行的五环序列：创新—生产—分配—交换—消费。这是社会经济循环理论的重大创新。

“第一动力”论有利于发挥社会主义发展经济的优势。社会主义制度与科技创新有机结合，能够更好培育、发挥比较优势，转变经济发展方式，推动中国特色社会主义事业不断发展。与资本主义制度相比，社会主义制度具有强大的应变能力，不是通过经济危机而是通过科技创新来推动经济发展方式转变，改造、提升传统产业。习近平同志说：“老路走不通，新路在哪里？就在科技创新上，就在加快从要素驱动、投资规模驱动发展为主向以创新驱动发展为主的转变上。”

## 二、搭建释放“第一动力”的平台

提出“创新是引领发展的第一动力”，明确了新常态下“社会生产力水平总体跃升”的新着力点和转变经济发展方式的新轨道。我国经济发展新常态实质上是经济发展动力转换的阶段，需要把经济发展转换到依靠科技创新驱动的轨道上。

促使资源要素向科技创新集中整合。习近平同志说：“新世纪新时期，一些科技成果转化速度非常快，一些新产业爆发释放出巨大能量，使我们意识到必须推动要素集合，推动协同创新，形成创新力量。”如果我们不抓住“第一动力”，就会陷入被动和落后局面。因此，必须进一步明确资源整合的方向，引导各种资源要素向科技创新集中，主攻以新科技为动力的新产业。改变旧的发展定式，将科技创新真正摆在“第一”的位置，需要政府和企业明确优化资源配置的方向，在科技创新及成果转化上动真劲、善整合、多投入、见实效。

构建同产业链相辅相成的创新链。习近平同志指出：“围绕产业链部署创新链，消除科技创新中的‘孤岛现象’，使创新成果更快转化为现实生产力。”创新链是科技进步和成果转化的重要途径，也是科技、管理、经营有机集成的重要载体。创新链与产业链相连又相异，产业链一般是在成熟技术支持下的相关产业链条，创新链则包括基础研究、技术开发、中间试验、企业孵化（商品化）、规模化生产等环节。使创新链与产业链相适应，需要企业与研发机构联合，组成产学研乃至产学研金政联盟。“两链”融合从理论上讲有巨大综合效益，但在实际运作中往往不能很快获利，而且需要较大的前期投入。这就需要认真探索“两链”融合的具体路径，真正将创新链构建起来。

以大众创业、万众创新释放“第一动力”。习近平同志注重创新的层次性，要求基础研究和重大项目主要靠科研机构、大中型企业和科研骨干力量，打造创新高地；能够很快适应市场需求的创新型项目，多数要靠广大中小微企业和有一定技能的劳动者，支持大学生创新、创业。这可谓重大项目“顶天立地”，中小项目“铺天盖地”；不是一哄而起，而是一个有指导、有培训的过程，让创新者掌握一定的知识和技能，通过实践逐步提高。就空间结构而言，创新也有层次性。科技力量雄厚的大城市应发挥创新的领头雁和重要基地作用；其他城市和镇分层跟进，以雁行式格局有序展开，形成释放“第一动力”的纵深阵容。

## 三、健全发挥“第一动力”的体制机制

习近平同志强调，市场要活、创新要实、政策要宽，营造有利于大众创业、市场主体创新的政策环境和制度环境。这就要求以市场机制和社会主义制度优越性激发“第一动力”，破除体制机制障碍，推动经济社会发展。

破除体制机制障碍。使企业成为技术创新的主体，增强自主创新能力，更直接地面向市场，打通科技到产业的通道，需要破除体制机制障碍，遵

循科技创新规律和市场运行规律，尽快把创新活力更顺畅、广泛地释放出来。同时，发挥社会主义制度集中力量办大事的优势，使科技创新既充满活力又形成合力。

促进人才更好地成长和发挥作用。习近平同志指出：“人才是创新的根基，创新驱动实质上是人才驱动，谁拥有一流的创新人才，谁就拥有了科技创新的优势和主导权。要择天下英才而用之，实施更加积极的创新人才引进政策，集聚一批站在行业科技前沿、具有国际视野和能力的领军人才。”人才是科技创新的主体，领军人才尤其重要。必须破除对人才成长、流动和发挥潜能的束缚，同时改革教育体制，培养更多创新型人才。

完善科技创新成果分配机制。调动创新积极性，需要切实贯彻按劳分配为主体、多种分配方式并存的收入分配制度，实行生产要素按贡献参与分配，保护知识产权，鼓励以科技成果入股，以科学的分配机制鼓励创新，使科技人员的利益所得与创新劳动相匹配。同时，加强理想信念教育，焕发科技人员的爱国热情和集体主义精神，建设一支为中国特色社会主义事业而奋斗的科技人才队伍。

（原载于《人民日报》，2015 年 5 月 27 日）

# “第一动力”论引领政治经济学新突破

## ——兼谈经济学补科技短板

习近平总书记把握历史发展的大趋势，提出以新发展理念统领经济社会发展全局，并把科技创新摆在首位，揭示创新成为发展“第一动力”的规律性，将“第一动力”论升华为中国特色社会主义政治经济学的重要内容和基本观点，标志着社会生产力发展理论的飞跃。

### 一、关注“第一动力”引发的深层次变革

习近平指出，旧的路子走不通，要找新路，即发展由资源投入为主转变为以创新驱动为主。这不仅是对中国经济发展转型道路的概括，实际上整个世界也是如此。地球表层容易利用的资源愈加稀缺，而更深层、更广阔的资源（包括地球以外的）利用需要依赖日益高端的科学技术探知和运用，而且大自然的规律要求索取与保护兼容，缔造优良的生态环境。在我国发展是“第一要务”，而完成它的内生引擎则需要科技创新的“第一动力”。科学技术成为发展的“第一动力”，经济社会的处境、使用的手段、运行的形态、期求的效用等都会发生史无前例的变革，而中国特色社会主义制度能够利用最大的优势，促进“第一动力”创新，促进和引领经济社会发生质的变化。主要表现为以下几个方面。

生产力要素、结构、动力、布局高端化。以往讲的生产力三要素（劳动、工具、资源）将变为四要素，即加上科学技术，而且占主导地位；其作用将超越传统的“三驾马车”（投资、消费、出口）。新生产力的布局又向前所未有的更大空间、更深层利用进军，并以“第一动力”化解发展中的各类风险。

生态改善、环境优美、人与自然和谐化。人类面临着由以往掠夺式经营积累的环境污染和生态灾难，是需要依靠科技亟待解决的首要问题。科学技术是修复生态、合理利用自然、释放生态生产力潜力的最重要手段。

经济社会、发展模式、体制机制转型精准化。实现社会主义经济社会运行制度精准化，必须有科学技术向高端化突破，必然带来新的产业，新的生产方式（如循环经济）、生活方式和新的业态，必然催生更加适合于全面创新及向现实生产力转化的灵活高效的体制机制。

科技创新引领国内外市场竞争与合作链条化。高科技竞争将成为国内外高端竞争的主要武器，谁拥有先进的科技力量谁就能主导市场。科技创新日趋社会化，竞争又会促进合作，形成多种多样的产业链，展开连锁式链条竞争。综合国力的竞争说到底是科技创新的竞争，长远来看，世界社会主义的胜利最终取决于中国社会主义科技经济的压倒性优势。

高素质知识型产业大军发展全面化。人的发展实现全面化，消除脑力体力对立的畸形状态，是科学社会主义的追求。而唯有科技创新及其广泛普及，才能全面提高劳动者的素质，形成知识型、脑体结合的产业大军，成为新生产力的主体和结构合理的创新人才队伍。

多维预测、整体提升，引领资源配置最优化。科技创新促使市场和政府“两只手”最佳耦合，能够纵横深远多维度预测发展趋势和可能发生的风险，创新产业的组合形式，全面提高质量和效益，更加集约利用资源，创造“市场、政府、科技”三元机制，杜绝资源错配。

社会再生产新框架循环良性化。以往的社会再生产循环运动是由生产、分配、交换、消费四个环节组成，而现今科技创新成为“第一动力”，由它催生新的生产力，这必然改变社会再生产的框架，变为科技、生产、分配、交换、消费五个环节。这是经济理论和实践的重大变革。

推进国家治理体系和治理能力现代化。实现社会主义高水平治国理政，除了掌握马克思主义系统理论和现代管理科学之外，科技创新也是一个重要因素，即以现代科技素养造就治理人才，运用科技创新理念和现代科技手段（特别是信息工具），提升治理的组织程度和掌控能力，实施系统的网络式管理，正确处理各类矛盾，防控风险，实现长治久安。

从现实考量，科技实力决定着世界经济政治力量的对比，也决定着国家和民族的前途命运。面对新时代，社会主义中国应当发挥自身的优势，成为知识时代的领跑者。理论反映现实“第一动力”论应当融入中国特色社会主义政治经济学，创新重要篇章。

社会实践是检验真理的唯一标准。党的十八大以来，我国主要创新指标已进入世界前列，科技创新的系统能力显著提升。我国已成为全球第二大研发投入国和第二大知识产出国，开始成为世界创新的领跑者。2016 年我国全社会研发支出达到 15500 亿元，比 2012 年增长 50.5%，我国全社会研发支出占国内生产总值比重为 2.08%；国际科技论文总量比 2012 年增长 50.8%，居世界第 2 位；被引论文数和国际热点论文数双双攀升至世界第 3 位，8 个重要领域国际科技论文引用率排名第 2 位；发明专利申请量居世界第一，有效发明专利保有量居世界第三；全国技术合同成交额达 11407 亿元，科技进步对经济增长的贡献率增至 56.2%。科技创新对经济社会发展的支撑引领作用显著增强。

重大科技创新成果不断涌现，加快塑造发挥先发优势的引领型发展。我国在量子通信、光量子计算机、高温超导、中微子振荡、干细胞、合成生物学、结构生物学、纳米催化、极地研究等领域取得了一大批重大原创成果，并首次荣获诺贝尔生理学或医学奖、国际超导大会马蒂亚斯奖、国际量子通信奖等国际权威奖项，在基础研究领域的国际影响力大幅跃升。战略高技术捷报频传，载人航天和探月工程、采用自主研发芯片的超算系统“神威·太湖之光”、国产首架大飞机C919、蛟龙号载人深潜器、自主研发的核能技术、天然气水合物勘查开发和新一代高铁、云计算、人工智能等成就举世瞩目。

我国科技创新的整体能力显著提升，科技创新格局开始发生历史性转变：科技发展水平从以跟踪为主步入跟踪和并跑、领跑并存的历史新阶段，这是近代以来未曾有过的重大改变，表明我国的科技发展已踏上全新的历史起点；我国已成为全球多极化创新版图中日益重要的一极，在主动布局和全方位融入全球创新网络方面迈出了历史性步伐①。社会主义中国必将成为创新国家，领跑世界。

## 二、经济学人应当重视补科技“资源稀缺”的短板

高度重视科学技术的进步和创新，是马克思主义政治经济学的优良传统。马克思、恩格斯、列宁、斯大林、毛泽东无不把科学技术当作经济发展的重要标杆。邓小平明确提出“科学技术是第一生产力”的科学论断。习近平总书记面对新时代的新趋势、新特点，又从更高的角度做了进一步概括，他把创新作为发展的“第一动力”，排在新发展理念之首，提出抓住科技创新就是抓住“牛鼻子”，要全面实施创新驱动型战略。

从整体看，我国经济学界对科学技术是重视的。不过，确有一部分学者缺乏必要的科技知识和科技情结，至今有些人仍然将科技视作经济之外的次要因素，乃至将“第一动力”排在视野之外。在回答“科学技术从哪里来”这个问题时，有人认为：“在全球化背景下的中国产业技术发展的战

---

① 钟实：《创新驱动铸辉煌，科技强国启新篇——党的十八大以来我国科技文化创新取得的成就》，《求是》2017年第11期。

略与产业结构升级，可以充分利用经济全球化的机遇，利用全球知识储备，通过跨国公司的对外直接投资引进外国的先进技术推动产业结构升级。”有人指出：“像中国这样的发展中国家应该充分利用与发达国家的技术差距，通过引进技术推动本国的产业技术升级，这是一种现实可行、成本低、效益好的战略的选择。”还有人提出，自主研究开发还是引进外国技术究竟哪种方法比较好，主要取决于成本，取决于市场的选择。

这三种观点实质上是主张技术引进为主、自主创新为辅。当前，耗费国家最多财力、物力的是国有大中型企业，像能源、电力、采矿、钢铁、纺织、化工、重工业制造企业，几轮技术改造已经花了几千个亿，如果一味强调技术引进，不强调技术创新，20 年之后，我们的大型国有企业技术提升还是要靠买别人的技术吗？科技界的共识是，经济界如果持这种观点将后患无穷。如果企业不搞技术创新，最后就会造成企业不断地引进。这样下去，我国的企业怎么能在全球化竞争条件下脱颖而出？

关于这个争论，党中央明确提出“科技兴国”战略，提出实施自主创新、重点跨越、支撑发展、引领未来的方针，明确要进行三个方面的创新：原始创新、引进消化吸收再创新、集成创新。党的十八大以后，以习近平同志为核心的党中央更鲜明地提出以科技创新为“第一动力”，全面实施创新驱动战略，促进经济转型，从科技“跟踪”向“并行”“领先”转变。事实证明，这是中国特色社会主义跨越式发展的必选之路、中华民族复兴的必由之路。如果我国的科技战略规划按照那些错误主张进行，中国必定沦为西方霸权主义的技术殖民地，最后连国防安全都保不住。

从中我们应当吸取什么教训呢？第一，必须破除西方教条。动不动拿西方经济学观点（如所谓狭义的“比较成本论”）陈规来掣肘中国的发展，结果必是限制了自己的视野和思维方式。第二，要明确对科技知识和对科技能量的认识。要领会“科学技术是第一生产力”的真正意义，领会“创新是第一动力”的马克思主义重要观点。第三，认真研究时代的新趋势、新特点。总体上说，上述三种错误观点是科学“资源稀缺”的短板，这样“偏科”的经济学已经过时。

有的学者提出，从事经济学研究要学习经济史和经济思想史。这是对的。不过，经济思想史并非经济学家头脑中纯粹的主观演绎，而是客观经济生活的反映，折射当时经济发展的实际水平和需要；经济史也并非生产关系的孤立运行，而是首先由生产力发展起决定作用，而后形成生产力与生产关系相互作用的综合力量而发展。在生产力中，科学技术一直起着先导作用，只是长期被人忽视。自产业革命发生后，情况就不同了，科学技术起着越来越突出的引领作用，尤其是发展到现在，它成了先进生产力的基因，成为“第一动力”。所以，从事经济学研究不但应学经济史、经济学思想史，而且应当注重科技发展史及其对生产力、生产关系、人类生活的引领推动作用。这样才能全面运用历史唯物论，真实反映客观经济运行的本质。否则，经济学就只不过是一种偏颇的经济学，落后于时代。

## 三、 科技创新开拓中国特色社会主义政治经济学新篇章

如果认真研究马克思主义政治经济学思想的发展历程，可以清晰地看出习近平总书记继承和发展了马克思主义经典作家的思想。

追溯历史，最早把科学技术纳入政治经济学视域的是恩格斯。1844 年，24 岁的恩格斯在《政治经济学批判大纲》中，在分析商品的生产要素时，批判了排除科学（那时和技术往往统称）的三要素（即土地、资本、劳动）观点，认为：“劳动包括资本，此外还包括经济学家想也想不到的第三要素，我指的是简单劳动这一肉体要素以外的发明和思想这一精神要素。”他认为，在合理的制度下，精神要素当然会引入生产要素中，并且会在政治经济学的生产费用项目中找到自己的地位。同年恩格斯在其发表的《英国状况·18 世纪》中，详细分析了 18 世纪的科学状况（牛顿的万有引力定

律、天文学、光学、数学、化学、地球学等)，描绘了瓦特以来的多项发明及其对生产力的推动，然后他说："我们到处都会看出，使用机械法和普遍应用科学原理是进步的动力。"[①] 马克思在《资本论》《政治经济学批判手稿》《剩余价值学说》等一系列论著中，进一步做出"生产力中也包括科学""科学作为独立的力量被并入劳动过程"[②] 的著名论断。后来的列宁、斯大林、毛泽东都十分重视科学技术对生产力的推动作用。

大体上说，从马克思主义经典作家到习近平总书记对科学技术的评价共形成了三个高度。其一，科学技术是生产力。"劳动生产力是随着科学技术不断进步而发展的"[③]。其二，"科学技术是第一生产力"是新生产力的基因和"酵母"。其三，科技创新是发展的"第一动力"。习近平总书记进一步总结历史规律，指出历次产业革命都有一些共同特点：一是有新的科学理论作基础；二是有相应的新生产工具出现；三是形成大量新的投资热点和就业岗位；四是经济结构和发展方式发生重大调整并形成新的规模化经济效益；五是社会生产生活方式有新的重要变革。这些要素，目前都在加快积累和成熟中。即将出现的新一轮科技革命和产业变革与我国加快转变经济发展方式形成历史性交汇，为我国实施创新驱动发展战略提供了难得的重大机遇。

学习这一历史过程和领会习近平总书记的创新思想，应当解放思想，转变思维定式。一些经济学家总以为经济守则是万能的，单靠传统的经济手段、方式就可以解决一切问题。这种惯性思维好像"偏科大夫"，除了自己掌握的单项技能，别的现象、相互联系全然不懂。这是一种形而上学观点。因为客观事物本来是一个有机整体，互相联系，彼此互动，并非单因素存在和运行。犹如真正优秀的外科大夫，必须懂内科的原理，动一个手

①《马克思恩格斯全集》第1卷，北京：人民出版社1956年版，第607页。

②《马克思恩格斯全集》第46卷，北京：人民出版社1980年版，第211页。

③ 马克思：《资本论》第1卷，北京：人民出版社2004年版，第698页。

术必须掌握对象的全部身心状况。人为地分科是研究的需要，但不是客观事物全貌。自然科学如此发达，技术进步如此神速，已经直接深刻地影响经济社会生活，乃至取代原有的发展动力、经营方式、自然环境、劳动者素质等。旧的惯性发展方式已经严重制约了经济发展，而学者自身的思维如果仍然局限在狭小的圈子里，必然落后于时代。

如何正确地将科技创新融入中国特色社会主义政治经济学？这是我国经济学人的历史任务。笔者以为可从以下八个方面考虑。第一，解析科技创新成为发展“第一动力”的原理，为何替代原有的传统动力？其动力源泉在哪里？要从根本上阐释清楚科技创新成为发展“第一动力”的必然性、可能性及其对经济社会大循环的影响。第二，科学技术自身发展的规律、机制及其同经济整体的关系，这就要探研它作为生产力第一要素发展演进的特殊性，不是研究部门科技的特殊规律（如能源、生物等），而是科技发展的普遍性机制，以便在其发展中把握其演进的节点。第三，科技创新在发展中占主导地位之后，引发的经济社会的变化，包括业态、方式、阵容、就业、消费结构和质量等，特别是优化生态、循环利用引起的经济组织结构的变化及对它的自觉调整。第四，新时代国际科技飞速发展的潮流，揭示其深层原因、竞争趋势，研究科技进步和应用的不平衡规律，总结各国发展的经验和教训，洞察新的科技革命和产业革命的新趋势。第五，阐明科技发展的第一资源——人才发展的规律和机制，提高劳动者素质与人全面发展的关系，组织新产业大军的趋势和可能遇到的风险。第六，研究科技创新、应用、普及要求的深化体制改革及它同经济社会全面改革的关系，建立起灵活高效的新机制。第七，科技创新的两重性，科技在给人类带来正效应的同时又会带来什么风险，如何捕捉二者的平衡点，系统保护先进的生产力。第八，社会主义制度在推进科技创新和应用上的优势，同资本主义制度多方对比，总结我国科技经济发展的经验，并上升为系统理论。要承担这样的任务，除了认识它的重要意义和树立责任感以外，还必须有一定的科技知识素养，这恰是经济学界普遍存在的最大短板，用经济学的语言说，可谓科技“资源稀缺”，应考虑从以下几个方面补上短板。

——认真学习习近平总书记关于科技创新的系统论述。有针对性地解决认识问题，提高科技创新成为推动经济发展主要动力的自觉和自信，转变思维定式。

——学习科普知识，懂得科技发展的一般趋势和普通常识。科技门类很多，不要求全部深化了解，但应当学习一般理论，也可请一些科技专家做一些讲解。有关部门应适当组织这类科普活动，举办一些短期培训。

——经济学人（包括教师、研究工作者）与科技人员交叉合作，承担共同攻克的一些项目，实现学科交叉、优势互补。这是一个补短板的捷径。有些交叉性课题，可以适当组织多学科人员共同参与。

——从事政治经济学理论的研究人员，特别是高级专家，最好能比较精通一两门部门经济学，如农业经济、工业经济、企业管理、信息经济、生态经济、世界经济、区域经济、科技经济、安全经济等。这些学科都需要大量的自然科学和某些具体技术，参与研究其中将在无形中督促自身主动学习有关科技知识、了解相关学科发展的趋势。

——领导机关应当做一些顶层设计，有计划地组织相关活动，绝不可像习近平总书记所批评的那样：“脚踩西瓜皮，滑到哪里算哪里。”这对于领导机关、高等院校来说，并不是一件困难的事。关键在于抓，切实帮助经济学人补上科技这个短板。

（原载于《世界社会主义研究》，2017年第8期）

# 深刻把握经济协调发展规律

## ——兼析“新自由主义”否定产业政策的理论谬误

习近平总书记提出的五大发展理念，体现了对新的发展阶段基本特征的深刻洞悉，体现了对社会主义本质要求和发展方向的科学把握。当前，我们要把思想和行动统一到新发展理念上来，努力提高统筹贯彻新发展理念的能力和水平。对不适应、不适合甚至违背新发展理念的认识要立即调整，对不适应、不适合甚至违背新发展理念的行为要坚决纠正，对不适应、不适合甚至违背新发展理念的做法要彻底摒弃。前段时间经济理论界关于要不要产业政策的争论，焦点在于政府与市场边界，而更深层次涉及的是，协调发展是不是社会主义市场经济的优势和规律等问题。

### 一、 事实验证： 否定产业政策理论的真伪

我们首先用国际经济发展的历史事实做比较验证。

先看发达资本主义国家。西方发达资本主义国家的发展是从非协调的畸形经济开始的，使本国和全人类为之付出巨大的代价，现在的世界经济不协调、资源短缺和环境污染就是它们几百年积累遗留的恶果之一。下面举出几个国家实例：

英国作为第一个称霸世界的国家，其市场主要在国外，靠广大的海外

殖民地弥补其国内的短板。即使这样，国内的供给与需求经常严重失衡，劳动人民贫困消费不足造成生产过剩。从 18 世纪末开始，就有了微弱的产业政策，着力发展轻纺工业，但仍未克服不协调的弊端。1825 年发生了第一次经济危机，以后大致每 10 年一次，渐渐落后于德国、美国。

美国是后起的发达资本主义国家，其经济畸形主要表现为过度虚拟化。继 1929 年至 1932 年世界性危机之后，2008 年发生了金融危机，殃及世界，至今复苏乏力，持续时间超过了 20 世纪 30 年代的大萧条，不仅加剧全球两极分化，而且把不平衡推向极致。

日本经济更为畸形。本国缺少资源，后走向军国主义。战后靠美国在朝鲜、越南战争的特需订购及扶植，扩大对外贸易，发展较快，但一直未克服市场失衡问题，造成“失去的 30 年”。

上述资本主义国家的经济失衡，根源在于资本主义基本矛盾，即生产社会化与私人占有（特别是大资本垄断）的矛盾，为追求资本家的利益自发造成经济不协调，其后来的产业政策虽有所纠偏，但无法阻挡大资本追求私人利益造成的失衡。虽然平均利润率规律的作用，可以促进一时的平衡，但却是通过弱肉强食的竞争，以很多企业破产、广大工人失业为代价实现的。从 20 世纪 50 年代开始，西方各国都在强化产业政策，而且有短暂的协调发展时期，出现过顺利快速增长，但出于大资本的利益，不可能从根本上自觉地实现协调，这是它固有的弊端。

再看“二战”后的众多发展中国家。由于霸权主义国家的操纵，无论是贫国还是较为富裕一些的国家，多数都有发展不协调甚至畸形化的顽症。按照世界银行提出的“中等收入陷阱”的概念，即人均 GDP 大体进入中等收入之后，增速下降，经济滑坡，矛盾凸显。从历史数据看，1960 年达到中等收入的百余个国家中，后来只有 13 个成为高收入经济体，其余 87% 落入所谓“陷阱”。与其说是由数量变化造成的陷阱，不如说因结构不协调造成的矛盾复杂化、尖锐化。这些国家虽然都取得独立地位，但掌权的是资产阶级，不少国家是大资产阶级集团控制；对外还不同程度地依靠垄断资本主义的发达国家（如依赖外国投资），多为国内畸形发展（如贸易立国、产品单一等），基础设施落后，两极分化突出，加上不同党派轮流执政，缺乏长期规划和处理矛盾的能力，不能及时主动转轨调整经济结构，使得局面无法收拾，掉进了不可自拔的陷阱，这与不能协调发展关系极大。比如：

阿根廷由于在关键时节未抓住工业化发展的契机，从当时一个经济高度发展的国家沦落为发展中国家，至今未恢复元气。阿根廷拥有大量丰富的农牧业资源，因此其经济发展更多的是依赖农牧业产品出口，1929 年前的几十年，阿根廷成为世界上最重要的农产品出口国之一。但是，由于忽视了工业的发展，丧失了二战前后的两次工业化机会。特别是 20 世纪 90 年代接受了新自由主义的"华盛顿共识"，实行私有化、金融自由化，资金大量流入金融体系，形成庞大的投机资本泡沫，给国家金融带来巨大冲击，政治动荡，社会问题增多，经济发展长期萎靡不振，成为"中等收入陷阱"的典型。

巴西经济协调失当致使经济大幅萎缩。曾经创造了经济"奇迹"的巴西，遭遇麻烦重重。主要原因有：其一，巴西有优越的"天然禀赋"，依靠原油、铁矿石、大豆、咖啡豆、肉类、糖等产品出口来支撑经济，由于近年来世界经济疲软，出口额连续下跌；其二，在收入水平较低、工业不成熟的背景下实施去工业化，第二产业在经济中占比仅为 23%，而服务业占比高达 71%，远高于大多数新兴经济体，形成了产业的"偏颇繁荣"；其三，基础设施建设的落后拖累经济增长；其四，金融、财政政策失当。由此，落入"陷阱"。

印度一直未全面实现工业化，虽然第三产业获得长足发展（早已超过 GDP 的 50%），但基本上还是农业国，农村人口大体占 60%。电子信息业迅猛发展，主要服务于发达国家，但其基础设施相当落后。从表面上看，其增长速度不算低，但却掩盖着深层次矛盾，尤其是人口增长过快，人均收入较低，贫富分化严重，隐藏着危机。

同样，这类国家也有这样那样的产业政策，但因产业政策多是维护大资本家的利益，其协调功能软弱无力。

最后看原有社会主义国家，主要以苏联为例。该国走向另一个极端，即计划经济体制下管得过死的产业政策，一直片面优先发展重工业，特别是军工工业，农业、轻工业落后，产业结构畸形化，市场供应一直紧张。苏联解体后，虽然留下了强大的重工业体系，但由于结构不协调，西方国家的代理人强行实施“休克疗法”，政府完全放弃调控，对市场“大放羊”，结果通货膨胀5000倍，生活物资匮乏，经济陷于快速崩溃之中，新自由主义最彻底的“试验田”完全失败。“休克疗法”被强行终止后，俄罗斯主要靠石油出口维持经济增长，而当国际石油价格下滑后出现了很大的困难，美国等西方国家的经济制裁又雪上加霜。其他东欧小国，也因其产业结构不协调，产品单一，先后出现经济困境，不得不依赖西欧国家。

上述事实说明：第一，在资本主义制度下，其基本矛盾决定不可能有真正的协调发展；第二，在其发展中也有这样那样的产业政策，但都不能从根本上克服不协调的矛盾，有时还加剧了不平衡；第三，计划经济体制下过于僵化的产业政策又人为地造成经济畸形化；第四，协调是社会化生产的客观要求；第五，实现好协调发展必须自觉使市场和政府“两只手”耦合，关键在于“产业政策要准”。

## 二、理论辨析：协调发展的内在规律与必然

对于协调发展问题，新自由主义“精英”们的主要观点：一是不需要协调；二是即使需要协调也要依靠市场的自由发展，不需要宏观调控和产业政策干预，政府作用要压缩到最小；三是产业政策和国有企业是市场功能的最大妨害，必须彻底私有化、自由化。这是市场原教旨主义的重要观点，都是违背客观规律的。

（一）协调发展是生产社会化的客观要求

协调是持续健康发展的内在要求。习近平总书记指出，协调既是发展手段又是发展目标，同时还是评价发展的标准和尺度；协调是发展平衡和不平衡的统一，由平衡到不平衡再到新的平衡是事物发展的基本规律。这可以看作是对协调发展理念的总概括。需要防止的误解是，这里所说的“平衡”是动态平衡，不是绝对平衡。

“协调”的概念既代表一种良性状态，又包含达到这种状态的动力、手段和过程。所谓协调发展，就是整体经济中的各个子系统，各种要素、各个层面相互适应，产生 1 +1 >2 的整体组合效应，形成更大的合力，而不致互相摩擦、消耗或差异过大形成畸形化，造成内耗，而且此种状态又是经常性的动态过程。这是各种系统维系、运行和发展的一种重要机制和规律。

从马克思主义哲学高度上认识，协调理念的基础是辩证唯物主义揭示的“普遍联系”和对立统一规律。任何系统必须具有协调机制才能保证系统的存续、运行和发展，而协调机制的衰退、变异或破损必然导致系统的恶化乃至毁灭。这是客观规律。在自然系统中普遍存在着这种协调机制或称制衡机制。人类的社会经济是一种复杂的巨系统，存在着协调客观要求和机制，然而它与自然系统的重要不同点是人的参与和作为起着主导性作用。社会经济的协调性是社会性、社会化的一个根本特征，是普遍现象，只是有隐有显，人们常常不能自觉认识罢了。

事实表明，社会化生产超出个体经济的范围，整体性要求日趋突出，客观上要求社会经济成为各个经济部分的联结互动的有机整体。这就必须协调各类经济部门和经济主体行为，减少它们之间的掣肘和摩擦，形成质、量、度、时、力等各个方面互依互动的良性关联，构建运行及发展的良性合力和协调状态。

（二）资本主义以波动和危机实现相对协调

协调是生产社会化的客观要求，而实现协调状态就需要必要的动力、手段和过程。经济发展是与社会化程度提高相并行的，两者相互依存相互促进，因而协调的客观要求也就相应提高。

在资本主义社会，特别是产业革命之后，社会分工和社会关联程度都空前增大，客观上更需要加强各个方面的联系和协调。但是，资本主义社会的基本矛盾是生产社会化与私人占有的矛盾，生产社会化要求整体性、协调性，但私人占有生产资料，特别大资本的垄断，各经济主体却不顾整体利益而各自进行着逐利的博弈，这必然妨碍、割裂、扭曲社会联系，严重影响整体协调。矛盾积累到一定程度，就会形成周期性经济危机，甚至殃及全世界。资本主义各国为了克服严重的不平衡也不得不制定实施一定的产业政策，但无力达到合理的程度。

马克思主义经典作家十分重视并善于运用唯物辩证法来认识和探索人类社会发展中的矛盾运动规律。比如，马克思提出，社会再生产分为生产资料生产和消费资料生产两大部类，两大部类必须保持一定比例关系才能保证社会再生产顺利实现。这揭示了隐藏在市场背后的“大比例”关系，是一种趋势，不是固定、刻板的定量比例。实际上，在资本主义市场经济的背后隐藏着保持“比例”关系是客观要求，但它不可能自觉地去符合这种要求，只能自发地被倒逼去“适应”这种要求，并付出包括经济危机等在内的沉重代价，而且这种“比例”难以达到客观需要的良好程度。

### （三）社会主义市场经济协调发展的必然性和特殊性

协调发展是基于发挥社会主义本质优势的重要理念和机制，自觉协调是社会主义经济的一大优势。然而，这一认识的形成有一个历史过程。各个时期的实践证明，要求比例过死就易走向僵化，不应当把比例关系看得过死。随着对社会主义经济发展规律的认识逐步深化，越来越凸显实现协调发展与政府的正确产业政策分不开。

现在，中国实行社会主义市场经济，既科学地利用市场经济的活力，又充分发挥社会主义的优越性。这里提出了一个重大的时代命题，即如何把握经济发展自身的不平衡和自觉协调的关系，促进社会主义经济的健康发展。

党的十八大提出了中国特色社会主义事业“五位一体”总体布局，以习近平为核心的党中央从坚持和发展中国特色社会主义全局出发，立足中国发展实际，坚持问题导向，逐步形成并积极推进全面建成小康社会、全面深化改革、全面依法治国、全面从严治党的战略布局。统筹推进“五位一体”总体布局和协调推进“四个全面”战略布局等，都体现了我们对协调发展规律认识的不断深化，体现了唯物辩证法在解决我国发展问题上的方法论意义。

党的十八届三中全会提出了“使市场在资源配置中起决定性作用和更好发挥政府作用”的论断。对此我们的理解是：广义地说，市场是所有的供求和交换关系的总和，既包括有形的市场载体，也包括无形的市场机制，因此经济运行中特别是在其微观层面，市场对资源配置起着决定性作用；但市场并不是起全部作用，还必须有政府的引导和调控。市场有强大活力和便捷性，其背后反映着客观的供求关系，但又有很多缺陷，只有恰当地与政府作用组合运用才能取利除弊。为此，要找准市场功能与政府行为的最佳结合点，切实把市场和政府的优势都充分发挥出来，更好地体现社会主义市场经济体制的特色和优势，努力形成市场作用和政府作用有机统一、相互补充、相互协调、相互促进的格局。我国实行的是社会主义市场经济体制，应当坚持发挥社会主义制度的优越性，发挥党和政府的积极作用。科学的宏观调控、有效的政府治理是发挥社会主义市场经济体制优越性的内在要求。政府的职责和作用主要是保持宏观经济稳定，加强和优化公共服务保障公平竞争，加强市场监管，维护市场秩序，推动可持续发展，促进共同富裕，弥补市场失灵。

协调发展规律体现着市场经济的自发社会性与社会主义制度的自觉社会性之间的有机耦合，不平衡的突进和调制平衡的协调相统一，可以发挥两者优越性的组合效应。在社会主义制度下，市场与政府如何协同，使两者优越性充分发挥以取得更佳效果，是一个需要经常探讨的重大课题。

社会主义市场经济的运行和发展中遵循协调发展规律，必须把握其特殊性：一方面要求调控各子系统在质、量、时、力等多个维度上的适当比例关系、协同关系；另一方面也要正确对待发展的动态性，把波动限制在适当的区间，并有足够的自觉性、预知性，避免和克服由较大经济波动、经济危机造成的动荡。这就得善于用好市场和政府“两只手”，制定和实施正确的产业政策，同时要发挥科技创新的引导和优化作用，以避免或减少内阻和内耗，取得最佳的经济效益、社会效益、生态效益和民生效益，更好把握中国特色社会主义大目标。

综上所述，协调发展是社会主义市场经济的一条客观规律，精准的产业政策是实现这一规律的重要手段。新自由主义否定产业政策，实质上是否定社会主义市场经济的规律。

（原载于《经济日报》，2017 年 6 月 26 日）

# 系统协调多维汇力的区域发展理论

## ——中国特色社会主义政治经济学一大创新

早在一百多年前，恩格斯就从社会化生产力发展的大趋势出发，提出未来社会主义要“按照一个统一的大的计划协调配置生产力”①。而今，习近平总结历史经验，进一步提出内涵更加丰富的“协调发展”的理念，构成新发展理念总体（规律体系）的重要内容，其中区域协调发展又是整体协调发展的有机组成部分。中国特色社会主义区域发展理论产生于中国社会主义建设实践，而主要是伴随着改革开放的步伐形成的新理论体系。现在，“统筹区域发展”构成科学发展观总体重大统筹之一。我国在区域发展上的创新，概括起来就是：以马克思主义为指导，立足于中国实际，贯彻落实新发展理念，运用“两只手”和科技创新统筹协调区域发展中的特殊关系，构建和优化社会主义市场经济的空间结构和城乡一体化格局，形成全国整体综合优势，通过全面发展实现区域间共同富裕与和谐关系，简称“系统协调多维汇力的区域发展理论”。它超越了西方经济地理的传统区域发展理论，具有鲜明的时代性、整体性、多维性、科学性、实践性。

① 《马克思恩格斯选集》第3卷，北京：人民出版社1995年版，第646页。

## 一、 基于中国社会主义优势的协调多维空间新理念

中国特色社会主义区域经济发展理论，一方面借鉴了西方经济地理中的有益成分，另一方面更重要的是立足实践，运用辩证思维全面实现创新，破除了西方传统教条。

区域经济发展理论是经济地理学的一个分支，既属于应用经济又属于理论经济，既有社会科学内容又有自然科学内容。它在各国都有重要用场，特别是对于发展中国家更为重要，对幅员辽阔、发展又十分不平衡的中国则具有特殊意义。综览西方的区域发展理论，主要以经济地域空间差异为研究对象。区域经济本来就是大国经济发展非均衡的表现。这种研究在国外是从 19 世纪 20 年代开始逐渐发展起来的。从 19 世纪 20 年代开始到 20 世纪 50 年代末之间，比较有影响的经济学家及其相关的理论主要有：德国农业经济和地理学家约翰·杜能在 1826 年发表的著作《孤立国同农业和国民经济的关系》中提出的“农业区位论”，1957 年冈纳·缪尔达尔在著作《经济理论和不发达地区》提出的“累积因果论”，1958 年艾伯特·赫希曼在著作《经济发展战略》中提出的“核心与边缘区理论”，1960 年沃尔特·艾萨德提出的“国家干预政策”等。这段时间的研究主要从孤立的角度来分析某一区域经济的发展。20 世纪 50 年代末开始到 21 世纪初，国外研究主要关注在区域经济增长与区域间均衡发展、区域发展战略和综合布局、区域经济研究的数学模型这三个领域。其中，约翰·弗里德曼在 1966 年的著作《区域政策》、埃德加·M. 胡佛在 1975 年的著作《区域经济导论》、G. H. 鲍茨和 L. J. 斯坦因的著作《自由市场条件下的经济增长》、1965 年美国经济学家约翰·威廉姆森的著作《区域不平等和国家发展过程》、1955 年弗朗索瓦·佩鲁的著作《略论增长极概念》等均围绕着区域经济增长与区域间均衡发展这个领域提出了各自的建设性分析。而 M. 汉森在 1972 年的

著作《区域开发中的增长极核》、P. 劳埃德在 1977 年的著作《空间区位》、S. C. 帕特赖克在 1981 年的著作《第三世界国家区域开发与规划经济学》、H. W. 理查森的著作《区域增长理论》等围绕着区域发展战略和综合布局提出了各自的观点。1978 年布朗的《区域——国家经济模型》、1977 年 M. D. 因特里格特的《经济模型技术与应用》是围绕着区域经济研究的数学模型进行研究。

现在用当代马克思主义视域考量，西方区域发展理论有一定的科学性和实用价值，但已呈现重大缺陷：①脱离社会基本制度，追求纯粹的自然属性，使人们陷入“地理决定论”，已不符合实际；②缺乏整体系统性，而单靠某一方突破，具有单向思维的片面性，实际成效并不多；③落后于时代（至少半个世纪），它们研究的是平面二维空间，而现代科技的发展早已突破二维，即从平面到立体到多维空间，特别是信息、航空、输电、宇航等高科技早已形成日益广阔的多维空间；④其方法论是以不平衡求突破，实际应用中缺少系统配套，往往造成新的空白，如孤立的增长极、点——轴式单向发展会加深二元结构，一些发展中国家已经出现这类情况（如阿根廷、巴西、印度等）；⑤尤其不能完全适应中国这样的社会主义大国，幅员辽阔、区域多层多样、自然禀赋差异很大，发展极不平衡，单靠一条简单的公式是无法实现协调发展的。所以，这种理论模式在世界上并未得到推广应用（如富饶的中东已成为“失去一代”的地区，至今也未用这类不对症的药方），而在中国更必须创新自己的区域发展理论和方略。

中国的区域发展理论创新是在实践中逐步积累起来的，从毛泽东开始，以后经过几代领导人和学者致力实践和研究，特别是习近平提出新发展理念和系统的治国理政新思想新战略，逐步形成系统的崭新区域发展理论。其主要特点表现为：①把区域发展同社会主义的共同富裕联系起来，以人民为中心而不是以资本为中心，充分体现社会主义本质和优势；②以唯物主义辩证法为指导，运用普遍联系、平衡不平衡、矛盾主次辩证法等，使之更加科学；③以全国一盘棋的战略思想统领将顶层设计与分层实施结合起来，既有重点突破又有配套措施；④突出时代性，充分运用科技创新“第一动力”，构建平面、立体、多维的空间布局，远远突破平面思维的发展观；⑤统筹国内外两个大局，将国内区域发展与深植对外开放紧密结合起来，形成互动机制；⑥辩证地运用“两只手”，既发挥市场在配置资源中的决定性作用，又正确运用政府作用，同时引进科技优化配置资源的功能；⑦将绿色发展、优化生态作为区域协调发展的重要原则，实现经济发展与环境友好的一致性；⑧从实际出发，有计划分层次分步骤推进，形成有条不紊的协调开发秩序；⑨方法论是不平衡与平衡的辩证统一，构成互动将多方协调汇成一种巨大合力，充分发挥社会化生产与社会化生产关系相统一的社会主义优势。总体上是基于社会主义本质和优势的系统协调多维汇力的区域发展崭新理论。

显然，在区域发展理论上存在两种不同的研究路线：一种是单线思维，仅想以“点—线”孤立地促进区域发展，而丝毫不联系社会制度；另一种是系统协调思维，以社会制度与经济地理综合考量多维空间，全面配套推进区域发展。下面分大区域之间的协调发展和城镇化道路两个部分论述。

## 二、中国特色社会主义区域发展十大创新

经过近 70 年的社会主义建设，特别是改革开放近 40 年的实践，中国已经形成特有的区域发展理论，初步梳理中国特色社会主义区域发展理论与实践有十大创新。

1. 以共同富裕、共享发展作为区域协调发展的总基调，体现社会主义本质。一切为人民是我们党和社会主义制度的宗旨。邓小平在讲以先富带共富、防止两极分化时专门强调逐步实现地区的平衡发展，以后几代领导人贯彻了这一全面发展、共同富裕的观念，一直把消除地区收入差距作为

重要课题。这就是区域发展观念上的重大突破。如以往讲分配主要是个人消费品的分配，现在要把区域之间的宏观分配囊括进来。努力缓解地区之间和部分社会成员收入分配扩大的趋势，不仅体现在个人收入分配上，而且体现在基本公共服务产品，通过财政转移支付再分配手段实现均等化上。这就把区域发展与社会主义分配统一起来，既丰富了分配理论（通过初次分配和再分配支持落后地区），又谱写社会主义区域发展理论的新篇章，辩证地处理好效率与公平的关系，构建社会主义和谐社会。

2. 全国一盘棋，利用不平衡实现相对平衡，形成全国的合力。区域发展不平衡是中国经济二元结构在更大空间的表现（与城乡二元结构相对应）。其形成除自然历史条件以外，主要是市场配置资源的作用，这就是“看不见的手”。发展不平衡是市场经济的客观规律。如果违背这条规律，人为地过快强求区域平衡发展，不仅实现不了平衡，反而会抑制整体的活力。基于这个认识，邓小平指出，“共同富裕的构想是这样提出的：一部分地区有条件先发展起来，一部分地区发展慢点，先发展起来的地区带动后发展的地区，最终达到共同富裕。”① 同时，要求支持西北、西南困难地区。从不平衡到相对平衡的波浪式发展是事物发展的普遍规律，这在市场经济下的区域发展中表现得十分明显。然而，单靠市场自发实现平衡是相当缓慢的，必须运用好“两只手”。1988 年，邓小平明确做出“两个大局”的概括：“沿海地区要加快对外开放，使这个拥有两亿人口的广大地带较快地先发展起来，从而带动内地更好地发展，这是一个事关大局的问题。内地要顾全这个大局。反过来，发展到一定的时候，又要求沿海拿出更多力量来帮助内地发展，这也是个大局。那时沿海也要服从这个大局。”② 这就叫“全国一盘棋”。如果说第一个大局主要利用“看不见的手”，那么第二个大局则是主要靠“看得见的手”，即政府的力量，凸显了社会主义可以集中力

①《邓小平文选》第 3 卷，北京：人民出版社 1993 年版，第 373—374 页。

②《邓小平文选》第 3 卷，北京：人民出版社 1993 年版，第 277—278 页。

量办大事的优势。

3. 根据大区域的不同特点组团推进，因地施策，统分结合，各得其所。大体上是区分五种类型实施区域发展的总体战略：深入推进西部大开发，全面振兴东北地区等老工业基地，大力促进中部地区崛起，积极支持东部地区率先发展，加大对“老少边穷”地区发展的扶持力度。这种组团式“切块开发”的理论体现共性与个性的对立统一，在大一统的国家内突出矛盾的特殊性，形成分工合理、特色明显、优势互补的区域产业结构，推动各地区共同发展。改革开放之初，实行东中西三大地带梯度推移，主要是靠市场配置资源的作用；后来实行的西部大开发和中部崛起的政策，则转为“反梯度推移”，主要靠政府支持。再如以习近平为核心的党中央提出京津冀协同发展战略，有利于克服长期积累的区域发展不平衡状态，有利于带动全国发展和增强这一协同发展的核心功能。这都体现运用“两只手”和“全国一盘棋”相统一的思想，是西方区域发展理论所没有的。

4. 建立区域间互相促进、优势互补的互动机制，通过多维空间在全国实现统一资源配置，构建和完善全国统一的大市场（包括虚拟市场）。运用市场机制、政府的宏观调控和科技手段，引导生产要素跨区域合理流动，注重发挥社会主义协作精神，既开展地区间的竞争、突出各类区域的特色，又实现合作互补、各方共赢。这里包括建立五种机制。一是健全市场机制，把市场机制作为实现区域协调发展的根本途径，全国形成密织的交通网（如八纵八横的铁路网、公路网等）；二是健全合作机制，将合作机制当作实现区域协调发展的重要途径；三是健全互助机制，把互助机制视为实现区域协调发展的重要补充；四是健全扶持机制，将扶持机制作为实现区域协调发展的重要手段；五是全国统一配置资源，如南水北调、西能东输，开发海洋、治理荒漠、通过地下管道输送油气、依托量子通讯承载资金流、构筑虚拟市场等等，创造世界奇迹。这五大机制是实现东中西区域及多维空间协调互动、优势互补、互相促进、共同发展的重要途径。特别要求扩大发达地区对欠发达地区对口援助，形成以政府为主导、市场为纽带、企业为主体、项目为载体的互惠互利机制。

5. 充分体现绿色发展，优化全国生态环境。区域功能定位，这是中国区域规划的新亮点。根据资源承载能力、现有开发密度和发展潜力，统筹考虑未来我国人口分布、经济布局、国土利用和城镇化格局，将国土空间划分为四类功能区，即优化开发、重点开发、限制开发、禁止开发四类主体功能区。功能区是指基于不同区域的资源环境承载能力、现有开发密度和发展潜力等，将特定区域确定为特定主体功能定位类型的一种空间单元。在全国国土空间结构上，一般可以划分为经济区、农业区、生态区等，在单个城市空间结构上，可以划分为居住区、工业区、商业区、旅游休闲区、自然保护区等。划分功能区主要应考虑的要素有：自然生态状况、水土资源及能源保障状况、区位特征、环境容量、现有开发密度、经济结构特征、人口集聚状况、参与国际分工的程度、地缘特征等。明确不同区域的主体功能定位就是要在东中西部和东北地区总体区域发展战略布局的基础上，根据资源环境承载能力、现有开发密度和发展潜力，规划不同区域主体功能区划，逐步形成不同区域主体功能清晰，发展导向明确，开发秩序规范，经济发展与人口、资源环境相协调的区域发展格局。

6. 纵向发挥多层次区域奋进发展的积极性，横向各省区实施以提升中心区优势为重点分层逐波扩散的多种模式（简称“差异模式”）。由于中国的版图特别大，并不像西方发展经济学和区域经济学所说的那么简单，我国的一个省比多数国家的整个国土都大得多，必须区分层次发挥多方面、多单元的积极性，在全国大的网络格局中构建区域内部的大城市—中小城市—小城镇群组成的网络结构。鉴于此，提出正确处理中央和地方的关系、各大区域之间的关系，以及具体政策（包括财政、金融、产业等），既坚持原则的统一性，又不搞“一刀切”，赋予一定的灵活性（尚需改进），多层次发挥优势和积极性，发展特色经济。在沿海区域注重发展海洋经济

（我国300多万公里的海洋，内陆区域突出陆路、航空建设），发展优势，补上短板，突出各自的鲜明特色。

7. 运用科技创新的“第一动力”，构建多维空间结构，突破传统的平面联系形式。把优化区域发展的外延（布局形式）与提升内涵结合起来，充实区域“立体结构”“多维结构”，由比较优势论发展为动态的创新优势、综合比较优势论和竞争优势论。中国特色区域发展理论创新的一个重要方面不是就区域论区域，只讲区域布局不讲发展的内质，而是充分利用现代高端科技把优化外延与提升内涵紧密结合起来。如果说区域的布局主要表现的是区域发展的外在形式，那么，经济质量、经济结构、经济增长方式则是区域发展的内涵。区域布局表现发展的结构形式显示它的层次性、相互关系、外部联系等，但还不是区域发展内在的动力和本质。因此，孤立地研究区域布局还不能真正解决区域发展的根本问题，主要是为它提供外部环境。这当然是重要的，但更重要的是内因。我国在注重区域布局逐步合理化的同时，在新常态下更加注重各区域根据各自的情况深化供给侧结构性改革，充分运用科技创新优化经济结构（包括产业结构、产品结构、就业结构等），转变经济增长方式（由粗放型向集约型转变），提高科技创新能力（包括企业技术结构、产品的科技含量、技术创新的形式和开展合作的组织形式），开发高新技术产业，处理好发展高新技术产业与改造传统产业的关系；发挥资源优势（自然资源、人力资源和文化资源），实施多业供给侧结构性改革，大力发展特色经济；通过深化改革克服发展的体制障碍（如深化国企改革、政治体制改革和科技体制改革），完善社会主义初级阶段的基本制度，优化所有制结构（如发展公有制经济和非公有制经济）；扩大对外开放，利用好两种资源、两个市场；注重生态平衡，保护稀缺资源，实行计划生育，实现可持续发展以及防范和化解各类风险等等。广义地说，应当包括区域内经济建设、政治建设、文化建设、社会建设和生态建设“五位一体”的协调发展。这样可以克服区域经济理论平面化，实现区域发展研究的立体化，充实“立体结构、多维结构”，可谓社会主义整体经济学的区域发展理论。现在可以利用航天技术突破地球的范围，尤其是量子通讯的创新和应用，能在大宇宙中沟通区域间联系与配置资源，形成多维空间网络结构，体现时代特点。

8. 把扶贫、支持后劲地区作为区域协调、平衡发展的重要举措，把扶持落后地区与发展民族经济紧密结合起来。习近平指出：区域发展必须围绕精准扶贫发力。深度贫困地区的区域发展是精准扶贫的基础，也是精准扶贫的重要组成部分，必须围绕减贫来进行。要重点发展贫困人口能够受益的产业，交通建设项目要尽量向进村入户倾斜，水利工程项目要向贫困村和小型农业生产倾斜，生态保护项目要提高贫困人口参与度和受益水平。同时，中国有56个民族，实行民族区域自治政策，这种做法既维护了国家统一，又支持了少数民族地区的发展，使得中国成为世界上处理民族关系最好的国家。苏联实行联邦制，但又搞大俄罗斯沙文主义，民族关系一直很紧张，这是后来苏联解体的一个因素。东欧许多国家没有处理好民族关系和区域关系，各民族成了仇敌，一个南斯拉夫分成五个国家，民族间的战争延续十几年。非洲和中东民族纠纷成为动乱的根源，终日不得安宁。我国的区域经济发展与民族关系紧密结合起来，正确处理经济、社会、文化与政治等各类关系，实现共同繁荣、共同富裕、和谐相处。正如毛泽东所说：“天上的空气，地上的森林，地下的宝藏都是建设社会主义所需要的重要因素，而一切物质因素只有通过人的因素，才能加快开发利用。”① 这种把民族关系与区域发展结合起来的理论，是任何国家的区域经济理论所没有的，也是中国特色社会主义的一大创新。

9. 对特殊区域实行特殊政策。在原半殖民地半封建的大国中有一些特殊问题应特殊对待。如划分特区、“一国两制”，这是立足于国家雄厚的整体实力所采取的特殊区域政策，旨在沟通与境外、国外的关系，正确解决

①《毛泽东文集》第8卷，北京：人民出版社1996年版，第34页。

遗留的政治问题和历史问题。习近平深刻指出：“一国两制”是中国的一个伟大创举，是中国为国际社会解决类似问题提供的一个新思路新方案，是中华民族为世界和平和发展做出的新贡献，凝聚了海纳百川、有容乃大的中国智慧。[①] 同时，在与国外、境外联系密切的地方实行特区政策，如深圳在短短 30 多年内由一个小渔村迅速发展成拥有 3000 多亿美元 GDP 和雄厚科技力量的特大城市，为世人震惊。上海的浦东、天津的滨海区和海南等地，相继成为中国区域开发的新亮点。这种理论观念和政策也可视为一种特殊单元的特殊区域发展方略，可谓“特殊区域发展理论”，体现区域多样性与整体性的矛盾统一。为推进改革开放，又从上海试点起成立了一批自由贸易实验区、免税区等，用特殊政策重点突破。为加快科技发展，实施创新驱动战略，还开辟了很多创新试验区，带动不同区域提升科技创新能力。

10. 国内区域发展与对外开放的协调。国内的区域协调不是闭关自守，而是同时关注与对外开放的关系，如发展八纵八横的铁路、高速公路等使国内国际联通的大交通。以习近平为总核心的党中央实施京津冀协同发展，开发长江经济带和“一带一路”，更是打通内外区域协调发展。各地区发挥特殊优势，相关地区利用好“一带一路”的机遇，促进内外协调发展，尤其是东部地区要逐步领先于世界。习近平指出：中央决定，要重点实施“一带一路”、京津冀协同发展、长江经济带三大规划。这三大规划的共同特点，是跨越行政区划、促进区域协调发展。希望大家统一思想、贯彻落实。实施“一带一路”规划，东中西部地区都有很好的发展机遇，特别是西部一些地区，过去是边缘地区，而一旦同周边国家实现了互联互通，就会成为辐射中心，发展机遇很大。今后，区域政策的一个要点是统一国内大市场，这既是区域政策要解决的问题，也是财税体制改革的重要任务。

---

①《求是》2017 年第 13 期。

要通过改革创新打破地区封锁和利益藩篱，全面提高资源配置效率。[①]“一带一路”建设秉持的是共商、共建、共享原则，不是封闭的，而是开放包容的；不是中国一家的独奏，而是沿线国家的合唱。“一带一路”建设不是要替代现有地区合作机制和倡议，而是要在已有基础上，推动沿线国家实现发展战略相互对接、优势互补。[②]通过“一带一路”建设，我们将开展更大范围、更高水平、更深层次的区域合作，共同打造开放、包容、均衡、普惠的区域合作架构。[③]

总之，通过多种形式改革开放，利用现代科技开拓多维空间经济联系，全面系统协调汇聚成巨大合力。这就是中国自觉运用的社会主义制度优势形成多样化的区域发展理论和方略，超越了世界任何国家的思路和方法。

## 三、 中国特色社会主义城镇化道路

城镇化道路是区域发展理论的一个特殊范畴。城市是区域协调发展的支点和枢纽。西方增长极理论和“点轴”理念，就是首先构建现代化城市，然后带动周边地区（乡村），但缺乏系统配套的措施，反而造成“孤岛”单线现象。而中国要发展协调生产力，也必须实现城乡一体化趋势，克服落后的历史遗产即严重的二元结构。中国特色社会主义在这方面的创新，称为“城镇化”“城乡一体化”。既借鉴国际经验，又同实际相结合，创新了城镇化道路，支持区域协调发展。习近平强调：推进实现城乡区域协调发展，不仅是国土空间均衡布局发展的需要，而且是走共同富裕道路的需要，要加大统筹力度，逐步缩小城乡区域发展差距，促进城乡区域共同繁荣。这也关系到各大的区域内部的协调发展。

---

①《习近平关于社会主义经济建设论述摘编》，北京：中央文献出版社 2017 年版，第 260 页。

②《迈向命运共同体，开创亚洲新未来》，《人民日报》2015 年 3 月 29 日。

③《发挥亚太引领作用，应对世界经济挑战》，《人民日报》2015 年 11 月 19 日。

城镇化是现代化的历史趋势。马克思说："一切发达的、以商品交换为媒介的分工的基础，都是城乡的分离。可以说，社会的全部经济史，都概括为这种对立的运动。"① 实际上，这是资本主义社会初期的弊端，是由中世纪生产力低下向生产社会化转变过程中的二元结构，即城乡差距拉开进而形成对立。而随着生产力现代化程度的提高，这种二元结构又有缩小的趋势，进入城市化进程。城市化是现代生产力发展的要求和条件。正如恩格斯所说："城市愈大，搬到里面来就愈有利，因为这里有铁路，有运河，有公路；可以挑选的熟练工人愈来愈多；由于建筑业中和机器制造业中的竞争，在这种一切都方便的地方开办新的企业……花费比较少的钱就行了；这里有顾客云集的市场和交易所，这里跟原料市场和成品销售市场有直接的联系。这就决定了大工厂城市惊人迅速地成长。"② 这表明，城市化是随着工业化发展、深化而来的，是历史的进步，是人类文明的成果。然而，在发达资本主义国家又走向另一个极端，即出现大城市病，城市人口过度集中；在一些发展中国家，城乡分离更加突出，形成城市"孤岛"现象，特大城市同空旷的农区并存，二元结构呈现畸形化。

中国的城镇化（超越"城市化"）的特点主要表现在以下方面。

1. 将大中小城市与乡镇联系起来，形成城镇网络。由于中国二元结构特别突出，农村富余劳动力向非农产业和城镇转移，是工业化和现代化的必然趋势。要逐步提高城镇化水平，坚持大中小城市和小城镇协调发展，走中国特色的城镇化道路。这里在提法上有一个变化，西方主要提"城市化"，我国则提"城镇化"。我国城镇化规划的主要思路是：在发展大城市、中等城市和区域性中心城市，重要交通沿线城市，边境城市以及旅游城市的同时，要重点建设现有县城和一批基础较好、发展潜力较大的建制镇。据统计，我国农村的乡镇数为36952个，其中建制镇达19171个。如果我们

---

①《马克思恩格斯文集》，第5卷，北京：人民出版社2009年版，第408页。

②《马克思恩格斯全集》第2卷，北京：人民出版社1957年版，第301页。

能将这19万个建制镇建设成现代化城镇，那么社会主义新农村建设就取得了阶段性成果。这样，星罗棋布的小城镇就成为大中城市的外围圈，各等级规模的城市连同小城镇一起形成一个网络布局，既可达到城市化的功效，又可以避免大城市病。

2. 循序渐进，与工业化进程互动。习近平强调，在我们这样一个拥有13亿多人口的发展中大国实现城镇化，在人类发展史上没有先例。粗放扩张、人地失衡、举债度日、破坏环境的老路不能再走了，也走不通了。在这样一个十分关键的路口，必须走出一条新型城镇化道路。要从社会主义初级阶段的基本国情出发，遵循规律，因势利导，使城镇化成为一个顺势而为、水到渠成的发展过程。鉴于此，必须纠正一些地方城镇建设规模扩张过快、占地过多、盲目“摊大饼”等突出问题。罗马不是一天建成的，决不可人为地垒大城，必须循序渐进。

3. 构建区域城市群，既是城市发展到成熟阶段的高级空间组织形式，是国家经济发展的重要增长极、参与全球竞争的战略区域，也是统筹空间、规模、产业几大结构的重要平台。要以城市群为主体形态，科学规划城市空间布局，实现紧凑集约、高效绿色发展。要建立城市群发展协调机制，以城市群为平台，推动跨区域城市间产业分工、基础设施、生态保护、环境治理等协调联动，破除行政壁垒和市场分割，促进生产要素自由流动和优化配置。沿交通干线和海岸线，有条件的地方可以发展城市带。各城市要根据国家空间战略总体要求，找准功能定位，形成优势互补、密切协作的区域协同发展新格局。①

4. 保证和增进生态建设，实现绿色城镇化。要提高城镇建设用地的利用效率，按照促进生产空间集约高效、生活空间宜居适度、生态空间山清水秀的总体要求，形成生产、生活、生态空间的合理结构。提高城镇建设水平，体现尊重自然、顺应自然、天人合一的理念，让城市融入大自然，

---

①《习近平关于社会主义经济建设论述摘编》，北京：中央文献出版社2017年版，第195页。

让居民望得见山、看得见水、记得住乡愁。

5. 注重保护文物，形成文化含量高的城镇化。保护和弘扬传统优秀文化，延续城市历史文脉，努力把城市建设成为人与人、人与自然和谐共处的美丽家园。

6. 城镇化建设与社会主义新农村建设同时并进，互相促进，不可偏废。随着城镇化进程深化，必然造成原有农村的分化，许多村庄可能搬迁、集中，有些农村面貌会发生重大变化，但不是“消灭农村”。总体上会相对减少农村人口，而余下来还会有30%左右的农村人口（农民），这就有建设社会主义新农村的任务。于是形成五个层次：大、中、小城市，镇、村（社区）。这五个层次各具特色，互相促进，取长补短。大、中、小城市之间，还要形成以大城市为中心的城市圈（群），有利于分工协作，突出区域特色和优势。

7. 最根本的要推进以人为核心的新型城镇化。要推进农业转移人口市民化，促进有能力在城镇稳定就业和生活的农业转移人口举家进城落户，与城镇居民有同等权利和义务，同时维护进城落户农民的土地承包权、宅基地使用权和集体收益分配权，支持引导其依法自愿有偿转让上述权益。建立多元可持续的资金保障机制，健全财政转移支付同农业转移人口市民化挂钩机制，加快改革和创新投融资体制机制，解决好城镇化的资金保障问题。

推进城镇化还要解决一个特殊问题，即6亿农民工的归宿与分化。处理农民工问题应当坚持社会主义和谐原则，既要利用市场机制、自主就业和创业的机制，又要加强政府的引导、组织、提高的作用。解决农民工问题的基本思路，应当顺应现代化的一般规律，考虑中国的特殊国情，把握我国工业化、城市化发展的阶段性特征。因此要坚持三个原则：一是要从事物发展的方向着眼，坚持农民向工业、服务业转移就业，向城市有序流动迁移，打开城门，合理引导，逐步转移，有序进城；二是要实行城乡统筹、

“两条腿走路”的方针，即一部分农民需要进城务工，一部分农民需要就地转移；三是要立足当前，着眼长远，创造条件，抓紧解决农村进城务工人员外出务工面临的突出问题，同时推动体制改革，探索消除产生农村进城务工人员问题的深层次体制原因。农民外出务工最现实的是这几件事：找到工作、拿到工资、劳动安全、工伤大病有保险、子女能上学，还要建立社会保障的长效机制。在这些方面，政府要积极提供服务，切实保障他们的权益。城乡二元经济结构和长期的计划经济是产生农村进城务工人员问题的制度根源，要从根本上解决农村进城务工人员问题，必须统筹城乡发展，打破城乡分治，进行制度创新。更为根本的是通过各种渠道、各种形式分期分批地提高农村进城务工人员的素质，使他们逐步融入社会主义现代文明，成为中国城镇化的重要支柱。

现在我国城镇人口已占 50% 以上，步入城市社会。为提高城市水平，必须遵循城市建设规律，克服日益突出的大城市病，建设文明、有序、生态的现代化城市，实现智能化，补上城市建设的短板，推广海绵城市。在宏观上要组建多城协同的城市群和城乡结合的城市圈，并且使其空间布局更加符合生态的要求。

## 四、 立足中国实践创新理论， 为世界提供成功样板

“时代是思想之母，实践是理论之源。”我们遵循习近平提出的这一原则，已经形成自己的区域发展理论体系。

用马克思主义观点考量，所谓理论就是在实践中产生又为实践证明的系统认识。实践是检验真理的唯一标准。中国特色社会主义区域协调发展理论、方略对不对？要看它在中国产生的实践效果。学问正确与否？看它是否对人民有用。经过多半个世纪尤其是改革开放 40 年的发展，我国整体上实现了从站起来到富起来再到强起来的历史飞跃，整体经济实力超过除

美国以外的西方发达国家。这和全国区域逐渐协调形成巨大合力有直接关系。现在中国的经济版图正在改变，东中西三大地带的差距在缩小：东部地区正在成为引领世界的先进地带；中西部地区正在赶上来，其经济增长速度已经超过东部，有的形成新兴城市群，有的培育了诸多富有特色的增长带，推动全地区跨越式发展。可以说，区域经济改革发展同样是“全面发力，多点突破、纵深推进”。当然，在这个过程中还有不平衡、不协调、不可持续的问题，还需要沿着正确方向继续发展。目前正以新常态要求的供给侧结构性改革提升质量、调整结构。随着时间的推移还会有更多的创新，尤其是科技创新正在成为最大的动力，而西方区域发展理论却未见到多少成功的案例。

然而，有些迷信西方教条的人，总是为“西方中心论”蒙住眼睛，不认真面对现实，甚至连社会主义也不提。例如，有人认为，中国这些观念属于政策层面，算不上理论。这是一种偏见。不错，在开始实施时往往有的是以政策措施试点，以后逐步推广。就连西方学者也没有把“政策”与“理论”截然分开，如约翰·弗里德曼的理论著作题名就是《区域政策》。事实上政策实施正是实践的过程，理论由此产生，进行科学抽象，上升为理论。比如精准扶贫，既是一种政策，也是共享发展、协调发展、绿色发展、开放发展的理念，是扶贫理论、区域协调发展的理论指导，为世界所称赞。中国城镇化道路的成功已为世界共识。上面所论各点都是西方区域发展理论所没有的。就拿“协调”二字来讲，西方教条就没有这个重要理念，这里就有深邃的理论内涵。如果区域发展只讲增长极不讲协调配套，只讲“点—轴”，不讲网络，那整个区域是发展不起来的，更无法形成全国合力，那样的区域发展又有何重大功效?

须知，协调发展是社会化生产的客观要求，也是社会主义的优势。“协调”的概念既代表一种良性状态，又包含达到这种状态的动力、手段和过程。所谓协调发展，就是整体经济中的各个子系统、各种要素、各个层面相互适应，产生1+1>2的整体组合效应，形成更大的合力，而不致互相摩擦、消耗或差异过大形成畸形化，造成内耗，而且此种状态又是经常性的动态过程。这是各种系统维系、运行和发展的一种重要机制和规律。习近平指出，协调既是发展手段又是发展目标，同时还是评价发展的标准和尺度；协调是发展平衡和不平衡的统一，由平衡到不平衡再到新的平衡是事物发展的基本规律。这可以看作是对协调发展理念的总概括。区域发展必须实现协调。

再进一层说，协调发展是社会主义市场经济的规律。其特殊性在于：一方面要求调控各子系统在质、量、时、力等多个维度上的适当比例关系、协同关系，另一方面也要正确对待发展的动态性，把波动限制在适当的区间，并有足够的自觉性、预知性，避免和克服由较大经济波动、经济危机造成的动荡。这就得善于用好市场和政府“两只手”，制定和实施正确的产业政策，同时要发挥科技创新的引导和优化作用，以避免或减少内阻和内耗，取得最佳的经济效益、社会效益、生态效益和民生效益。这一深邃的理论、优势和实践效果，大大超越了西方教条。

习近平反复论述中国理论与实践，拓展了发展中国家实现现代化的途径，为世界各国提供了智慧、方案和样板。我国的经验、理论已为许多国家所认可和效仿，区域协调发展理论也在其中，它不仅运用于一些发展中的大国，也运用于许多小国之间的联合开发协调合作。许多外国人专门考察和研究中国的区域发展，获得一致的赞赏。我们中国的学者更应深入研究和认真宣讲中国特色系统协调多维汇力的区域发展理论，为中国、为人类做出应有的贡献。今后，还会在实践中继续发展完善。

（原载于《当代经济研究》，2017年第10期）

# “循环经济”升华：发展观的深刻革命

## ——学习习近平总书记关于绿色发展方式的系列重要论述

习近平总书记提出：“推动形成绿色发展方式和生活方式，是发展观的一场深刻革命。”① 这直接关系到经济理论的深刻革命。他要求用新发展理念统领发展全局的系统理论，不仅深化了马克思主义政治经济学的原理，而且开拓了其覆盖的疆域。特别是将自然规律、科技创新与绿色发展引入到当代政治经济学，将绿色发展方式、循环经济当作重要而长远的生产方式、生活方式，突破了传统经济学的局限，开拓了经济研究的新视域、新理念、新疆域。基于对世界发展历程的深入研究和深邃洞察，结合亲身实践经验，习近平总书记一直大力倡导发展循环经济，强调“发展循环经济是提高资源利用效率的必由之路”，“发展循环经济，可以有效解决经济社会发展与资源环境之间的矛盾，促进全面协调可持续发展，是加快全面建设中国特色小康社会和现代化进程的必然选择，也是中华民族长远发展的根本大计”②。2017 年 5 月 26 日，在中共中央政治局第 41 次集体学习中，习近平总书记做了系统论述，将绿色发展、循环利用提升到自然规律、经

① 新华社：《推动形成绿色发展方式和生活方式 为人民群众创造良好生产生活环境》，《人民日报》2017 年 5 月 28 日。

② 习近平：《发展循环经济是提高资源利用效率的必由之路》，新闻频道：学习中国微信公众号，2016 年8 月 28 日。

济规律、社会规律高度，揭示了它的本质和战略意义，从而开拓了中国特色社会主义政治经济学新境域。

## 一、 从大自然与人类循环规律角度深化认识生态环境二重性

发展观是对经济社会发展规律、本质、目标、方式、空间、方略等的系统认识，并上升为理论体系，是政治经济学的重要指导思想和组成部分。

习近平总书记的科学发展观，发挥了恩格斯“人与自然统一”的观点，进一步阐明了生态环境的特征和循环经济应遵循的规律。强调：“人类发展活动必须尊重自然、顺应自然、保护自然，否则就会遭到大自然的报复。这个规律谁也无法抗拒。人因自然而生，人与自然是一种共生关系，对自然的伤害最终会伤及人类自身。只有尊重自然规律，才能有效防止在开发利用自然上走弯路。”① 这就启示我们：发展循环经济是生态循环规律的必然要求，也必须以科学的精神遵守自然规律。

恩格斯在《自然辩证法》中揭示，循环运动是客观世界运动的一种基本形式，“整个自然界被证明是在永恒的流动和循环中运动着”②。生态是大自然中围绕地球的一个子系统，为生物生存提供了自然环境，它本身也有相对独立的循环运动。不过它并非专为人类而“设立”，人依赖它生存，而不是它的主人。恰恰相反，大自然的生态环境反倒是人类的主人。人类靠它的恩惠生存，索取一切必要的条件。但如果过度索取，违反、损害了其循环规律，必然遭到报复。以辩证法观点考量，循环运动是整个物质世界运动的永恒形式。“物质不灭”定律，实质就是物质的循环运动，由于物质形态的转换才使物质和能量永续存在，而物质和能量形态的不断转换才使物质能够永续。可见，

---

① 新华社：《推动形成绿色发展方式和生活方式 为人民群众创造良好生产生活环境》，《人民日报》2017 年 5 月 28 日。

②《马克思恩格斯选集》第 4 卷，北京：人民出版社 1995 年版。

螺旋式循环运动是一条最基本的运动规律。不过大自然并无“人情味”，它并不“考虑”“挂念”人类的安危祸福。对它本身来说，充满着矛盾，在矛盾中发展运行，并无良性循环、恶性循环的区分，只有量变质变、渐变突变的差异。生态作为大自然的一部分，也是如此。只有人类顺应它，而它不会怜悯人类。所以，人类必须认识和利用生态循环的规律，恩惠和惩罚、索取和报复，就是大自然生态环境对于人类的二重性。我们必须有认识此二重性的自觉。从这里，我们应当重新认识经济规律和自然规律的关系：经济规律是自然规律在人类社会中的一种表现形式，经济规律必然符合自然规律，前者受后者的规导和制约。否则，就会遭到扭变和惩罚。

从世界范围看，工业革命后的过度索取已造成环境恶化，我国也不例外。习近平总书记强调：“改革开放以来，我国经济社会发展取得历史性成就，这是值得我们自豪和骄傲的。同时，我们在快速发展中也积累了大量生态环境问题，成为明显的短板，成为人民群众反映强烈的突出问题。这样的状况，必须下大气力扭转。”①

我国是环境污染最重的国家之一。雾霾笼罩，空气受氮化物、硫化物、臭氧、光化学污染，土地及水体的污染，食品药品安全隐患，这些问题已成为中央和广大群众重点关注的问题。全国各地从2013年开始观测臭氧污染以来，发现近几年臭氧浓度实际在升高，臭氧污染日渐突出。“在珠三角，臭氧已超过PM2.5，成为影响空气质量的主要污染物。”② 我国也是全球最大的污染排放国之一，污染物排放量大面广，环境污染重。我国化学需氧量、二氧化硫等主要污染物排放量仍然处于2000万吨左右的高位，环境承载能力超过或接近上限。78.4%的城市空气质量未达标，公众反映强烈的重度及以上污染天数比例占3.2%，部分地区冬季空气重污染频发高发。饮

---

① 新华社：《推动形成绿色发展方式和生活方式 为人民群众创造良好生产生活环境》，《人民日报》2017年5月28日。

② 李禾：《专家：近几年臭氧浓度升高，臭氧污染日渐突出》，中国科技网－科技日报，2017年5月19日。

用水水源安全保障水平亟须提升，排污布局与水环境承载能力不匹配，城市建成区黑臭水体大量存在，湖库富营养化问题依然突出，部分流域水体污染依然较重。全国土壤点位超标率16.1%，耕地土壤点位超标率19.4%，工矿废弃地土壤污染问题突出。城乡环境公共服务差距大，治理和改善任务艰巨。

我国是全球最大的资源消耗国之一，消耗了世界石油的7.3%，煤炭的31%，钢铁的27%，铝材的25%，水泥的近40%。我国能源中的92%由化石能源组成，电力生产中的78%依赖于燃煤发电，而能源、汽车、钢铁等产业的发展使我国成为高碳经济的典型代表。① 多年的高速发展，在很大程度上因循了西方经济的旧模式，致使一定程度上不协调、不均衡、不可持续，带来结构性产能过剩、产品积压、库存过多；从微观上看，高投入、高消耗、高污染、低效率的生产方式普遍存在，一度使经济的继续发展承受着极大的下行压力。据统计，整个20世纪的100年，人类消耗了1420亿吨煤炭，2650亿吨石油，380亿吨钢铁，7.6亿吨铝和4.8亿吨铜。21世纪的经济规模还要比20世纪增长2—4倍，如果按照这种消耗资源、原材料的方式去发展，地球资源将无法支撑。从全球范围看，人类的生态足迹已超出全球承载力的20%，人类在加速耗竭自然资源的存量。

面对严酷现实，决不能让这种状况继续下去，中央正采取多方面措施解决相关问题，其中一个根本性途径就是发展循环经济。我们必须有紧迫感、责任感，树立保护和改善环境的生态安全发展观。

## 二、从科技创新推进经济转型，探寻循环经济本质和多种实现形式

习近平总书记之所以将循环经济视为“长远发展的根本大计”，在于它

① 牛文元：《告别高消耗实现可持续发展》，《中国经济社会论坛》2009年第3期。

能“解决经济社会发展与资源环境之间的矛盾”，这两者都是人类必需的，但它们之间又是矛盾的。发展是第一要务，不发展，人类不能生存和进步；但是发展就有消耗资源和弱化乃至损害生态环境的可能，到头来又制约甚至断绝发展的根基，这就形成二律背反的恶性循环。这一矛盾长期困惑人类发展前景，乃至成为主要障碍。而最重要的出路就在于改走循环经济之路。基于这一新的视域，习近平总书记用了“长远”和“根本”两个分量十分重要、关键的词加以概括。这就揭示了生态循环和采用循环经济自身的规律性，是对循环经济认识的升华。

这里需要科学理解生态概念。所谓生态是在一定时间和空间范围内，在各种生物之间以及生物群落与其无机环境之间，通过能量流转和物质循环而互相作用的关系和状态的总和，形成一个整体生态维系和运行系统。据科学家们考证，从 35 亿年—40 亿年前地球上生命产生起，各个生命体间、生命与周围环境间就已构建起生态系统，历经长久进化、演变和复杂的相互作用，形成了全球性的最大生态系统——生物圈。它大致可视为居于地球表面“三圈”（岩石圈、水圈和大气圈）中间的一层球壳状的生物生存空间，而且构成了“一个统一整体”，几经巨变形成了当今这个状态。迄今人类和整个生物界必须依赖它而生存，即使短期去太空生活也要依赖从地球生物圈带去的物资和设施。人类违反生态运行规律，损害、破坏这个生物圈，就不能生存下去。同时，这里也包含资源制约，如能源、材料等相对有限，农业作为生态系统的一个分支必须遵循生态规律才能存续和发展。

循环经济就是人类依照生态循环系统再造一个循环圈，它必须遵循下述要求运行。

### （一）循环经济的基本指导原则

循环经济理念始先由发达国家提出，以宇宙飞船上的物资“供耗”循环作比喻，设想出发展的“资源—废物—资源”（宇宙飞船经济理论）循环型经济模式，从而改变“资源—废物”的直线型旧经济模式，后来为可持续发展理念所吸纳，进而受到世界各国的赞同。他们提出循环经济的“3R”原则，即减量化（reduce）、再利用（reuse）和再循环（recycle），无疑这些原则具有重大经济意义。但这一设想过于理想化，侧重点是节约资源、利用废弃物，其重大缺陷在于漠视生产、生活、经济运行中存在和产生大量的有害因素，损害人类健康和生态健康乃至造成安全隐患。大量事实告诉人们，“废物”不仅是简单的“闲置”和“浪费”，而是多数带有或变成危害因素，包括种种有害的化学物污染，有害的物理因素（如射线及声光）污染，有害的生物因素（如病原微生物、寄生虫、生物毒素、腐败物）的扩增和传播，等等。这些安全隐患不首先解决，循环经济要么成了动听的神话，要么利弊倒置，造成复式污染和安全事故。基于多年观察和思考，进一步提出发展循环经济必须坚持“无害化”原则，即首先保证有益于或不损害人类健康和生态健康，消除危险因素后才能作为资源。在中央财经领导小组第十四次会议上习近平总书记强调处理垃圾要“减量化、资源化、无害化”，这是对循环经济基本原则最科学、最全面的界定，可称之为“科学3R”原则。其内涵是循环经济的发展和运行要符合三个根本要求：减量化，即投入和废物排放要力求减量，符合节约和绿色的要求；资源化，即把原来认为的“废物”“废能”化为资源，是节约扩展和提升资源新源泉的开发；无害化，即整体过程要无害于人体和生态环境，消除危险因素保证安全。资源化是主线，无害化是保证，减量化是基本目标。

### （二）循环经济是发展的科学指导思想

把循环经济仅仅看作是一种经济模式还不够，更要把它看作科学发展经济的指导原则和理念。具体看：一是构建循环经济要以贯彻这些原则和理念作为初始条件和基本要求，实施符合这些要求举措就为构建循环经济“垫了底”；二是在构建循环经济的过程中，难以一步到位，可以一段一段、一层一层地发展，例如治污中改用清洁能源，或提升清洁利用水平，减少污染物排放，包含“废物源”（如煤炭）的另置另用和能量的充分利用，虽然尚未构成完整的“循环”，但为进一步构建循环经济铺设了组成部分；三是基于客观世界的多样性、经济的复杂性，循环经济的形式和周期也是多种多样的，不是说所有循环经济都在周而复始地“圆周式”持续运转，即使是最典型的生态循环也是一种开放性螺旋式循环，有的循环变为“椭圆形”“卵圆形”或其他“不整形”，有的一两步利用后就“停顿”一个较长时期（如建筑垃圾铺路或制砖等）；四是循环经济不是撇开现有产业“另起炉灶”，而是把现有产业用“资源链”联结起来，加以必要的改造和补充，在“科学3R”原则下构成资源循环利用、消除危害因素；五是循环经济及其基本要求，不仅适用于生产、物流等经济领域，而且包括生活方式及各种消费领域，例如垃圾分类、旧物回收、环保习惯等，其理念会必然地融入精神文明建设领域。

### （三）生物产业是最典型的“循环经济”

所谓的生物产业指种植业、养殖业、微生物培养业等产业，其本质特征是以生物再生产作为经济再生产的基础，基础生产单元都是生物，而生物生存的根本特征是时刻与外界进行物质、能量及信息的交换，参与并依托于自然界的生态循环，因而更易于利用生态循环构成高效的经济循环。依据生态循环的自然规律构成科学的经济循环，较为理想的是把生物有机废物中的H、C元素改造成能源物质（$CH_4$、多碳烃、低级醇类等），把氮磷钾等元素改造成肥料，主要环节是在常温常压下利用微生物的作用，既不要求严苛的条件，又把不安全因素减少到最低限度，如沼气途径。各种直接燃烧法不仅浪费氮磷钾等元素，而且把这些有用物质变成有害物质造成后续污染；直接“还田”则浪费了能源载体（H、C），而且会变成甲烷等温室气体排散到大气中。习近平总书记基于理论认识和自身实践，倡导利用沼气、生物天然气途径，构成“农—牧—农”“菜—畜（禽）—菜”等循环利用，解决农—牧循环互相促进问题。这个途径的优点是，一方面提供了生物质能源，另一方面把氮磷钾等留在沼渣、沼液中作为有机肥料，沼液还可作为无害农药，由此取得治理污染、创造财富、调整结构、保证健康的多重效益。农林牧的废残物也可以此途径循环利用，还有利于解决农牧业面源污染问题，是“一举多得”的好事。率先发展这种典型的循环经济，可以带动整个循环经济的发展。

（四）科技创新是发展循环经济的基础

虽然人类利用自然循环特别是生态循环乃至构建某种形态的循环经济已有很长的历史，但是直到科技取得巨大进步后，特别是在生物学、微生物学、生态学及相关自然科学取得巨大进步的基础上，人们才深刻认识循环经济的根本原理，将之作为可持续发展的重要模式并提出相应的重要原则。同时，循环经济的发展和深化必须要有科技创新的引领和支撑。遵循自然循环规律，构建人工的“循环经济”以取得经济、社会、生态、健康等四大效益，保证可持续发展。这对各个产业，在模式、途径、环节、操作等层面上都存在大量科技问题需要解决，因此必须把发展循环经济与科技进步紧密耦合起来。如城市人口已占我国人口的多数，城市生活垃圾和生活污水中含有大量肥料元素（氮磷钾等）和“荷能”物质（如碳氢化合物），如果将之仅仅作为废料排到环境中，就会导致它们进而变为危害性因素，严重污染环境、损害生态，甚至成为垃圾山、臭水池、毒雾霾等痼疾；如果运用先进科技发展循环经济，达到减量化、无害化和资源化，就能收到上述“四大效益”。又如，人工合成的有机高分子化合物在材料科技领域有着广阔的前途，但是这又带来治污的重大难题——持久性有机污染物（POPs）污染，根据研究，其降解时间可持续一二百年，其间 POPs 的碎片和次级分解物（如被生物特别是海洋生物吞食）又危害生物和环境，这有待于通过科技进步来解决。再如，很多回收物、废料如何科学处理达到无害化、资源化，很多复杂而艰巨的科技问题需要解决，包括各种电器、信息化淘汰设施乃至核废料，这些都要靠科技进步解决。更深一步设想，在经济的长远发展中，除了构建遍布各产业及其之间各个层级不同形式的各种循环经济体系外，在较大范围乃至全社会构成社会性生态循环经济，其核心内涵是把生态循环与经济循环耦合起来，互相“啮合”联动，构成“共轭”的两大“回环”，形似一个“8”字；从产业“次第号码”看，人们称“新农业”为“第六产业”，加上两个“非传统产业”即“生态循环产业”和“资源再利用产业”，恰好为（第）8；所以从构型与产业“次第号码”两个“维度”看，可将之称为“第8产业”。严格地说，这不是一种独立产业，而是一套多种产业的组合，一种经济体系。这需要大量科技创新的引领和支撑。

总体看，就是在科技创新推进经济社会转型中，按照自然规律和经济规律的契合，深化认识循环经济的规律性和形式的多层性、多样性。一方面，保护“公共产品”，优美的生态环境；另一方面，提供大量的供给侧高效资源，将经济发展和生态保护、资源节约结合起来。

## 三、发挥社会主义优势，在治国理政总体战略中架构、推动、完善循环经济的系统工程

习近平总书记多次强调绿色发展是社会主义的本质要求，必须把循环经济的架构、推广、完善当作一个大系统工程持续抓下去。他指出，推动形成绿色发展方式和生活方式，是发展观的一场深刻革命。这就要坚持和贯彻新发展理念，正确处理经济发展和生态环境保护的关系，像保护眼睛一样保护生态环境，像对待生命一样对待生态环境，坚决摒弃损害甚至破坏生态环境的发展模式，坚决摒弃以牺牲生态环境换取一时一地经济增长的做法，让良好生态环境成为人民生活的增长点、成为经济社会持续健康发展的支撑点、成为展现我国良好形象的发力点，让中华大地天更蓝、山

更绿、水更清、环境更优美。①

习近平总书记提出："让良好生态环境成为人民生活的增长点、成为经济社会持续健康发展的支撑点、成为展现我国良好形象的发力点。"② 因此，必须发展生态生产力和循环经济，绿色发展创造新的生产力和新的经济方式，在高端科技职场下的绿色发展实践中，必然催生人类精神生活和经济科学的革命性变革，其中主要是创造生态生产力、循环利用的经济方式和绿色的消费方式。

### （一）应当认识到循环经济与社会主义制度的优越性有本质的契合性

其一，从本质上说，循环经济的效益目标在于保证社会整体利益和可持续发展，其产物是"公共性公益性产品"（优化生态），其路径是"长效之道"（节约和资源循环利用），这与社会主义共同富裕和长远发展的目标相一致。其二，发展循环经济需要不同产业、不同经济体之间相互衔接、相互配合，其间必然存在各种利益关系和配置关系，在以博弈为特征的制度下达到这种状态是困难的，而社会主义制度的重要特征是整体的系统性，各经济体间关系主要是在共同总目标统领下协作共进关系，虽然也有一定的竞争，但更易于化解局部与整体、局部与局部、暂时与长远间的利益和衔接矛盾，把整体和长远发展置于动态的协调状态。其三，社会主义以公有经济为主体，公有经济对经济整体有主导性定力，因而对发展循环经济的走势有决定性作用。其四，社会主义制度下，党的领导和政府对经济社会发展有着强大的调控力，保证循环经济的健康发展。从这些论析中，我们得到一个重要启示：常说社会主义的一个重大优越性是集中力量办大事，其实与此相联系还有另一个重大优越性，就是社会主义能够更好地做到社

---

① 新华社：《推动形成绿色发展方式和生活方式 为人民群众创造良好生产生活环境》，《人民日报》2017 年 5 月 28 日。

② 新华社：《推动形成绿色发展方式和生活方式 为人民群众创造良好生产生活环境》，《人民日报》2017 年 5 月 28 日。

会经济及各方面的正确协调配置，以保证全面科学发展。社会主义要对全人类尽责任，积极推进世界的绿色发展方式普及提高。近些年，在中央的大力倡导和推动下，我国的循环经济有一定发展，在一二三产业都出现许多好的典型，取得不少好的业绩和经验。如海水淡化、中水利用、余热利用、空气热泵、建筑垃圾的再利用，一些城乡努力推行垃圾分类、发展回收产业及再生产业等；起色较大的是农牧业，虽有多次起伏，但总体在前进中提高，例如“农—牧—沼—农”模式，沼气、沼液、沼渣制取和利用的方式技术更加多样化、便利化、实用化，研发了沼气的软体池、移动池、大中型发酵罐，趋向规模化，城市垃圾处理也实现了沼气发电，提高了沼气（甲烷）纯化技术，发掘了甲烷制造甲醇技术，创新了“水氢”技术（甲醇＋水→燃料电池发电），这些都为发展农牧废弃物制造生物质能源型的循环经济提供了极好的机遇和路径。在各地兴办了很多“循环经济园区”，取得不少经验，起到示范作用。但由于种种主客观原因，对发展循环经济重要性的认识还远不到位，推行的力度不够大，好的试点经验和技术未得到大力推广，还有大量的科技问题有待解决。

（二）消除对循环经济的误解及肤浅认识

有人认为，循环经济不过是个“新名词”，甚至认为是“玩花样”。这种认识是一种无知。物质循环和能量传递本来在自然界客观存在，实际上人们一直依赖着自然的循环运动而生存，例如以动植物作为食料和生活资料的主要来源，呼吸着大气维持生命，这些都依赖着生态循环。但长期以来许多生产活动是把自然资源加工为人们需要的产品，消费后变为废物，在生产水平相对低时较少察觉到基本资源的稀缺和匮乏以及废物的危害，当生产发展到较高水平阶段才逐渐发觉问题的严重。人们通过长期实践和科技的长足发展逐渐认识到自然循环和经济循环的存在，认识到它的必然性及规律性，进而提出遵循客观规律构建循环经济的必要性。这不是随便想出来的，更不是玩新花样，而是可持续发展的根本途径和必由之路。再如，认为“循环经济”不过是技术性问题，不是大的经济问题，更够不上经济学层面。这种认识在某种程度上是把经济和经济学变成“象牙塔”了。经济是关于人们生存和发展的物质基础及其运行之总和，经济学则是研究其本质和规律的科学。习近平总书记指出，人类归根结底是自然的一部分，人类的发展必须是遵循经济规律的科学发展，必须是遵循自然规律的可持续发展，必须是遵循社会规律的包容性发展。人类的生活取自自然、加工自然，依赖自然，人类经济活动就是“托载”于自然这个“水体”之中进行的，所以自然规律是经济规律的基础，经济规律必须也必然符合自然规律。循环经济是自然规律与经济规律的综合表现，关系着经济持续发展的方向和路径，是经济运行与发展的大问题，因而也是经济学的重大问题。人们应当看到，漠视科技创新和生态依托正是传统经济学的重大缺陷。

### （三）必须把构建、推广、完善循环经济当作一个大的系统工程，以及治国理政新理念、新思想、新战略的重要内容

循环经济不是改改厕所、打扫垃圾之类的“小事”，而是事关资源维系、生态优化、发展可持续的大事。如畜禽粪便污染量已超过水土面源污染的一半，农作物秸秆燃烧严重污染大气，大量地浪费着能源和有机肥料，反过来拉动化肥使用量和生产量增加，通过经济连锁反应加大煤炭产量过剩程度，同时这些还与食品安全有着重要的关联。又如，据报道，我国一项科技创新可将铀资源利用率由目前技术的“不到1%”提高到“超过95%”，处理后核废料量不到乏燃料的4%，放射寿命由数十万年缩短到约500年。有望使核裂变能成为近万年可持续、安全、清洁的战略能源。[①] 还有技术突破，可把高水高灰低发热量的褐煤（曾被视为半废煤）转变为我国紧缺的军工燃料和火箭燃料，把煤基沥青质及尾气加工为现代工业急需

①《我国核燃料研究获得突破》，《中国青年报》2017年6月9日。

的泡沫碳、碳纤维和石墨烯，价值提升了几十倍。[①] 即使将来“永恒性”能源（如核聚变）问题解决了，仍然需要实施循环经济，因为多余的能量（如太阳能等）可能会变为灾难，物质转换问题如解决不好就会成为灾害。可见，发展循环经济是关乎人民整体和长远利益的大事。循环经济适用于一切产业。今后必须通过科技攻关以不同的形式和技术逐个领域地构建和推广，将其形成一个整体系统，变成一个优化业态、净化环境、改变生活的网络。

（四）必须认识到发展循环经济这一系统工程的艰巨性

发展循环经济是一场深刻的革命，目标是依靠科技创新探寻更高端的循环经济形式，逐个破解难题，这对人类经济社会可能是一次产业革命。习近平总书记在考察山西时深刻提出：“坚持绿色发展是发展观的一场深刻革命。”[②] 这也是政治经济学的深刻革命。循环经济作为绿色发展的重要环节、基本途径、必用手段，它的创新应用和系统化，也必将是一场经济实践和经济学的深刻革命。经济学人应当深化认识，进一步阐释其理论创新和实践方略，丰富中国特色社会主义政治经济学。实际上，达到这样的要求并非难事，只要认真学，转变学风，深入调整，也一定会承担起这个时代的任务，推进推广、提升绿色经济发展的理论任务。

总体看，学习习近平总书记关于绿色发展方式的论述，应当自觉按照尊重自然规律、经济规律、社会规律相契合的要求，运用科技创新的无限力量，在深度和广度上转变经济发展方式，进而转变经济学的思维方式，在新的高度上认识发展循环经济引发的一场发展观的革命。在理论维度就是经济学的革命，要在与实践结合中开拓中国特色社会主义政治经济学更广阔的新域界。

（原载于《经济纵横》，2017 年第 9 期；杨承训、杨承谕）

---

①《清洁利用取得突破，褐煤实现华丽转身》，《中国质量报》2017 年 6 月 6 日。

②《发展观的一场深刻革命》，人民网，2017 年 6 月 1 日。

# 高端生态化：农业产业革命主旋律

二三十年乃至半个世纪后的农业是什么样子？生态危机、食品污染和资源枯竭迫使我们改变思路，更科学地预测农业的未来。邓小平在论述“科学技术是第一生产力”时曾敏锐地洞察：“将来农业问题的出路，最终要由生物工程来解决，要靠尖端技术。”① 党的十八大报告提出经济、政治、文化、社会、生态文明建设“五位一体”的总布局，将生态文明建设摆在突出位置，要求“加大自然生态系统和环境保护力度”，“增强生态产品生产能力”。这就为未来农业发展指明了方向。从自然规律、社会经济规律的必然性考量，农业一定会发生一次新的产业革命。我们应当从经济学与科技交融的视角，重新认识“现代农业”的理念，前瞻性地研究农业未来的趋势。

## 一、 农业产业革命： 自然规律倒逼经济大转型

生态危机的严峻与生态文明建设的突进，使得社会经济的整体发展必须以人与自然的和谐相处为首要前提。人类运用经济规律必须首先认识和尊重自然规律，迎接新的产业革命以及与之相随的经济学革命。有鉴于此，研究农业这一同生态关系最密切的古老产业，必须突破原来经济学、农学、

①《邓小平文选》第3卷，北京：人民出版社1993年版，第275页。

农业经济学的某些思维定式，在更高层次上从纵、横、深三维揭示其规律性和发展趋势。

（一）农业纵向发展的进程

农业纵向发展的进程表明，农业大体上要经历三个发展阶段。第一个阶段是原始生态农业。在这个阶段，农业是人和自然之间简单的物质交换，没有环境污染。这个阶段持续了几千年乃至上万年。第二个阶段是石化农业。工业产业革命之后，西方率先进行了农业产业革命，农业主要依靠石化产品支撑，这个阶段现在还在继续。中国走石化农业之路晚于西方，至今大约有 50 多年。石化农业的主要特点是大量施用化肥、农药、除草剂、生长激素等化学产品。全面地看，这对农业增产起到了重要作用，对解决中国 13 亿人口的温饱问题、支持国民经济持续快速发展做出了重大贡献。然而，石化农业由此也带来了一系列生态问题，即将走到尽头。我们必须未雨绸缪，迎接新的农业产业革命。这就需要在实践的基础上洞察第三个阶段，即依靠科技引领和支撑的现代生态农业（比目前所说的生态农业水准更高）。邓小平早就说过："我国农业现代化，不能照抄西方国家或苏联一类国家的办法，要走出一条在社会主义制度下合乎中国情况的道路。"①从这个意义上讲，正向和倒逼很有可能使中国走在新的农业产业革命的前列，在世界上充当新的"领头雁"。

（二）横向剖析客观规律的作用

社会经济规律本原上是以自然规律为基础并受其支配的，或者说社会经济规律是自然规律在人类活动中的延伸或衍化。这是因为，人类属于自然界的一部分，他们是在自然界所容许的范围内生产和消费，利用自然发展自身，所以最终要受自然规律的制约，顺则昌，违则衰，拒则毁。我们如果忘记或忽视这个大环境的影响，最终会受到惩罚。对此，人类应当重

①《邓小平文选》第 2 卷，北京：人民出版社 1994 年版，第 362 页。

新反省，用新的思路认识和运用自然规律与经济规律的耦合关系。就农业生产而言，它要受三条自然规律的制约。

第一条，生态运行规律。生态是在一定的时间和空间范围内，各种生物之间以及生物群落与其无机环境之间，通过能量流转和物质循环而相互作用的关系和状态之总和。自然界形成一个完整的生态系统。据科学家考证，从约35亿—40亿年前地球上生命产生起，各个生命体之间、生命体与周围环境之间就已构建起生态系统，历经长久进化、演变和复杂的相互作用，形成了全球性的最大生态系统——生物圈。它大致可被视为跨居于地球表面“三圈”（岩石圈、水圈和大气圈）中间的一层球壳状的生物生存空间，而且构成了“一个统一整体”，几经巨变形成了当今这个状态。迄今人类和整个生物界必须依赖它而生存，即使短期去太空生活，也要依赖从地球生物圈带去的种种条件。人类如果违反了大自然的规律，损害、破坏了这个大生物圈，就不能生存下去。同时，这个系统也包含资源制约，例如能源、材料等的相对有限性。农业作为生态大系统的一个分支，必须遵循生态规律才能存续和发展。

第二条，农业生态规律。农业生产的自然基础是依赖于生态系统而生存的生物体（植物、动物、微生物），农业整体上是经济再生产和自然再生产的统一体，而自然再生产是它赖以存在和发展的基础。它是生态大系统中的一个子系统，是既具有特殊的生态功能又具有经济功能的人工系统。农业作为一个“主角”至少参与三大生态循环。一是大自然特别是大气的大循环，包括碳、氧、氮、水的循环。二是“大农业”中各产业之间的循环，包括种植业、养殖业、培育业（微生物）和采集业（海洋及山地等的野生生物的捕捞或采集）等，具体诸如农作物种植业、畜牧业、林业、渔业、微生物培育业等，在其系统内部就包含着由“生产者”（植物及部分微生物）—“消费者”（动物）—“分解者”（微生物）构成的较完整的开放性生态循环链，这是其他产业所不具备的。三是农作物种植业自身就包含着“无机—有机—无机”和“$CO_2$—$O_2$”等循环过程。农业是大自然的一部分，要遵循自然规律而生存和发展，同时又受它的制约。

第三条，人类生活质量需求不断提升、扩展的规律。人类身体属于生物界（只是有意识的社会动物），其身体健康的规律属于自然规律，但身体健康又是人类的特殊需求，故也受到社会规律的作用。人类不仅追求生存物质的数量，还要不断追求自身需求质量的提升，特别是健康需求，尤其随着人口老龄化趋势的日益突出，健康需求也势必日益增大。与之相对应的是生态环境恶化加剧损害人类健康，“当前，我国癌症发病率为2855.91/10万，平均每天8550人新发癌症，按照目前人均期望寿命计算，我国居民一生罹患癌症的概率为22%，即每5个人中就有1人会患癌症”。[①] 而与人类健康和生活质量关系最大的则是食品，其最基本的源头又是粮食，因而人类对生态质量、食品安全的要求将愈来愈高。这也是刚性的必然规律。

（三）深度考量现实石化农业带来的倒逼机制

上述三大规律中，生态规律是基础，农业生态规律是主体，而人类生活质量需求提升的规律则是目标导向。自然规律是客观的，它的功能表现为一种“力”，顺应它即为推力，而违反它则会受到大自然的惩罚，这在农业领域中是相当突出的。因此，要从深度考量现实石化农业带来的倒逼机制。

全面地看，石化农业的确给人类带来了不少福祉，使得农业资源得到极大的利用，农产品产量大增。但是同时，石化农业也带来了严峻的挑战。现实世界面临着粮食危机，全世界饥饿人口数量达到10.2亿，而世界粮价又不断上涨，发达资本主义国家却控制着国际粮食市场。在这种形势下，我们坚持中国特色社会主义发展道路，把农业放在第一位，在粮食生产上取得了很大的成绩，特别是粮食连续9年丰收，粮食自给率达到95%。这

① 数据来源：《中国肿瘤登记年报2012》，《光明日报》2013年1月13日。

是人类历史上的奇迹，也是中国经济持续发展和物价保持稳定的基础，有很多宝贵经验值得总结。不过，我们必须树立忧患意识和危机意识，正视农业中潜在的矛盾。概括地说，中国农业的潜在危机主要表现为“三高一低”的颓势，即高污染、高成本、高风险、低效益。

1. 高污染。中国单位面积化肥使用量是联合国粮农组织建议上限的2倍，中国化肥使用量占世界化肥使用总量的30%；农药使用量为世界平均水平的2.5倍。全国土壤普查结果显示，中国土壤有机质含量由20世纪50年代的平均3%左右降到不足1.5%，其中，有11%的耕地有机质含量低于0.6%。土壤肥力下降，土地荒漠化、盐渍化加重，耕地质量退化，近80%的耕地为中等地和劣质地。化肥、农药过量使用的另一个不良后果是土壤和水体污染。国家环保总局2006年公布的资料显示，全国受污染的耕地面积约占耕地总面积的1/10以上。2010年完成的第一次全国污染源普查结果显示，中国农村污染排放已占到全国的“半壁江山”，农村排放的化学需氧量占全国的43%，总氮量占全国的57%，总磷量占全国的67%，长江、黄河等七大水系和许多江河湖泊（水库）均受到不同程度的污染。其中，重金属污染特别突出。

2. 高成本。中国农业现在很大程度上是靠高投入来维持的，化肥费用比1980年以前增长了7—8倍，农药费用增长了3倍，还有其他费用例如灌溉费用也很高。加之农资价格上涨，农业生产成本占总收益的70%以上。农民觉得种地越来越不划算。同时，农业生产中存在着严重的浪费现象。例如，大量农作物秸秆和人畜粪便等有机肥料被弃之不用，有的地方秸秆焚烧屡禁不止，造成很大的浪费和污染。另外，当前中国城镇人口已超过农村人口，城镇产生的大量生活垃圾及其他废物含有大量的有益农肥成分，不仅未被利用，反而成了污染物，还要花大钱来治理，这本身就是一种很大的双重浪费。

3. 高风险。一是自然风险。重大自然灾害具有不确定性，占农业减产因素的30%。由于大灾大多发生在发展中国家，而且对农业部门的打击最大（农业在经济中所占的比例较大），自然灾害使发展中国家的产出平均下降9个百分点。[①] 中国水资源严重不足乃至枯竭，土地资源约束更大。由于地下水过度开采，许多地方出现了地表沉降现象（现在至少有7万多平方公里），且地下水污染严重。由于过量施肥，中国耕地处于亚健康状态，肥力急剧下降，不仅造成食品源头污染，更重要的是使农业难以可持续发展；加上人口增加而土地大量减少的因素，农业后备资源日益贫乏。中国近十年来由于农用地与工业、城市、交通用地差价太大，侵占农业土地的状况相当严重，耕地减少了2亿亩。近几年虽然实行了农地占用补偿政策，但补偿的土地多系劣质地。上述问题使中国粮食自给率2012年下降到88.4%（韩俊，2013）。二是经济风险。农民收入低，多数农民不愿意从事农业，很多地方80%—90%的青壮年劳动力已经离开了农村。农业收入在农民收入中的比重已经降到50%以下，甚至不少地方出现耕地撂荒现象。“将来谁来种地”就是个大难题。农产品市场波动大，有人形容近几年中国农产品价格犹如坐“过山车”，一头损害了消费者，一头坑了农民。而外国一些大公司又插手中国农产品市场。换句话说，中国每年的粮食缺口比全国第一产粮大省黑龙江省一年的粮食产量都要高。

4. 低效益。中国农产品的市场竞争力十分脆弱。耕种1亩田不如打工20天，已使越来越多的精壮劳动力远离农业，形成“老年农业”；加上自然灾害频发，市场价格波动，种地已经不是农民的“保险项”，而是经常会遇到不确定风险威胁的产业。这种状况使农业收入在农民总收入中的比重逐年下降，进一步加剧了农业自身的潜在危机。如果这种状况在10—20年内不能根本改变，将会出现难以预料的农业危机。

从以上纵向、横向、深度三个维度的分析来看，目前中国农业的主要矛盾，是农产品的公共性与农业市场地位的弱质性之间的矛盾。人类既离

---

①《自然灾害使发展中国家产出平均下降9个百分点》，《光明日报》2012年9月12日。

不开农业，又难以从中获得很高效益。我们必须从经济建设与生态优化的“对抗性”思维中解放出来。而农业主要矛盾的日益突出，倒逼我们要从根本上改变生产方式，其压力日益增大，要求从长计议，迎接以高科技装备的生态农业为主旋律的农业产业革命。

## 二、 高科技装备生态农业：用生态生产力培育新特征

用辩证法来观察，从原始生态农业到石化农业再到高端生态农业，是一个否定之否定的演变过程：高端生态农业既保留原始农业的许多基本特点，又不是停留在或回归到原始状态，而是在高层上以尖端科技为支撑的生态农业；既克服石化农业的重大缺陷，又吸取它的许多积极因素，形成一种全新的多层次循环的新型生态农业，寻求农业发展与生态优化之间的兼容。

这里涉及人们对生态环境的两种理解和两种态度。一种是消极的生态观，认为原始状态的生态最合理，人类不能对自然界做丝毫的改造，只能消极地等待它的恩赐，人类最好回到原始森林里去。实际上，原始生态对人类也包含许多自然性灾难，那时人类处在极低级、半饥饿的状态，几乎就相当于一般动物。这种生态观是一种倒退，乃至对人类自身的扼杀。另一种是建立在科学技术进步基础上的积极生态观，就是在顺应和遵循自然规律、保护自然的前提下充分利用自然，化消极因素为积极因素，科学地、适当合理地改造自然，将对自然界的“索取”与“回报”有机统一起来，使得生态环境更加优化。基于积极的生态观，就形成一种以先进科学技术武装的生态生产力。所谓生态生产力，乃是生态在维系自身系统（包括整个生物界）存续和发展的基础上，经过人类应用，对人类社会生活的支撑能力。它体现生态对人类的“软硬件”功能，包含生态系统固有的自然功能和人类行为在其作用下的扩展功能。这种生态生产力，是基于生态本身

也在演变之中，能为人类提供新的发展动力。与此相连，把保护和优化生态系统与充分利用生态系统资源兼顾起来，又形成了生态—经济兼容度量的理念，即在生态的可容度之内，将利用自然与回报自然统一起来。人们在这个“度量”内可以充分发挥作用，保证人类在优化生态中得到更加丰厚的物质享受。诚然，现有经济发展方式的许多方面与生态是矛盾的，需要淘汰和升级，乃至彻底改造，在这个过程中会有很多难点。不过，从总体上讲，生态与经济之间有一个兼容度，就是在保护和优化生态的前提下发展新兴产业。按照科学发展观的要求，就是把生态建设与经济发展有机统一起来，在顺应自然规律的前提下改造自然，提升生态环境与生态建设水平。正如恩格斯的《自然辩证法》所说：“通过改良”“来支配自然界”①。生态农业更应同生态建设统一起来，互相促进。

那么，未来高端生态农业具有什么特征呢？这要以农业的一般特征作为认识的起点，然后再认识高端生态农业的特殊性。

早在石化农业刚刚兴起时，列宁就指出：“农业有许多绝对不能消除的特点（如果把在实验室制造蛋白质和食物这种过于遥远和过于不可靠的可能性撇开不谈的话）。由于这些特点，农业中的大机器生产永远也不会具备工业中的大机器生产的全部特点。”② 这一点很重要，我们不能因为农业的某些环节采取了工业化生产的形式而抹杀农业固有的特点，将农业与其他产业混同。农业是一个古老的产业，也是现在和将来人类生产中最重要的一种“永恒”产业。它有以下三个特点：①产品的公共性。农产品是人类主要的食物来源，须臾不可离开，农业从而成为国民经济一切部门存在和发展的根基。从自然的规定性来看，粮食中所含的以光合作用直接产物葡萄糖为始源的有机物，是维持人类生命的不可替代的能量和基础构建材料，是支持人和畜禽生命的主要物质基础。这就决定了农业所具有的社会性和

①《马克思恩格斯选集》第4卷，北京：人民出版社1995年版，第383页。

②《列宁全集》第5卷，北京：人民出版社1988年版，第120页。

基础性，表明农业是永久性的产业，不能简单地被视为“夕阳产业”，而在高技术的综合支持下也可能成为新兴产业，包括未来的生物质能源，在很大程度上还依托于农业。②再生产的双重性。农业是经济再生产和自然再生产的矛盾统一，它与工业不同，其生产对象是有生命的植物、动物和部分微生物，它们有其生命的规律，受自然影响比较大，有明显的季节性、地域性，其生产具有空间分散性。这个特性使得农业生产不可能像工业那样不受时间、地域、气候和空间的影响，而必须遵循自然规律，才能够继续扩大再生产。③生态功能的特殊性。农业本身就是一个巨大的生态产业或“绿色产业”。例如，按中国年产出5亿吨粮食同时还产出7.9亿吨秸秆计算，可吸纳（或少排出）$CO_2$18.384亿吨（约等于目前中国每年排出$CO_2$总量55亿吨的1/3），放出氧气12.804亿吨。这种状况主要发生在人居环境附近，对居民呼吸的空气质量有着直接影响。今后随着碳酸肥料技术的突破，农业将成为吸纳和转化$CO_2$的一个主角。至于林业、畜牧业、微生物培育业等，也是如此。所以，农业是集经济、生态、民生于一体，分量最重的“绿色经济”，是整个生态系统的一个重要基础。

但是同时，也要看到，传统的原始农业也存在不可克服的严重缺陷：①产量过低。粮食亩产只有几十斤到一百多斤。②抵御自然灾害的能力极差，农民称之为“靠天收”。③劳动强度大，劳动条件差。正是因为这样，即使进入石化农业阶段，农业在市场上的竞争力也十分脆弱。正如江泽民所说：“农业是社会效益大而比较效益低的产业，光靠市场调节不行。”“由于市场规律的作用，往往驱使生产要素从农业向非农业流动。工业的高速发展，不仅占用大量的经济资源，而且加剧原材料的供需矛盾，拉动农用生产资料涨价，导致农业生产成本上升。因此，市场经济越发展，工业化程度越高，越需要加强对农业的保护和扶持。这是历史已经证明的客观规律。”① 农产品价格偏低，形成与工业品的价格剪刀差，是世界性的历史

①《江泽民论有中国特色社会主义（专题摘编）》，北京：中央文献出版社2002年版，第129页。

难题。

那么，高端生态农业具有什么特征呢？除了具备农业的一般特征外，它还能够弥补农业前两个发展阶段中的缺陷。高端生态农业是在先进科技的引领和支撑下，以生态全面优化为重要特征和前提条件，达到高产、优质、高效、安全，从而取得生态、经济、社会、健康四重效益（以下简称“四大效益”）的现代农业。这里侧重于从生产力层面概括其主要特征：

1. 生态全面高端优化。高端生态农业作为一个大系统，其输入、输出、各个子系统、生产全过程以及纵横延伸扩展的各个部分，全部达到生态化。具体来说，生产环境例如土地、场地、水体、空气无任何污染，生态状况不断趋近最佳化；所用种子（种卵）、仔体、胚体、菌种都健康强壮，具有优良的遗传性能，未受污染；所用肥料、饲料、饵料、药品都不危害环境，不残留有害因素；生产全过程都符合生态要求，不污染环境；其产品优质，并在收获、运输、储存、加工过程中不受各种有害因素污染；副产品及“废残物”均经过无害化、资源化处理。

2. 科技全要素创新集成。适应高端生态农业的需要，社会能提供多种科技创新集成成果。①科技贡献率要达到90%以上，在诸多重大问题上取得突破。例如，应用合成生物技术、基因工程技术等解决提高光合作用效率、生物高效固氮、微生物组合利用等难题，在科技的支撑和引领下获取“四大效益”。②建成先进和完备的科学技术体系，基础研究、重大专项研究、技术改进、技术推广和现场技术指导组合成完善的系统，并通过国际合作及时吸纳国外先进科技成果。③实现农业信息化，即以信息技术和有效运作的信息系统引导和支持农业全方位、全过程协调发展。通过高效的信息链接，解决生产中的各种技术问题，沟通市场，避免农民盲目生产。各服务系统与各产业部门及时掌握各种必要的信息（例如气象动态、政策导向、金融支持等）。农业产业可以在统一指挥下协调运作，有效参与国际市场竞争和国际合作。

3. 循环全程多层交错。构建大农业内部全过程、多层次的循环经济，全面实现减量化、再利用、资源化、无害化。重点解决农作物秸秆及加工碎屑、人及动物排泄物、生活垃圾、生活污水的循环利用、资源再生、除污净化等问题，实质上是把碳氢化物转化为能源或材料，把氮化物转化为肥料，把其他有用物质（例如金属成分）回收利用，把有害成分及各种病原体做无害化处理。其中最重要的途径是发展沼气，可用以制造生物质能源。

4. 资源全部科学配置。对全国土地利用进行顶层设计，实现全社会资源优化配置。节约集约利用土地，特别是通过土地整治，提高土地肥力，并进一步修复、改造劣质与退化土地；依靠科技调水储水、节约用水（例如采取滴灌、覆膜防蒸发等）、除涝排水，并杜绝水污染；在气候方面，发展人工影响气象技术，不断提高调控水的时空分配的能力，把气象灾害对农业的影响减少到最低限度，基本解决农业生产“靠天吃饭”的被动状态。同时，还要利用高科技广开资源空间，发展多个新业种、新品种，拓宽农业外延。

5. 装备全方位成龙配套。通过现代化建设全方位地装备现代农业工程，包括耕作技术、水利设施、植保手段、养殖方法等，各个环节都实现高标准机械化，进而还可以利用机器人操作，可称之为“开放性设施农业”。为此，需要将农业设施变为一整套工程，例如形成地上地下的联通网络，进而可构成“工厂化农业”，乃至以工厂化微生物产业部分地替代种植业和养殖业。

6. 模式全盘统分协同。高端生态农业要求全能、灵活、高效的经营模式和服务模式。它既吸纳和提升家庭承包责任制统分结合的有益经验，又能整体、系统化协同；既有多种多样的具体形式，又能发挥规模经营、统一标准、协同管理的长处。①微观上，因地制宜，统一耕作、加工、销售，同时实行个人或家庭分区段承包责任制，适合分散经营的地方还可保留由专业人员经营或由专家指导的庭院经济，发展现代田园式家庭农场、牧场，渔场。②中观上，优化城乡一体化生态互补系统，以广阔农村、农业的生态功效净化城镇空气，转化垃圾（中国每年产80亿吨）和污水，提供氧吧和休闲空间，供给生态型农产品，形成城乡大循环经济。据北京市统计局、国家统计局、北京调查总队、国家统计局调查队估算，2010年北京都市型现代农业生态服务价值达到8753.63亿元①，相当于该市地区生产总值的62%。

由此可见，高端生态农业既不是原始的生态农业，更不是石化农业，而是建立在科技基础上、吸取人类经营农业的一切有益成果、彻底解决人类的粮食及其他农产品供应问题和实现生态良性循环的全新农业。这就需要深化和更新中国特色农业现代化的概念。

## 三、释放“第一生产力”：困惑的化解及实施路线图

毫无疑问，进行以高端生态化为主旋律的农业产业革命，我们面临的难题很多，然而，这里最关键的是充分利用“第一生产力”的威力化解前人所未解决的难题。科技进步与创新可以培育生产力的新“基因”，创造新工具和新方式，开发和培育新资源，孵化出新产业和新产品，在前所未有的深度和广度上探知和发掘世界“秘密”。可以形象地说，在以科学技术高度发展为特征的知识经济时代，人类开始由盲目摸索的“后知”状态步入以信息为导向的自觉的“先知”状态，人类行动先有小规模试验、信息引领、探秘预测、计划设计、路线图“绘制”等，再有大规模实践（生产开发等）。这里着重回答下面几项诘难：

### （一）靠生态农业能够满足中国人乃至全人类的需求吗？

有人提出：“搞生态农业产量低，会饿死人！”这种认识有待商榷。现

①《2010年北京都市型现代农业生态服务价值监测公报》，北京统计信息网，2012年3月19日。

代生态农业并非只优化质量，而且还会大大增加产品数量和品种，实现质与量的统一，并能可持续发展。从长远看，数量问题可能比质量问题相对容易解决，而质量与数量的统一则更难。现代生态农业就是农业又好又快发展的基本路径。现在全国已有许多试验的案例。山东省平邑县的生态农业创高产试验田就是一例。在中国科学院植物研究所首席研究员蒋高明的主持和直接指导下，该县弘毅生态农场的一个试验农场，在完全杜绝农药、化肥、农膜、添加剂、除草剂的情况下，实现年亩产粮食过吨，通过综合开发利用、种养结合、循环利用等方法，取得了初步成效。业内专家认为，当前食品安全问题突出，充分利用生态循环原理，而非靠单一技术提高农业生态系统生产力，有可能创建“低投入、高产出”农业，实现农业可持续发展，其经验值得总结和推广①。2013 年，河南省延津县 2 万亩有机小麦，亩产达 400 多公斤，同施用化肥、农药的小麦亩产相差无几②。再从国外看，以色列是世所罕见的土地贫瘠、水源奇缺的国家，年降水量约 200 毫米，不足世界平均水平的 3%；全国 90% 的土地是沙漠，一半以上的地区属于典型的干旱和半干旱气候；人均耕地只有 0. 06 公顷（合 0. 88 亩）。以色列每个农业从业人员从 20 世纪 50 年代初期平均养活 17 人到现在的 90 多人。以色列农业不但满足了国内 95% 左右的农产品需要，而且还大量出口农产品。其农田灌溉的主要做法是：污水经处理后循环利用、微咸水灌溉、收集雨水、采用滴灌和微灌技术（目前全部采用计算机控制的水肥一体喷灌、滴灌和微喷灌、微滴灌系统）③。再如，荷兰人均耕地为 0. 126 公顷（约合 1. 89 亩），而其农业劳动生产效率在全世界最高，与国内平均劳动生产率之比达到 0. 93，农业劳动力人均产值达 55862 欧元④。两国实例的启示是：环境是可以改变的，农业必须依靠科技支持，高素质的农民是决定性

① 娄辰：《山东省平邑县弘毅农场的生态农业实验调查》，2012 年 11 月 16 日，新华社信息济南电。

② 党文民：《延津种出“茅台粮”》，《河南日报》2013 年 6 月 9 日。

③《以色列农业》，安徽农网，2012 年 12 月 23 日。

④《荷兰的现代农业》，环球网论坛，2012 年 12 月 26 日。

因素。这给人类展现了光明的前景。

（二）像中国这样人多地少水少的国家能够突破资源约束吗？

资源约束不是绝对的，而是相对的，可以运用科技创新予以化解。就农业而言，重要的资源问题是地和水的问题，这可以通过三条途径突破。一是内涵式充分利用资源，即厉行节约和提高资源利用效率，例如通过培育和使用良种、推广节水措施、改良耕作和植保技术来提高农作物单产。这方面的实例很多。像甘肃那样缺水的干旱地区，采用地膜覆盖技术节水增产，创造了奇迹。二是外延式扩大资源范围，不仅可以改造低产田（占目前耕地总面积的80%），还可以利用林地、海洋发展新型农业。通过土地整治和土地改良，土地产出率可提高50%以上，等于增加一半的土地。甚至在戈壁沙滩中也可以进行无土栽培。目前，城市农业正在兴起。即使畜牧业，也可以多发展节粮型的草食动物。人们不仅食用草本粮油，还可以广泛利用大量的木本粮油。中国西部地域辽阔，依托于科学技术，可利用的生态资源十分丰富。小黑河流域的开发利用就是一个成功的范例。再长远一点，不占耕地的微生物农业将会异军突起。三是运用新的发展方式，大力发展循环经济。循环经济本质上就是生态经济的一种运行形式，是人类的最优选择，即遵循自然生态系统的物质循环和能量流转规律，重构经济系统，使其和谐地纳入自然生态系统的物质和能量循环利用的总过程，形成以清洁生产、循环利用和废弃物高效回收为特征的新型增长方式。它依照生物圈和生物链的原理，整合各种先进技术，实现对大自然“索取”与“回报”的统一。它要求按照自然生态系统的循环模式，将经济活动有机地组成一个“资源利用—绿色产业—资源再生”的封闭型物质和能量循环利用的反馈式流程，实现经济运行的“低消耗、高利用、低废弃”，最大限度地利用进入系统的物质和能量，提高资源利用率和能量转换率。它能够最大限度地减少污染物排放，提升经济运行的质量和效益，将经济活动对自然环境的破坏降低到最低程度。

（三）生态农业对劳动者要求很高，从农业低效状况出发，能否保证高素质人才？

高素质劳动者和人才是发展高端生态农业的保证。这个问题的解决，一靠经济效率提高，二靠科技水平提高与科技普及。就经济而言，要从两处入手：在宏观上，要按价值规律的要求建立新的价格机制，从优质生态产品的优价入手大幅度提高农产品价格；在微观上，要改变经营形式，形成一个个规模化的高科技方块田，使农产品高产优质，劳动生产率和土地产出率大大提高，并且形成循环链条一体化，以获取规模效益和科技效益，进而提高劳动者工资水平，加上农民入股的分红（采取股份合作形式），使农民收入与市民收入大抵相当或稍高一些，这样就可以留住大批农业劳动者。就科技而言，要通过专门的教育，培养大批高素质的职业农民；通过农业高等院校提高层次，培养更好更多的专业人才，同时，切实加强科技服务体系建设。待条件成熟时，中国还可以组织开发西部的科技大军，从而也开拓就业空间。这些都需要按照生产社会化规律和科技创新应用规律，通过深化农村体制改革逐步实现。

（四）搞生态农业就是让农业与化学工业彻底“决裂”，“农业上绝对不用任何化工产品”吗？

这个问题需要特别说明。看什么事物都不应绝对化，让一种倾向掩盖另一种倾向。有利于生态和农业可持续发展的一些化工产品，应当有选择地使用，例如可降解而无有害残留物的塑料薄膜，无害塑料管道、用具，某些无害的矿物肥料，治疗和预防动物疾病的优质化学药品，乃至许多利用生化方法（例如生物酶工程）制备的生态化学产品。应该看到，包括化学工业在内的现代工业是人类的创举，对推动社会发展起到了巨大作用。我们应当兴利除弊，在保护生态的前提下科学运筹，把现代工业作为武装和支持农业发展的重要力量。

### (五) 高端生态农业不能很快实现，是否远水不解近渴?

应当说，实现以高端生态化为主线的现代农业，不是一蹴而就之事，从现在起，恐怕还要30—50年的时间，因此，必须设计一个路线图。在不断提高先进科技供给能力的基础上，中国农业大体上可分四步走。第一步(近期)，初步生态化阶段，即以生态手段部分地取代石化手段，增加有机肥用量，减少化肥和农药用量，开发和推广碳酸盐肥料、微生物肥料，解决化肥和农药污染的突出问题，树立高端生态农业示范点。第二步（中期)，基本生态化阶段，即以生态手段为主，从各方面大幅度减少或部分取代石化肥料和农药，实现有机农业、低碳农业，建立大面积高端生态农业示范片、示范县、示范市。第三步（长期)，全面生态化阶段，即以高端生态技术彻底取代石化手段，并且形成高端生态农业的新结构，全面实现中央提出的生态、优质、高产、高效、安全的要求。那时的农业，就成了真正的新兴产业，并为其他新兴产业发展建造一个坚实的平台。第四步（远期)，高端生态化阶段，即用50年彻底实现人类的生态革命。这“四步走”可作为全国的路线图，各地区在实施进程中可因地制宜，重点区域率先实现，并将试点经验全面推广。

(原载于《中国农村经济》，2013年第5期；杨承训、杨承谕)